〈第4版〉

「学校教育と社会」ノート

教育社会学への誘い

山内 乾史・武 寛子

学文社

はしがき

　本書は，神戸大学の総合教養科目「学校教育と社会」および非常勤講師として勤務している大学で担当している「教育社会学」等の指定教科書である。神戸大学では平成 28 年度から，かつての教養原論を基礎教養科目と総合教養科目に分け，さらに高度教養科目というカテゴリーを新たに設ける。平成 28 年度以降の神戸大学の科目区分においては，「学校教育と社会」は総合教養科目に該当する。総合教養科目とは，「多文化に対する理解を深め，多分野にまたがるグローバル・イシューを考え，対話型の講義を取り入れるなどの工夫により，学生の複眼的なものの見方，課題発見力を養成することを目的とする」(神戸大学 HP より) 科目群である。新たなる「学校教育と社会」もその趣旨に基づいて行われる。

　同授業は，平成 27 年度まで「(旧) 学校教育と社会」として半期 15 回で行われていた授業をクォーター制に基づき 8 回分に再編成した授業であり，「(旧) 学校教育と社会」の前半部分に当たる。新しい「学校教育と社会」では，教育社会学の視点から (教育学の視点からではなく) 学校・大学と社会とのかかわりについて分析し，一般論を述べると同時に，日本および先進諸国の事例を随時織り交ぜて行う。とくに，英米を中心とする先進諸国の事例を多く織り交ぜている。

　なお，非常勤講師として勤務している大学における「教育社会学」等においては，セメスター制 15 回の授業になっているが，本書は，そのうちの 2 分の 1 をカバーするということになる。

　教科書の執筆というのはなかなか難しいことで，各章をその専門の者が執筆するというオムニバス形式のものと，一人ですべて執筆するというものと大きく分けて二通りのやり方がある。前者においては，各章をその専門家が書いているわけであるから内容については間違いないし，詳しい。しかし，わがままかもしれないが，他人が書いた章というのは使いにくい面もあり，執筆者間で意見を異にするところも少なからずあり，全体としても一貫性を欠いてしまう。他方，一人で通して書くというのは一貫性の面では問題はな

いが，専門でない分野についても書くわけであるから，内容面でいささか不安が残るという問題点がある。あるいは専門分野だけを書くのであれば不安はないが，扱う分野に偏りが出てくる。

　セメスター制での授業を想定して，全15回15章分を一人で書くというのは「暴挙」というか，不安が大きい。もちろん，筆者も一応，教育社会学を学士課程から一貫して専攻してきて，日本教育社会学会にも30年所属し，ここしばらくは3期6年にわたり理事を経験した。すなわち，周囲からも教育社会学者として認知していただいているのであり，まがりなりにも20年以上教壇で「教育社会学」ないしはそれに準ずる授業を担当してきた。それなりの授業を行う自信はある。

　しかし，教科書を書くというのはまた別の次元の話である。自分で細かく資料を調べ，先端の研究を吟味しないと書けない。自分の専門とする狭い領域以外のことにまで，渉猟の目を向けるのは時間的に困難であった。かといって，自分の得意分野，専門分野だけを書くのでは，教科書としていかがなものかという，当然の疑問がある。ことに筆者は所属する日本教育社会学会，日本高等教育学会，日本比較教育学会のいずれにおいても「異端」である。筆者個人としては「異端」で結構であり，「正統」なるものに合わせようという気は全くない。しかし，そのような姿勢は，研究者としては個性として容認されるだろうが，教科書の執筆者としてはきわめてまずい。

　熟慮の末，少数の気心の知れた仲間と教科書を書くということにし，学文社より2003年に『比較教育社会学入門』，2004年にその改訂版『教育の比較社会学』を出版した。同書は幸いにして好評を得て，2008年に増補版を発行し，2016年にはさらなる改訂版を出版した。しかし，それでも，どこか少しの違和感を残しながら授業で使用していた。

　このたび，前述のように神戸大学におけるクォーター制の導入により，8回（第8回は試験のため実質は7回）なら何とか書けるだろうと，「暴挙」に踏み切ったわけである。格好よく言えば，自分自身の授業のための，自分自身による，自分自身の教科書である。「教育社会学」を講じる非常勤講師として勤務する大学では，全15回のうち本書に準拠するのは，半分の授業で，残り半分の授業で「教育社会学」等の授業としての体裁を整えるつもりであ

る（そのための教科書としては，前述『教育の比較社会学』の増補改訂版である，原清治・山内乾史・杉本均編『比較教育社会学へのイマージュ』―2016年8月に学文社より刊行―などがある）。本書はあくまでも筆者の授業のためのものであり，「正統」な教育社会学の教科書ではない。「異端」の書である。

なお，本書は筆者の単著であるが，厳密な意味では，本書の大半はオリジナルな著作ではない。筆者がこれまでの研究者生活の中であちらこちらに書いてきた論稿に大幅な加筆修正を施したうえで，切り貼りして再構成したものである。筆者自身の筆によるものではあるが，初出ではないものが過半である。初出については巻末に掲げてあるので参照されたい。なお，この点に関して，ミネルヴァ書房編集部の浅井久仁人氏，慶應義塾大学出版会の西岡利延子氏にお世話になった。あらためて感謝申し上げる次第である。

各章とも【キーワード】，【概要】，【参考文献】，【参考映像資料】，【課題】，【ディスカッション】を掲げてある。このうち【参考映像資料】においては，市販のもの（すでに絶版で購入できないものも含んでいるが，本学図書館ないしは公設図書館等で視聴可能），あるいはNHKの制作によるものをあげてある。学生諸君の授業時間外の自学自習を強く促したい。

本書は冒頭に述べたとおり，平成28年度からの新たな授業に備えるためのものであるが，その一方で，平成27年度をもってちょうど25年を迎える，筆者の大学教員生活の「教育活動の集成」という意味も込められている。大学院入学後これまで7年～9年ごとに「研究活動のまとめ」として単著をまとめてきた。だが，本書が前書『「共通一次世代」は教育をどう語るのか』（ミネルヴァ書房，2011年）の刊行後4年しか経過していないのは，「研究活動のまとめ」ではなく「教育活動の集成」だからである。「25年もかかってこの程度か」という声も聞こえてくるが，国立大学教員としてまとめる責務があると考え，拙いながらもまとめたわけである。なお，「研究活動の集成」については数年後に予定している。

筆者は，本書を大変楽しみながら執筆した。これほど楽しく執筆したのは初めてである。学生にあれを教えよう，これを教えようと資料を引っ張り出

してはうだうだと加筆した。ただ，その楽しい執筆を支えてくださったのは田中千津子社長をはじめとする学文社編集部の方々である。いつもながら，出版に関してわがままを聞いてくださる田中社長はじめ編集部各位に厚く御礼申し上げる。また，本書の第2章にみられるイラスト3点は，筆者の教え子である愛知教育大学講師の武寛子氏によるものである。生真面目な武氏は筆者の旧著のためにこれらのイラストを懸命に考えてくださったようである。感謝したい。

平成 27 年 10 月

神戸大学・鶴甲キャンパスの研究室にて

山 内 乾 史

第4版へのはしがき

本書は 2015 年 12 月に刊行されたが，幸いなことに今回第4版の刊行に至った。今回の改訂作業は誤脱字の修正はもちろん，データの更新，新たな課題と文献の加筆をおこなった。今回は教え子である武寛子の力を借りて改訂にあたった。全面改訂というほどではなく，マイナーチェンジにとどまるが，多少の成長は見られるのではないかと淡い期待を抱いている。

令和 5 年 11 月

神戸大学・鶴甲キャンパスの研究室にて

山 内 乾 史

目　次

はしがき……… 1

図目次……… 8

表目次……… 10

第**1**章 「学校教育と社会」とは
何を論じる授業か……… 14

❶ 「学校教育と社会」という授業の特徴について ……… 14

❷ 教育≠学校教育 ……… 16

❸ 「育てる」と「教える」……… 17

❹ 教育の「工場モデル」と「医療モデル」……… 23

第**2**章 豊かさを目指して
──高度経済成長と受験競争の大衆化，過熱化── ……… 28

❶ 戦後日本社会の大きな変化 ……… 28

❷ 中流階層とメリトクラシー ……… 29

❸ エリート，学力，学校制度 ……… 36

第**3**章 高学歴はなぜ尊重されたのか
──教育投資論,スクリーニング仮説,統計的差別理論── ……… 46

❶ 教育投資論 ……… 46

❷ スクリーニング仮説 ……… 49

❸ 統計的差別理論 ……… 51

❹ 21世紀に入ってからの動向 ……… 53

第**4**章 エリート教育と才能教育 ……… 56

❶ エリート形成と教育の関係を巡る2つの見解 ……… 56

❷ 段階型の教育システムとエリート形成 ……… 59

③ 才能教育について ……… 61

④ 才能教育論の源流と戦前の実践 ……… 62

⑤ 戦後の混乱と実践 ……… 63

⑥ 教育上の「例外措置」……… 65

⑦ エリートの周流と社会全体の周流：結語に代えて ……… 68

第 **5** 章 日本の教育経費 ──授業料・奨学金政策── 74

① 奨学金制度の誕生 ……… 74

② 教育経費の国際比較 ……… 76

③ 私立大学の初年度納付金はどれくらいかかるのか ……… 78

④ 高等教育の無償化は可能か ……… 82

⑤ 国立大学の教育機会は開かれているのか ……… 84

⑥ 学生アルバイトの実態 ……… 103

第 **6** 章 高学歴者過剰問題について考える 110

① はじめに：大学院にかかわる私的経験から（その1）……… 110

② 新規大学院修了者の就職状況はどう変わったのか ……… 122

③ 大学院にかかわる私的経験から（その2）……… 135

④ 結　論 ……… 141

第 **7** 章 大学と学生文化の変遷 152

① 1960年代の学生の諸類型 ……… 152

② 2000年代以降の学生の諸類型 ……… 156

③ 結　論 ……… 158

第 **8** 章 学校教育制度の比較社会学 162

① はじめに ……… 162

② 学校教育制度の三類型 ……… 164

③ 学校教育制度の各類型の特徴 ……… 168

④ おわりに ……… 173

第 **9** 章　幼児保育教育における子どもの
　　　　「主体」の視点に関する比較分析 ……… 176

　❶　はじめに ……… 176

　❷　子どもの権利条約と日本における取組 ……… 178

　❸　子どもの権利条約と日本の幼児保育教育 ……… 181

　❹　幼稚園教育要領における子どもの「主体」 ……… 183

　❺　保育所保育指針における子どもの「主体性」 ……… 186

　❻　比較分析 ……… 189

　❼　おわりに ……… 192

第 **10** 章　日本プロ野球界における学歴の意味に
　　　　ついての予備的考察 ——「球歴」の教育社会学—— ……… 196

　❶　はじめに ……… 196

　❷　プロ野球選手の業績と球歴の関係
　　　—矢野眞和の研究をめぐって— ……… 199

　❸　プロ野球監督の球歴と業績
　　　—橘木俊詔の研究をめぐって— ……… 203

　❹　職業野球からプロ野球へ，興行からスポーツへ ……… 215

補　論　カリキュラムの構成原理について ……… 226

附録図表 ……… 230

初出一覧 ……… 234

統計資料・参考文献一覧 ……… 236

人名索引 ……… 238　　　事項索引 ……… 240

著者略歴 ……… 246

図目次

図2-1	競争移動社会	……… 30
図2-2	庇護移動社会	……… 32
図2-3	学校教育制度の3類型	……… 34
図2-4	教育アスピレーションの加熱と冷却	……… 43
図5-1	世界各国の学費・奨学金政策	……… 77
図5-2	東京大学学生（男子）の保護者の職業	……… 101
図5-3	平日のアルバイトの職種（日本）	……… 104
図6-1	高校生の進路意識（2005）	……… 119
図6-2	高校生の進路意識（2016）	……… 120
図6-3	新規学卒就職者数の変遷	……… 122
図6-4	新規学卒就職者の学歴構成	……… 123
図6-5	新規学卒就職者の職業構成	……… 125
図6-6	学士・修士課程修了後の進学率	……… 125
図6-7	短大・高専卒業者の進学率	……… 126
図6-8	各学歴層で専門＋管理職に就く者の比率	……… 129
図6-9	専門＋管理職に就く者の学歴構成	……… 130
図6-10	無業者ないしは一時的な職に就く者の比率	……… 131
図7-1	学生文化の4つのタイプ	
	（B. R. クラークとM. トロウ（1966））	……… 153
図7-2	2000年代以降の大学生の4類型	……… 157
図10-1	球歴と累積到達確率	……… 202

図補- 1	定食型 ……… 226
図補- 2	カフェテリア型 ……… 227
図補- 3	中華料理型 ……… 228

図附- 1	初等教育就学率の推移（1873-2022）……… 230
図附- 2	幼稚園就園率（1948-2022）・認定こども園就園率（2016-2022）・高等学校進学率（1950-2022）の推移 ……… 231
図附- 3	高等教育・中等後教育進学率（1954-2022），大学院進学率（1965-2022），専修学校（専門課程）進学率（1989-2022）の推移 ……… 232
図附- 4	学校教育の量的拡大（1890-1995）……… 232

表目次

| 表2- 1 | 社会階層と教育戦略上の特性 ……… 39 |

| 表3- 1 | 社会人基礎力（経済産業省）……… 53 |
| 表3- 2 | 就職基礎能力（厚生労働省）……… 54 |

表5- 1	初年度納付金の高い私立大学ランキング（2017）……… 79
表5- 2	国立大学授業料，入学金の推移 ……… 80
表5- 3	初年度納付金の安い私立大学ランキング（2018）……… 81
表5- 4	学問領域別学生一人当たりコスト（1991年度）……… 82
表5- 5	神戸大学の高校別合格者数 1956-2021（ベスト20）……… 86
表5- 6	京都大学の高校別合格者数 1956-2021（ベスト20）……… 88
表5- 7	大阪大学の高校別合格者数 1956-2021（ベスト20）……… 90
表5- 8	東京大学の高校別合格者数 1956-2021（ベスト20）……… 92
表5- 9	名古屋大学の高校別合格者数 1956-2021（ベスト20）……… 94
表5-10	広島大学の高校別合格者数 1956-2021（ベスト20）……… 96
表5-11	高校別東京大学合格者数の推移 ……… 98
表5-12	東京大学，名古屋大学，京都大学，大阪大学，神戸大学，広島大学合格者に占める私立高校出身者の比率 ……… 99
表5-13	2016年度入試の旧七帝大・旧官立大の医学部医学科（及びそれに相当する課程）合格者に占める私立高校出身者の比率 ……… 100
表5-14	東京大学における学生の出身家庭の職業 ……… 101
表5-15	京都大学，大阪大学，神戸大学，早稲田大学，同志社大学における学生の出身家庭の職業 ……… 102
表5-16	京阪神学生相談所におけるアルバイト登録者数（1960年代半ば頃）……… 105

表6-1	1991 年度における新規学士課程卒業就職者の 専門分野別職業構成 ……… 133	
表6-2	2020 年度における新規学士課程卒業就職者の 専門分野別職業構成 ……… 133	
表6-3	1991 年度と 2020 年度の新規学士課程卒業就職者の 学問分野別比率の変化 ……… 134	
表6-4	1991 年度と 2020 年度の新規短大卒業就職者の 学問分野別比率の変化 ……… 134	
表7-1	主要国立大学における大学院進学率 ……… 154	
表7-2	神戸大学生の一日当たり勉強時間【授業時間外】……… 155	
表7-3	主要国立大学における女子学生の比率 ……… 155	
表8-1	人口の多い上位 15 か国 ……… 163	
表8-2	国土面積の広い上位 15 か国に入る国家で 人口が 16 位以下の国家 ……… 164	
表8-3	中央集権主義的な傾向の強い国家 ……… 166	
表8-4	地域主権主義的な傾向の強い国家 ……… 166	
表8-5	学校主権主義的な傾向の強い国家 ……… 167	
表8-6	三つのタイプの比較 ……… 169	
表9-1	幼稚園教育要領および保育所保育指針における 子どもの「主体」……… 191	
表 10-1	到達者数と到達確率 ……… 200	
表 10-2	ドラフト順位と到達確率 ……… 201	
表 10-3	NPB 名監督，名打者，名投手の球歴 （1936 年度〜2023 年度）……… 203	

表 10- 4　1936 年度のプロ野球各チームの監督と主将の球歴

（太字が東京六大学）…… 205

表 10- 5　2023 年度のセ・リーグ各チームの監督と主将の球歴

（太字が東京六大学）…… 206

表 10- 6　2023 年度のパ・リーグ各チームの監督と主将の球歴 …… 207

表 10- 7　プロ野球選手中の出身大学別人数と順位 …… 207

表 10- 8　プロ野球監督（1936-2011）中の出身大学別人数と

順位 …… 208

表 10- 9　読売巨人軍の歴代監督の出身地と球歴 …… 209

表 10-10　1970 年度の一軍スタッフ …… 209

表 10-11　阪神タイガースの歴代監督の出身地と球歴 …… 210

表 10-12　歴代オーナーの出身地と学歴 …… 211

表 10-13　1959 年 6 月 25 日に後楽園球場で行われた

天覧試合の出場選手 …… 211

表 10-14　中日ドラゴンズの歴代監督の出身地と球歴 …… 213

表 10-15　歴代オーナーの出身地と学歴 …… 213

表 10-16　広島東洋カープの歴代監督の出身地と球歴 …… 214

表 10-17　1970 年度の一・二軍スタッフ …… 214

表 10-18　戦前期より存在する 5 チームの 2023 年度までの

優勝回数 …… 219

表附- 1　日本野球機構（NPB）各種記録ランキング

（2021 年シーズン終了時）…… 231

表附- 2　旧制官立大学一覧 …… 233

「学校教育と社会」ノート
―教育社会学への誘い―

第 **1** 章

「学校教育と社会」とは何を
論じる授業か

キーワード　「教える」と「育てる」，教育学と教育社会学，アクティブ・ラーニング，ティーチングとコーチング，工場モデルと医療モデル

☞ 概要 ------------------------------------

　教育学と教育社会学とは，同じ教育を対象とする学問ではあるが，アプローチがかなり異なる。

　「教育」について考えるうえで，「育てる」と「教える」の違いを理解することがきわめて重要である。

----

❶ 「学校教育と社会」という授業の特徴について

　神戸大学の国際教養教育院では「教育」に関するさまざまな科目が提供されている。たとえば，「人間形成と思想」教育部会では基礎教育科目として「教育学 A，B」が提供され，また総合教養科目として「教育と人間形成」が提供されている。そしてこの「学校教育と社会」は「人間と社会」教育部会によって提供されている。これらの科目の相違点はどこにあるのだろうか？

　「人間形成と思想」という教育部会は，人文学・人間学系の科目を提供する教育部会である。人文学・人間学系の学問分野の主たる関心の一つは，個々の人間の発達・成長にある。したがって，この教育部会が提供する「教育学 A，B」「教育と人間形成」は，**いわばミクロ教育論である**。

　それに対して「人間と社会」という教育部会は，社会科学系の科目を提供する教育部会である。したがって，学校教育が社会全体に対してどのような影響を及ぼすか，あるいは社会が学校教育に対してどのような影響を

及ぼすか，を検討するのが「学校教育と社会」である。学校教育の中で，あるいは，その周辺で起きていることを社会現象ととらえ，学級や学校を一つの集団，社会ととらえ，社会科学のアプローチで分析していくことに主眼がある。個々人の成長・発達に関心がないわけではないが，まず，集団，社会としての学校，およびそれと全体社会との関係性に関心があるのである。**いわばマクロ教育論である。**集団，社会としての学校は生徒や教員個々人の寄せ集めではなく，それら個々人に還元できない，別個の存在である。したがって，人文学・人間学的な研究だけでは明らかにできない問題を別個の（すなわち，社会科学的な）アプローチを用いて明らかにしようというわけである。

　本授業は社会科学的なアプローチを用いて学校教育と社会との関係を検討するが，特に社会学のアプローチを用いた教育社会学の立場から論じたいと考える。必要に応じて教育経済学，教育制度学，教育行政学の立場の議論を検討する。

　この点に関して，矢野眞和の論が参考になる。矢野によれば，過去の教育論は「精神論→制度論→資源論」の順に議論されがちであった（矢野 2011）。つまり，「常によくならなければならない想いや観念にとりつかれているのが，教育という世界の特徴です」ということであり，「精神論はとても大事です。教育から精神論を取ってしまえば，魂の抜け殻です」としつつも，「精神論だけをいくら振りかざしても，教育がよくなるとは思えません」ということになる。そこで矢野は「資源論→制度論→精神論」の順で教育を議論することを提唱する。矢野の言う制度論とは，「教育をよくする目的を定め，現行制度の問題点を明確にして，どのように変更すればいいかを考える方法」である。しかしもう一つの重要な議論として「複雑な教育システムを支え，教育の実現可能性に強い影響を与えているのは，人・物・金・時間といった資源の投入量」をめぐる議論，すなわち資源論があるとする。

　従来の教育学においては，学校現場を子細に観察し，あるべき姿を詳細に論じてきた。ともすれば「精神論」，すなわち理念が先行しがちであった。もちろん理念を欠いた教育など国民は望まないだろう。理念を欠いた

教育とは「偏差値を上げるための受験技術の向上」「優良企業に就職するための面接技術の向上」等，予備校や進学準備塾のようなハウ・トゥー論の教育である（念のために付け加えるが，一流の予備校や進学準備塾では人間形成を含む精神論を十分に吟味している）。

　ところが，教育社会学を含む教育の社会科学的研究においては，「資源論」，「制度論」からスタートする。すなわち現実に有するリソースがどういう状況にあるのか，その状況でなしえる教育はどういうものであるのか，目指すべき理想の教育とどのような乖離があるのかを現実に即して分析するのが教育社会学の生命である。

　いわば，教育学は理念に基づいて「あるべき教育」を追求するのに対し，教育の社会科学的研究は現実に基づいて「教育の社会的機能」，「社会現象としての教育」を追求する。この両方のアプローチのいずれが重要なのかという問いは，まさしく愚問である。理念から教育にアプローチする教育学と，現実から教育にアプローチする教育の社会科学の研究は相補う関係にあるとみるべきである。

❷ 教育≠学校教育

　「そもそも論」として教育≠学校教育ということは理解してもらいたい。とかく，「教育改革」といえば，学校教育改革であるかのようにとらえがちで，また「教育問題」といえば，学校内部での問題であるかのようにとらえがちである。しかし，それは誤りである。

　教育は下記のように，三要素から成立する。

Education ＝ Informal Education ＋ Non-formal Education ＋ Formal Education

　Informal Education とは無定形教育と訳されることが多い。家庭内のしつけのように定型化されていないものである。Non-formal Education（非定形教育）は地域社会の教育（青年団等）や予備校，塾などの公教育以外の集団，組織による教育で，自動車学校や料理教室なども含まれる。「学

校教育」といえば，公教育だけということではなく，各種学校等，いわゆる非一条校の学校教育，すなわち Non-formal Education にもみられるのである。最後の Formal Education（定形教育）は公教育，すなわち一条校で行われる教育である。（注：一条校とは学校教育法第一条に定められる幼稚園，小学校，中学校，高等学校，中等教育学校，特別支援学校，大学（大学院），短期大学，高等専門学校等のことを指す）。

　ただし，教育≠学校教育であるにもかかわらず，そう誤解されかねない状況がみられることも確かである。すなわち，核家族化の進行や共働き世帯の増加による家庭の教育力の低下，都市部にみられる地域社会の崩壊などは Informal Education, Non-formal Education の教育力を総体として低下させる。また，Non-formal education については必ずしも Formal Education と異質な教育ではなくなり，塾，予備校など Formal Education の代替物，補完物としての性格を強めている。したがって，Education ≒ Formal Education ととらえられるようになっているのも，あながち無理なことではないともいえる。

❸ 「育てる」と「教える」

　1991 年 7 月に，大学設置基準が大綱化され，高等教育が急速に大衆化した。そして大学改革の焦点が 20 世紀の末に「研究」から「教育」にシフトした。21 世紀に入ってからは，さらに「教育」から「学修支援」へとシフトしてきた。（この「学修」という字を，「習」と書くのか，「修」と書くのか，これはいろいろ議論のあるところだが，筆者は基本的に可能な限り learning は「習」，その他は「修」で通すことにする）。

　「教育」から「学修支援」へのシフトというのは，筆者自身の言葉で述べると「教える」から「育てる」へのシフトということである。そもそも「教育」という文字は「教える」と「育てる」と 2 つの文字からなるのであり，それぞれについての意味とこの両者の関係を解きほぐすことが「教育」とは何かを考えるうえで必須であろう。

　この 2 つは一緒かというとずいぶん違うのである。今日の情勢ではどちらかと言えば，「育てる」という方に焦点があたっている。それでは，「育

てる」と「教える」とはどう違うかということであるが，要諦を述べれば，**「教えない」ことが「育てる」ことにつながることもあるし，「教える」ことが「育てる」ことを妨げることもある**ということである。学修支援に関して，これは非常に重要なポイントではないかと筆者は考えている。

　そのことについて述べるうえで，例として上げたいのは，プロ野球界のスーパースターであり，私淑する野村克也の言葉である。野村の著書を筆者はほとんどすべて拝読している。野村の著書のほぼすべてにおいて，「人材を育成するとはどういうことか」ということ，すなわち人材育成論について野球を例にわかりやすく書いてある。

　野村の現役時代の実績は一流である。ただそれにとどまらず，解説者・評論家としても一世を風靡し，また監督としても一流であった。そのことは実績を持って証明されている。

　現役選手としても，監督としても，長期にわたって超一流の働きをした人というのは，多めに見積もっても数字的には，野村以外には川上哲治，王貞治，長嶋茂雄しか可能性がないのではないだろうか。ちなみに，2021年シーズン終了時で，選手としては，日本プロ野球界での通算安打数2,901本は歴代2位（張本勲に次ぐ），通算本塁打数657本は歴代2位（王貞治に次ぐ），通算出場試合数3,017試合は歴代2位（谷繁元信に次ぐ）である。さらに，オールスターゲーム21回選出は日本記録である。また，監督としての通算勝利数は1,565勝で歴代5位（鶴岡一人，三原脩，藤本定義，水原茂に次ぐ）である。

　さて，野村の著書の中に，「メジャーでは，教えないコーチが名コーチだ」という言葉がある。どういうことかというと，日本のコーチでもよくみられるけれども，駄目なコーチは，有力な新人選手が入ってきたら，あれやこれやと手取り足取りいきなり教えたがるというわけである。しかし，それでは選手は育たない，むしろスポイルされかねないというわけである。

　それを意味するのが，「メジャーでは，教えないコーチが名コーチだ」という言葉である。選手たちはルーキー・リーグや1A，2A，3Aと経て，メジャーにやってきている。もう基礎は十分にできている。できていなければメジャーには来ることができない。したがって，通り一遍の基礎につ

いては教える必要はない。スタンダードから外れたピッチングフォーム，バッティングフオームで投げたり打ったりする選手がいても，それは放っておいたらいいのである。その選手の個性であるということだ。そのフォームで実績を上げてきたのである。

　ところが選手たちも壁にぶち当たって悩んで，自分で試行錯誤する時が来る。その試行錯誤をするときに，どうしても出口が見当たらないというときに，その過程をちゃんと見ていてコーチが適切なアドバイスをしてやる。それが大事というわけである。最初から手とり足とり教えたら，選手が「失敗から学ぶ」ということ，それ自体を学ばなくなってしまうということである。言い換えるならば，何らかの問題意識を本人が持って熟成させて課題解決に取り組んで悩んでいるという段階にきて，メジャーのコーチの仕事がはじまる。一流のプロであるから自律的に技術の向上に努めるのは当然のことであるが，その前提として自分の長所と欠点を的確に把握し，長所を伸ばすにはどうすればいいか，欠点を克服するにはどうすればいいか，そういう問題意識を具体的に持つレベルになって，はじめてプロのコーチのアドバイスが有効になるのだ。問題意識を持たないうちからアドバイスすると，仮にそのアドバイスによって事態が改善されたとしても，自ら問題意識を持って取り組んだものではなく，与えられたものを受け取ったに過ぎない。したがって，自律的に絶えず技術向上に努めるべきプロの姿勢としてはいかがなものかというのである（この部分に関しては野村（2017a）pp. 226-231 を参照のこと）。

　これは大学の教育にもそっくりそのまま当てはまるのではないかと考えるわけである。要は，学修支援に過剰に依存しないで，自律的に学習方法を模索するように仕向ける。これは，先ほど述べた「教えない」ことが「育てる」ことにつながるということでもあるわけだが，コーチは教えないで楽をするわけではない。給料泥棒というわけではない。決して放置するということではない。教えない，しかし，しっかりモニタリングしながら適切なタイミングで適切なサポートを提供するというわけである。これこそが今日，学修支援として求められているものだろうと考える。

　これはビジネスの世界ではティーチングとコーチングの違いとして理解

されている。すなわち，あること（仕事の仕方とか正解）を教える，指示するのがティーチングであるのに対して，質問等によって持っているものを引き出すのがコーチングである。当然のことながら，コーチの仕事はコーチングである。

　つまり手厚い学修支援ということを売り物にするのは結構なことであるが，あまり手厚い学修支援をしすぎて，自律的に学ぶ習慣を失ってしまうと元も子もないということである。自律的に学習方法を模索するように仕向ける。学修支援はしっかりしつつ，しかし学生が過剰に依存しないようにする。それこそが，「教えない」ことが「育てる」ことにつながるということではないかと考える。

　今日しばしばいわれる単位の実質化の議論においても，授業時間はもちろん，授業時間外においても自主的に学習に取り組むことが求められているのだが，自主的に学習に取り組むとはどういうことかというと，結局のところ，問題意識を持つということに尽きる。問題を発見する，それを深化させる，あるいは解決していこうとする，課題発見型，課題解決型の人材像がこの学習観の背景にあるのだ。しかも，受け身ではなく，あくまでも主体的に学生が取り組むとなると，授業担当教員の立ち位置は難しくなる。教えるべきタイミングの見極めは困難を極める。

　これを最も的確に表す言葉が禅の言葉である「啐啄同時（そったくどうじ）」である。雛がぽんぽんと殻をつついて外へ出ようとするときに親鳥が外からつついてやる。そのタイミングが早すぎたら，雛が発育不全になってしまう。しかし，遅すぎてもまずく，適切なタイミングでサポートしてやる必要がある。「啐啄同時」とはそういう意味であるが，学修支援においてもまさにそういうことが必要だと考える。ただ，適切なサポートを適切なタイミングで提供するとキレイゴトを言っても，いつが適切なのか，何が適切なのかということは学生・生徒個々によってかなり異なるわけである。

　20世紀の末から英国で起こってきた「特別な教育ニーズ」論といわれる議論がこの背景にある。それまでは，特に日本などでは，多くの子どもは均質な教育ニーズを持っていて，ごく一部の子どもが特別な教育ニーズを持っているという議論が主流であった。均質な教育ニーズに対応するに

は一律の多人数一斉授業方式で対応し，一部の特別な教育ニーズに対しては，私立学校への進学によるか，養護学校への進学によるか，あるいは公立学校の枠内で個別指導により解消するか，いずれかによるということであった。

しかし，前述のように，20世紀末から徐々に子ども一人ひとりがかなり特別な教育ニーズを持つという議論が台頭し始め，すべてに対応するのは無理としても，可能な限り子ども一人ひとりのニーズの差異に対応した，きめ細かな教育が求められるようになってきた。大学もまた例外ではないということである。

そこで求められるものは学生との対話であろう。対話とは単なる会話ではない。単なる情報のやり取りではない。故・大平正芳元首相は政府や政党の広報について，**「広報は，国民との対話である。対話は，理性による理解を期待するだけでなく，情念による共感を求めるものである。」**（大平正芳（2011）p.415）と述べたが，まさに教育こそ，「育てる」という営みにおいては，対話を必要とするのである。

いろいろな大学で行われている「学生生活実態調査報告書」を見ると，おおむね2割，多いところでは3割強の学生が，入った大学，入った学部，入った学科に「こんなところに来るのではなかった」と答えている。神戸大学でも，残念ながら3割くらいの学生が，「神戸大学なんかに来るのではなかった」と回答している。あるいは，「神戸大学は良かったけれども別の学部に行ったら良かった」と回答している。あるいは，「こっちの学科ではなくて，あっちの学科のほうが良かった」と回答している。「不本意就学」というと適切ではないかもしれないが，そういう学生がかなりいるのだ。そういった学生は，へたをすると中退してしまう。現在，中退してしまう理由としては，経済的な要因が多いのは当然のこととして，ラーニング・スタイルが合わないからやめるというケースも多い。つまり，学校嫌いには2つあると考えられる。一つは勉強そのものが嫌いなケースである。もう一つは，勉強そのものは嫌いではないのだが，ラーニング・スタイルが合わないというケースである。

最近流行のアクティブ・ラーニングというラーニング・スタイルが合わ

ない学生は確実に存在する。筆者の経験上は約1割程度いる。「この授業はこういう進め方をするよ」とアクティブ・ラーニングのインストラクションをすると，1割くらいの学生は1回か2回来た位でぽんとやめてしまう。そこで「あいつ，どうして来ないのだ」と他の学生に尋ねると，「『ああいう4人で活動するやり方は嫌だ，できない，やったことがない』と逃げていきましたよ」という答えが返ってくる。こういう事態が毎学期必ず起こる。そういう学生をどうするのかという問題も，アクティブ・ラーニングが広がれば広がるほど問題になる。**すべての学生にとってアクティブ・ラーニングがウエルカムなのではない。合わない学生が少なからずいるのである。**

　ところで大学教育の効果を語る場合，小さいユニットをどうやって作るかが大事なポイントである。もちろん，多人数の授業が存在するとか，キャンパスに1万人の学生がいるとかいうことそれ自体はいいのだが，その中で小さいユニットをどうやって作るかが教育効果を高めるうえで非常に重要なポイントである。ゼミや研究室，あるいは課外活動のクラブ，サークルもそういう工夫の中から出てきた教育ユニットである。大学入試センターの濱中淳子が『大学院改革の社会学—工学系の教育機能を検証する—』（東洋館出版社，2009年）で言及しているとおり，大学院教育の中で一番効果があるのは授業ではなく，研究室教育である。教員が個別的に指導する小さいユニット，あるいはマンツーマンの指導こそが一番効果がある。授業とかゼミのフォーマルなもののもたらす効果は，研究室の効果ほど高くない。先輩などと自主的に研究する，インフォーマル，セミフォーマルな小さいユニットである研究室の効果が高いということである。ただし，小さいユニットをどうやって作るのかというのが非常に重要な問題で，多くの学生にとって多人数授業よりも少人数授業，一方的授業よりも双方向授業の方がいいのは当たり前である。だが，そうなったとしたら全員が万歳というわけではない。先述のように，必ず，「そういう授業になったからこそ違和感を訴える」学生も1割程度出てくる。

　例えば，神戸大学の場合，経済学部，経営学部ではゼミに入らなくてもいい，講義で単位を揃えて出ていってもいいという学士課程卒業の方法が

ある。「大学に入った以上，ゼミに入らなくては楽しくない」，「合宿もな
いし，コンパもない，いったい何が楽しいのか」と感じる方もいるだろう。
経済学部や経営学部の教員に聞くと，ゼミに入らずに単位だけ揃えて出て
いく学生がそれぞれ1割前後いるようである。そういう学生に対して，「い
やいや，君それでは大学に来た意味がないよ」と学生生活を意味あるもの
にするためにゼミに入れようとするのか。それとも，そういう学生はそう
いう学生で小さいユニットに所属しないでも学士課程を卒業できる「シェ
ルター」を確保しておいてやるべきなのか。どちらになるのかは大きな分
かれ道である。ことに，発達障碍の学生にどう対応するかは，「シェル
ター」の問題を考えるうえで重要な問題である。

　さて，アクティブ・ラーニングというラーニング・スタイルが合わない
学生が入ってきた場合，どうすればいいのかが問題である。おそらく多く
の大学ではアドミッションポリシー（AP）を考えて，「うちの大学に入る
にはこういう能力・考え方が必要である」ということを学力面，あるいは
先ほどのラーニング・スタイルの面も含めて示していることと考える。そ
うやって入学してきた，AP を満たす学生をカリキュラムポリシー（CP）
に則って教育して，卒業するときにはディプロマポリシー（DP）に示し
ているような能力を身につけさせて社会に送り出すということを大学とし
て決めていることと考える。そして，さらに大学全体の AP・CP・DP に
則って各部局で AP・CP・DP を決めているはずである。どういう能力を
身につけた学生を社会に送り出すのか。あるいは学生側から見たら，自分
は，この大学で学べばどんな人間になることができるのか。この大学に入っ
たらどういう成長が期待できるのか。こういうものを端的に示すのが
AP・CP・DP なのであろう。現在の時点では AP が，なかなか受験生，
あるいは受験生の保護者に浸透が十分ではない，あるいは信頼されていな
いということかもしれない。

❹ 教育の「工場モデル」と「医療モデル」

　教育には2つのモデルがある。従来の教育社会学研究においては工場モ
デルがよく用いられてきた。丸山文裕（1984）の表現（p. 142）を筆者の言

葉で少し言い換えると下記のようになる。高校を卒業した大学入学者（原料）に学歴というラベルを張り付けて卒業生（製品）として次々と世に送り出すのが大学であるというモデルである。この工場モデルにおいては，インプットとアウトプットの均質性が前提とされている。インプットに損傷がなく，工場での製造・加工過程にミスがない限り，アウトプットに関するミスも発生しえないというわけである。

　しかし実際には，インプットに損傷がなく，工場での製造・加工過程にミスがなくても，アウトプットの質にはバライエティが発生し得る。医療モデルではこの点を説明できる。すなわち，入学者（患者）は一人ひとり体力も症状も異なるのであるから，均質ではない。したがって，ある入学者に対する「適切な処置」は他の入学者にとってはそうではないこともあり得る。また，瑕疵なく教育が行われても，退学に至るなどの問題が生じ得る。

　ただ，ここでいう「瑕疵なく教育が行われ」るということに関して，注意が必要である。一定のティーチング・スタイルがすべての学生にとって受容可能ならば，問題は生じないであろう。しかし，現実には，ある入学生にとって心地よいティーチング・スタイルでも，まさにそれが別の学生にとって心地悪いティーチング・スタイルであるということもあり得る。

　もちろん，無制限に個別的対応をすることなどできない。しかし，これまでの教育が，学生や生徒が「均質な教育ニーズ」を持っているということを前提にしすぎたきらいがあるのも事実である。可能な限り，個々人の「特別な教育ニーズ」を認めて，それに適合するティーチング・スタイルで学習を促すことがより求められる時代になったのであろう。

参考文献

・アンダーソン，C. A.（1963）「教育と社会移動に関する一考察」A. H. ハルゼー他編（清水義弘監訳）『経済発展と教育―現代教育改革の方向―』東京大学出版会，pp. 126-146

・新井麻子他編（2012）『誰からも嫌われない　図解　店員のマナー』サンクチュアリ出版

- 岩井八郎・近藤博之編（2010）『現代教育社会学』有斐閣
- 大平正芳（2011）「見果てぬ夢―民主政治における広報―」『大平正芳著作集』第5巻，講談社，p. 415
- 苅谷剛彦（2002）『知的複眼思考法』講談社
- 苅谷剛彦（2005）『学校って何だろう―教育の社会学入門―』筑摩書房
- 苅谷剛彦・濱名陽子・木村涼子・酒井朗（2010）『教育の社会学（新版）』有斐閣
- 小熊英二（2012）『社会を変えるには』講談社
- 酒井朗・多賀太・中村高康編（2012）『よくわかる教育社会学』ミネルヴァ書房
- 志水宏吉（2010）『学校にできること――人称の教育社会学―』角川書店
- 野村克也（2014）『理は変革の中に在り―苦労が「思考」「感性」「勇気」を磨く―』K. K. ベストセラーズ
- 野村克也（2017a）『運―「ツキ」と「流れ」を呼び込む技術―』竹書房
- 野村克也（2017b）『野村克也野球論集成』徳間書店
- 原清治・山内乾史・杉本均編（2008）『教育の比較社会学（増補版）』学文社
- 広田照幸監修，山内乾史・原清治編（2006）『学力問題・ゆとり教育（リーディングス日本の教育と社会1）』日本図書センター
- 広田照幸監修，本田由紀・平沢和司編（2007）『学歴社会・受験競争（リーディングス日本の教育と社会2）』日本図書センター
- 丸山文裕（1984）「大学退学に対する大学環境要因の影響力の分析」日本教育社会学会編『教育社会学研究』第39集，東洋館出版社，pp. 140-153
- 矢野眞和（2011）『「習慣病」になったニッポンの大学―18歳主義・卒業主義・親負担主義からの解放―』日本図書センター
- 山内乾史（2011）『「共通一次世代」は教育をどう語るのか』ミネルヴァ書房

参考映像資料

- フランソワ・トリュフォー監督（2008）『野性の少年』20世紀フォックス・ホーム・エンターテイメント・ジャパン株式会社
- テレビ東京（2022）『日経スペシャル　ガイアの夜明け　令和流…次世代の育て方』

課題

❶ 教育社会学と教育学の共通点と相違点について，具体的に説明してください。

❷ 教育の「工場モデル」と「医療モデル」の違いについて，具体的に説明してください。

❸ なぜ，今アクティブ・ラーニングの導入が盛んに言われるのか，具体的に説明してください。

❹ 「協調性」，「コミュニケーション力」等の社会的スキルが強調される背景について，具体的に説明してください。

❺ 教育の社会学的分析とは，一言で言えば，どのような分析か，具体的に説明してください。

❻ ティーチングとコーチングはどう異なるのか，具体的に説明してください。

❼ 「育てる」と「教える」では，教育者に求められる資質にはどのような差異が存在するのか説明してください。

ディスカッション

「育てる」とは何でしょうか？　自分のオリジナルな定義を考えてみよう。

〈MEMO〉

第1章

第2章

第3章

第4章

第5章

第6章

第7章

附録

第2章

豊かさを目指して

― 高度経済成長と受験競争の大衆化，過熱化 ―

キーワード　競争移動社会，庇護移動社会，メリトクラシー，ペアレントクラシー，加熱と冷却，教育アスピレーション

概要

R. ターナーによると，社会移動のパターンには２種類ある。それは競争移動と庇護移動である。日本社会はバブル崩壊を境に，前者（一億総中流社会）から後者（格差社会）へ移行したとするのが社会学の定説であるが，それは本当か。

1 戦後日本社会の大きな変化

ここでは，戦後日本の社会の歴史を簡単に振り返ろう。

明治以降の学歴社会構築の過程が競争移動社会（後述）の構築の過程でもあるのだが，特に競争の大衆化，過熱化が起きた戦後日本社会に限定して話を進めよう。

長期にわたった第二次世界大戦は1945年に終戦を迎えた。そして乗り込んできたGHQ（General Headquarters）の基本政策は，新憲法の制定をはじめとする「日本社会の民主化」であった。その一環として「教育の民主化」も重視された。

戦前期の特権層はことごとく解体された。大日本帝国陸海軍の解散，武装解除により戦前の名士だった将軍たちが失業するのはもちろんだが，臣籍降下，貴族制廃止，公職追放，農地改革，財閥解体など，特権層はことごとくその特権の源を失った。

有名な太宰治のベストセラー『斜陽』（1947年）は没落していく上流階

級を描き，「斜陽族」という流行語を生んだ。

　特権層だけでなく，庶民ももちろん困窮し，国民全体の貧困化は著しかった。日本の軍事予算は日中戦争時（1937 年）で国家予算の 70％超，1944 年には 85％超となり，国家の命運をかけた戦争に相当額の国家予算が注ぎ込まれ続け，国民生活に対する予算措置は犠牲となった。1945 年の終戦後は庶民層の困窮は目を覆うばかりのものがあった。

　ところが，1955 年頃には経済企画庁（当時）が刊行した『経済白書』において（これも流行語になったのだが）「もはや戦後ではない」と謳われるほどの急速な復興を見せた。1955 年に，戦前の国民一人当たり GNP の最高値を越えたということが根拠である。戦後の混乱に伴う復興は終わった。ここからはこれまで日本が経験したことのない新たな発展の道であるということであり，高度経済成長の始まりを意味していた。

　ただ，これは国家，社会レベルの復興であり，個人レベルの話ではない。個人レベルでの復興はどのように進んだのか。それを論じるうえで，『太陽の季節』について考えてみたい。

　1955 年に一橋大学社会学部在学中の石原慎太郎（後，参議院議員，衆議院議員，東京都知事）の『太陽の季節』（新潮社）が発表され，翌年に第 34 回芥川賞を受賞した。この小説は湘南などの夏の海辺に戯れる無軌道な若者（＝「太陽族」）の生態を描いたものであるが，こういった小説がウケた背景には，衣食住が満たされないという戦後の貧困状況を脱してゆとりができ，そのゆとりがレジャーに向かい始めていたという事情があった。すなわち貧困層の中流化である。国レベルだけでなく，個人レベルでも徐々にゆとりができるようになり，レジャーに金銭が動いたというわけである。

❷　中流階層とメリトクラシー

　この中流階層の登場という問題は重要である。問題を，少し異なる視点から考察してみよう。中流階層の勃興とメリトクラシーの興隆，そしてそれらとエリート形成との関連についてである。そのまえに，ここでのキーワードとなる競争移動社会と庇護移動社会について述べておこう。最近，

言及される機会がめっきり減ったのだが，20年ほど前まで頻繁に引用され，現在中堅以上の教育社会学者に大きな影響を及ぼした考え方に，比較社会学者ラルフ・ターナー（1963）の提唱する2つの社会類型，すなわち「競争移動社会」と「庇護移動社会」があった。ターナーは「アメリカとイギリスの教育制度の違いを，その国で支配的な上昇移動の規範と関連づけて考察する一つの枠組みを提案」することを目的とし，イギリスで支配的な組織的慣行的規範を「庇護移動（スポンサード・モビリティ）」，アメリカで支配的なそれを「競争移動（コンテスト・モビリティ）」と名付けた。ターナーのこの論稿は，非常に重要なエリート論でもあるので，以下論述しておく。

(1) 競争移動社会（図2-1）

競争移動社会とは，たとえていえば，思い切り広い競技場において何か

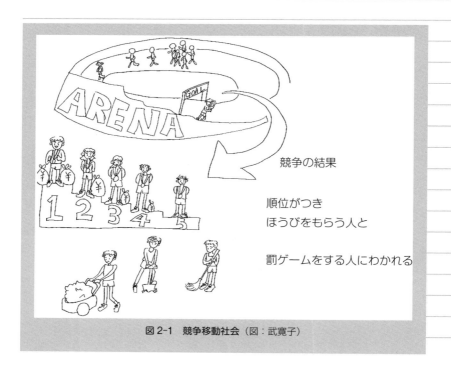

競争の結果

順位がつき
ほうびをもらう人と

罰ゲームをする人にわかれる

図2-1　競争移動社会（図：武寛子）

の競技が開かれるのであり，競技への参加の機会が市民に広く開かれてい
る状況を想起すればいいだろう。仮にその競技を市民マラソン的なものと
しておこう。つまり，オリンピックや世界陸上のような選び抜かれたアス
リートが集う場ではなく，青梅マラソンやボストン・マラソン，ホノルル・
マラソンのように一般市民にも広く開かれたマラソンということである。
もちろん，最低限の健康チェックは行われる。しかし，不整脈があるとか，
妊娠しているとかいった事情を抱える少数の，ドクター・ストップがかか
りそうな人を除いて誰でも希望すれば（完走経験がなくても）参加できる。

　そして競技場ではマラソンが展開され，その結果順位がつく。当然のこ
とながら，優勝者はもっともいい報酬を得るが，順位が下がるにつれ報酬
は減る。それでもある順位までは報酬がもらえるが，ある順位以下になる
と報酬はなく，さらにある順位以下になると罰が与えられることもあり得
る。

　これを社会にたとえると，競技場は学校である。学校教育にたとえると，
学校教育を受ける機会は，社会階層にかかわらず広く開かれている（少な
くともそう考えられている）。そしてそこでは成績と進学を巡る競争が展
開されている。この競争は公開で，あるルールのもとで公正に展開される
（つまり，コネや賄賂は通用しないという建前になっている）。その競争の
結果，獲得した成績や進学した上級学校の社会的評価によって，その人間
に対して配分される職業的機会，社会的資源が異なるということになる。
しかしまたその子の世代になると，この上下関係はいったんご破算にされ
（あるいはご破算に近い形にまで格差は縮小され），すべての子どもが同じく
スタート・ラインに着く（少なくともそういうイメージを抱かせる）。日本の
相続税など，そういう発想にもとづく税制なのであろう。

　ターナーのいうところでは，競争移動はアメリカ合衆国に典型的なパター
ンが観察される形態である。日本も，少なくともごく最近までこれに近い
形態であり，そうあるべきと，信じられていたといえる。つまり，言い換
えれば，生まれに左右されず本人の（ルールに則って展開された公正な競
争における）業績によって，社会的地位・資源の配分がなされるべきであ
るという，近代のメリトクラティックな社会システムの一つの典型なので

ある。なお，メリトクラシーとは，その人の社会的地位が能力と努力によっ
て決定される社会のことであり，イギリスの社会学者マイケル・ヤングの
著書『メリトクラシー』に由来する。教育社会学におけるもっとも重要な
定式の一つである。

　戦後，日本は一億総中流社会と呼ばれる社会を築き上げ，1970年代以
降は多くの各種意識調査において自らを「中流」と位置付ける回答が9割
を超えている。これは中流階層の分厚い社会の典型的なものである。中流
が多いわけであるから，似た者同士の間で限られたポストをめぐって激烈
な競争が生じるというわけである。

(2) 庇護移動社会（図2-2）

　それに対して，庇護移動社会ではすべての競争者が一つのフィールドに
集まって1種類の競技をするわけではない。最初からフィールドが分かれ
ている（そしておそらくは競技の種類も異なるのであろう）。たとえばそ

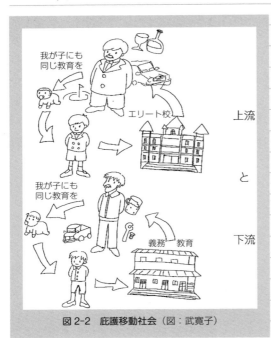

図2-2　庇護移動社会（図：武寛子）

れは人種別であると
か，階級別であると
か，身分別であると
か，宗派別であるとか
…ということである。
　もっとも，ターナー
が念頭においていたの
は，社会階級による分
断であろう。なぜな
ら，ターナーはイギリ
スに庇護移動の典型的
なパターンが観察され
ると述べているからで
ある。いずれにせよ，
支配層と非支配層とで
は，受ける教育の種類

も違い，修業年限やカリキュラムも，将来の進路もことごとくが当然異なっ
てくるということになる。支配的なグループの子弟が受ける教育とは帝王
学や古典（＝支配者として必要な教養）の教育である。ヨーロッパであれ
ばギリシャ・ローマの古典であろうし，東アジアであれば中国の古典（例
えば，四書五経等）であろう。

　庇護移動的なスタイルは，メリトクラティックな発想になじんだ人びと
の眼には，非民主的なスタイルに映るであろう。しかし，庇護移動的なス
タイルになじんだ人びとの発想によれば，社会のエリートに必要な資質の
有無は，勉強ができるかどうかによって決定できるものではないというこ
とになる。エリートに必要な資質は，いわば猛勉強によって後天的に身に
つけることができないものである，ということである。たとえば，イギリ
スでは，いわゆるジェントルマンになるには，猛勉強すればいいというも
のではない。すなわち，エリートたるにはある種の人格が必要で，それは
先天的に生まれによって決定されているというのである。一定の家に生ま
れなければ，いくら勉強しても，ジェントルマンにはなれない。

　たとえば，大英帝国植民地時代のインド高級官僚について浜渦哲雄
(1991) が述べるところでは，「植民地高級官僚の主たる供給源はオックス
ブリッジ（オックスフォードとケンブリッジ大学の意味）であった。アフリ
カ勤務が大部分を占めた CS (Colonial Service)，その後身の CAS (Colonial
Administrative Service＝植民地高等文官）は人格とパーソナリティを見る面
接試験で採用されたので圧倒的に同大学出身者の比率が高かった」（はじ
めに，iii頁）。というのは，「ICS (Indian Colonial Service：筆者注) に実際
に要求された必須条件はジェントルマンシップである。ICS はジェントル
マン階級の出身ないしは彼らと同じ教育を受けた人間を理想としていたの
で，ジェントルマンリー・ルーラーとよばれた。…（中略）…（官僚登用の：
筆者注）公開試験に対して貴族の批判が集中したのは，ジェントルマン教
育を受けていない，低い階層（ロワー・ミドル・クラス以下）の出身者が
ICS 試験にパスし，任官したためであった。ジェントルマンシップはヴィ
クトリア朝イギリスの強力な社会規範の１つであった。ジェントルマンの
概念は人によってまったくまちまちで画一的定義はできないが，主として

社会階層に関するもので，つきつめると血統の問題に行き着いてしまう。そうなると貴族と同義になってしまうが，植民地統治との関係においては，ジェントルマンは『標準紳士製造工場』といわれるパブリック・スクールの卒業生とほとんどイコールになっている」からである。

　言い換えれば，ノブレス・オブリージュ（高貴な者の義務）の気概などは，勉強して身につくものではないということであり，もともとノブレスでない者にノブレス・オブリージュを期待するというのが，大きな間違いであるということなのであろう。

　こういった高級官僚像は公開試験の採用によって崩れていく。優秀なインド人が試験に合格し，登用されるようになるからである。この公開試験の採用は，高級官僚登用方法の「近代化」といわれた。

　エリートという言葉は「選ばれた人びと」という意味であるが，競争移動社会の場合には業績によって選ばれた人であるのに対して，庇護移動社会の場合には神（生まれ）によって選ばれた人であるといえる。

　いわば，競争移動社会は本人次第のメリトクラシー社会（本人の能力＋本人の努力＝業績）であるのに対し，庇護移動社会は親次第，家次第のペアレントクラシー社会（親の富＋親の願望＝選択）であるといえよう。ペアレントクラシーとはイギリスの社会学者フィリップ・ブラウンによる定式で親の富と願望が子の進路を決定する社会である。能力主義が進むと身分制原理に先祖返りするというのがヤングの提起した逆説である。

　日本社会は現在，「格差社会化」が進んでいるとされるが，「格差社会」という用語は「庇護移動社会」の現代版ということになる。

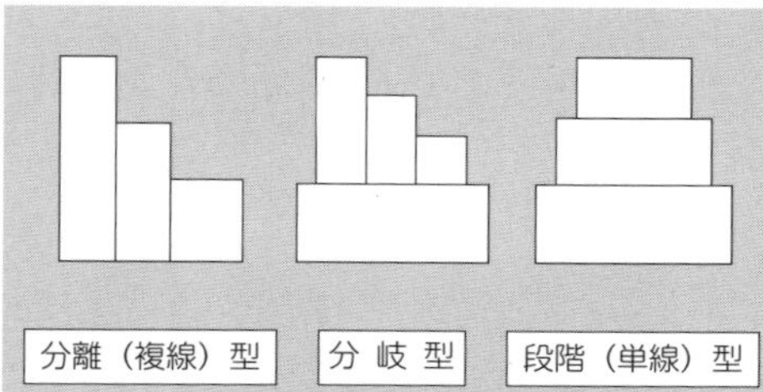

図 2-3　学校教育制度の 3 類型
出典：天野（1994）p. 85

分離（複線）型　分岐型　段階（単線）型

(3) 学校教育制度の 3 類型

　さて，この競争移動と庇護移動の 2 形態との関連で学校教育制度の 3 類型に言

及しておく。天野郁夫（1994）によれば，学校教育制度はおおむね 3 パターンに分類される。第 1 の形態は分離型（複線型），第 2 の形態は分岐型（フォーク型），第 3 の形態は段階型（単線型）である。分離型と分岐型が庇護移動社会に適合的な学校教育制度であるのに対して，段階型は競争移動社会に適合的な学校教育制度と言えるであろう。図示すれば図 2-3 のようになる。

　分離型は，何らかの生得的属性（たとえば，階級，人種，性）によって入るべき学校の種類が異なり，それぞれの学校で提供されるカリキュラム，教育方法が異なり，修業年限も異なり，将来の進路も異なる。途中でのコース変更もほとんどあり得ない。生まれによって学ぶ事柄が決められているからである。近世日本はこれに当てはまる。武士の子弟は藩主がたてた藩校で朱子学や四書五経を学び，町人の子弟は寺子屋で読み・書き・そろばんを習っていた。現在では，イングランドがこのタイプに当てはまるといえる。イングランドでは，私立学校（ここにイートン他の著名なパブリック・スクールが含まれる）と公立学校の格差が，日本の公私立学校間の格差からは想像できないほど大きくなっている。ことに，潤沢な資金と施設を生かして贅沢な教育を展開する著名パブリック・スクールと，必要不可欠な施設さえ不十分で必修科目の教員さえ満足に配備できない貧困地区の公立学校とでは，大きな格差がある。このどちらのコースへ行くのかということは，社会経済的背景によってほぼ決定されている。要は生まれながらにして（あるいは生まれる前から）ほぼ決まっているのであり，子どもたちは**生まれに応じた進路**に進むのである。

　他方，分岐型は，初期の教育段階では共通の内容を学習することにして，しかし早期（10 歳前後）に試験によって，あるいは国によっては希望によってコース分けを行う。コース分けをした後は分離型にきわめて近くなる。すなわち，分岐型においても原則としてコース変更は不可能である。日本では明治期以降，第二次世界大戦までの旧制の学校教育制度がこれにあてはまる。旧制中学校→旧制高校→帝国大学というコース，実業学校→高等専門学校というコース，高等小学校卒というコース，尋常小学校卒というコース，実にさまざまなコースがあったがコース変更は不可能であった。

また男女間で教育制度が異なり，女子の高等教育機会はかなり制限されていた。現在では，ドイツが原則としてこのシステムを取っている。ドイツは 10 歳時に試験があり，ギムナジウム，レアル・シューレ，ハウプト・シューレに分かれていく。

段階型は，分離型や分岐型のように，最終的な進路の分岐を早期に（あるいは生まれながらにして）決定するシステムとは異なり，できるだけ先延ばしにしようとする，あるいはシステム内では行おうとしないシステムである。いったん学力などによって分かれることがあっても，その後「敗者復活」の可能性があり得る。いずれにせよ，**学力に応じた進路**に進むのである。

なお，イギリスは地域によってどのタイプに属するかが異なり，イングランドは分離型，スコットランドは段階型となっている。また，北アイルランドは公立学校の 3 分岐システムを過半の地域で残しており，分岐型が過半という状況にある。

③ エリート，学力，学校制度

さて，分離型や分岐型は顕在的にエリート形成コースをビルト・インしているといえるのに対して，段階型はそうではない。しかし，段階型は後述のようにエリート形成と無縁というわけでもない。システム設計者の意図するところかどうかは別として潜在的にエリート形成にかかわっているとみることができる。つまり，一見レッセ・フェールに近い，特別なエリート形成コースをビルト・インしないシステムのように見えるが，実は全体の大衆的な学力水準を高くし，分散をできるだけ少なくしているわけである。その状態の中からであればレッセ・フェールの過程からでも，良質の，しかも量的にも十分な数のエリートが育って来るであろう，という一つのエリート形成に関するビジョンが隠されているとみることができる。

そして，日本は長らくこのタイプの教育制度を取ってきた。つまり戦後長らく「エリート教育が不在」だったのではなく，「エリート教育について議論せずともレッセ・フェールの過程から（それなりの質量の）エリートが育ってくるシステム」を有するがゆえに切迫した議論を展開せずとも

よかったとみることもできるのである。大衆化した教育社会に到達すれば，いずれの国家，社会でもエリート教育を制度化し，分離した形で維持するのは困難になってくる。そこで**「潜在的にビルト・イン」**するということになるのだ。そのビルト・インの一つの方法が，ここで述べたような型なのであろう。

　言い換えれば，エリート形成と無縁の教育システムなどなく，あらゆる教育システムは何らかの形でエリート形成とはかかわるのであろう。そして，高度に大衆化した教育社会は，このような形（あるいはこれに近い形）でしかエリート形成にかかわれないのではないか。すなわち，大衆化した教育社会においても，エリート教育は生息する。このシステムは大衆の高度な学力を前提とするわけである。したがって，今世紀初頭の学力論争などは，エリート形成のあり方にとっても深刻な議論なのであろう。

　しかし，ターナーが懸念していたように，大衆的な教育形態の中から競争を経て登場してくるエリートは，真にエリートとして望ましい資質を身につけているのか，というと構造的な（「個別的な」ではない）問題がある。つまり，「エリート教育」の定義にもよるが，エリート教育の本質がスピリチュアルなところにあるとすれば，みんなと同じことを学び，みんなよりいくらか競争上良い評価を得た，というだけの人間がエリートになっていくというのが本当にいいシステムなのか，という問題である。この問題が出てくるたびに引き合いに出されるのは先述の**ノブレス・オブリージュ**の気概なるものである。このような精神は大衆的な教育形態の中で身につけることができるのか，ということである。ただ単なる「選ばれた」という恍惚感だけでなく，「選ばれた」ということに対する，「選ばれなかった人びと」に対する，あるいは社会全体に対する責任感を身につけることができるのか，ということである。この問題は民主的に（神によってではなく）選ばれたがゆえに発生する問題であって，メリトクラティックな原理が徹底していないから発生する問題ではない。むしろ，メリトクラティックな原理が徹底すれば徹底するほど，この問題は深刻になるのであろう。

　一般論としては，上述のような庇護移動の形態，分離型，分岐型の学校教育制度を採っている国ぐにのあり方は，段階型の学校教育制度を採って

いる国ぐにからすると，不平等で非民主的であるということになるのであろう。しかし，一概にそうはいえないのである。つまり，社会の経済発展が遅れて，あるいは経済発展の果実が特定層に集中する社会は世界中に多く存在する。こういった社会では，トリックル・ダウン仮説により，上層の果実が波及的に下層に及ぶと理論上されているが，現実には，その結果，中流階層が著しく薄くなっているケースが多くみられる。そういった社会では階層間の文化的・経済的分断が大きく，学校教育に対するニーズにおいても大きく異なり，両者を統合的に教育しようとする試みは十分成果を上げにくいどころか，双方から大きな不満が出る可能性がある。こういった国ぐにでは高学歴化も緩慢にしか進展しない。したがって，競争移動の形態，段階型の学校教育制度を採っているということは，無条件に普遍的に望ましいのではなく，社会によっては，その社会固有の政治的・経済的・文化的状況によっては，むしろ望ましくないことさえあり得るのだ。

　もちろん，近代社会は，属性主義から業績主義へ，メリトクラティックな社会へと移行し続けてきたのであり，このメリトクラティックな原理が社会に浸透するには，階層的に分断された状況はまずく，中流階層の勃興を必要とする。要は，中流階層の成長とメリトクラティックな原理の浸透がパラレルに進行していくとすれば，中流階層を成長させるのに適した形態の階層移動のパターン，学校教育制度の類型を保持している社会がメリトクラティックな原理の最も浸透した社会ということになる。競争移動という階層移動の形態，段階型という学校教育制度の形態は，中流階層，それから確率的には低いにせよ，下流階層の有能な青年男女をエリート層に組み込む働きをしてきたわけである。しかしこの中流階層が薄く階層間の分断が非常に大きい社会では，分離型・分岐型の学校教育制度が取られ，庇護移動型の階層移動の形態が取られていることになる。これは，一方では，理想的な（スピリチュアルな）エリート形成が行われるという面もあるが，他方では，中流階層が薄いがゆえに流動性が低く，社会の活力が低く，国家・社会の統合上も大きな問題を残すということにもなるのだ。

　ただし留意しなくてはならないことがある。庇護移動と能力主義とは対立するかのように考えられてきたきらいがある。だが，実は日本でも欧米

表 2-1　社会階層と教育戦略上の特性

階層	資産の総量	子の数	教育への態度
上流階層	多	多	ほどほどに熱心
中流階層	小	少	きわめて熱心
下流階層	僅少	多	不熱心（熱心になるための経済的基盤を欠いている）

出典：筆者作成

　でも古代ローマでもそれほど単純に対立的にとらえてよいものではない。すなわち，「家の連続性」は重視するにしても，子同士を競わせるとか，娘に優秀な婿を取るとか，優秀な青年を養子に迎えるとかして，跡を嗣がせるということは頻繁に起きているのである。つまり「血の連続性」よりも「家の連続性」が重視される傾向があったのであり，血のつながりはないけれども能力ある若者を家に組み込み，後継者としていたケースも多くみられる。言い換えれば時代に合った形での能力主義が実現していたともいえるのではないか。

　さて，おおざっぱな把握で恐縮であるが，表 2-1 に示すように，そもそも社会階層ごとに教育を巡る戦略の立て方が異なる。上流階層に関しては，資産総量は多く，子の数も多い（子同士を競わせて後継者を決めるため）。上流階層はもともと社会的資源を豊饒に有し，しかもそれを直接的に，あるいはそれに近い形で子に嗣がせることもできるし，資産を分けても一人ひとりに相当な分量が行き渡る。したがって，教育はこの層にとっては，重要ではあるが，何をさしおいてもそれに投資して遮二無二とりくむというものでもない。

　逆に，下流階層に関しては，資産は僅少であり，しかも子の数は多い（家計を支える働き手としての子はたくさんいた方が良いからこそこうなるケースも多くみられる。しばしば誤解のあるように無知で無教育であるから，無計画にたくさん子をもうけるというばかりではない）。したがって，教育にお金をかけたくてもかけられない状況にある。

　それに対して中流階層は，資産がないわけではない。だが，十分に子に分け与えるほどにはもち合わせていない（だからこそ中流なのである）。

そこで，家庭では子の数を限定して（夫婦共に働いている場合には，それがゆえに子の数を限定せざるを得ないという事情もある），その子に資産を集中する。だが，資産をダイレクトに引き渡すのではなくて，教育を媒介にして資産・地位を引き継がせるのである。なぜなら，この階層の人びとがついている職業は専門職やホワイトカラー層など，直接世襲させることが困難な職業であることが多いからである。したがって，よりよい教育を受けさせ，その結果，父母と同等の，あるいはそれ以上の仕事に，受けた教育を武器にしてつかせようとする。

　この中流階層が厚いか薄いかが，先述のように社会の移動形態を決定するし，社会の活力にも影響する。中流階層が多くなると，高学歴化が進行しやすくなると同時に，少子化などの現象も起こりやすくなるのは広く知られる。

　この中流階層，あるいは下流階層の青年男女を含むエリート層を，その選抜方法も含めて資質を是認するか，それとも否認するか，という問題は，本節冒頭に述べた高度に大衆化した教育社会に潜在的に埋め込まれたエリート形成システムと，顕在的に分離された形で存在するエリート形成システムとをどう評価するのかということにもかかわってくる。

　たとえば，次のようなケースを考えてみよう。段階型の教育システムが分離型・分岐型に変質していくことはあり得る。これは端的にいって，公立学校の質が低下し，「粗悪なセーフティ・ネット」と化すときに起きる。つまりこういうことである。私立学校が社会内の上流階層の子弟のみをターゲットにしている状態（多くの国家・社会で現に観察される状態）であれば，その国家，社会におけるメリトクラティックな社会観は揺るがない。ところが，公立学校の質が低下し，公立学校に不満を覚える層がかなりの厚みをもって発生し，政府が私立へ行くことを暗に奨励する（教育バウチャーなど），あるいは上層階層の子弟が通っていた従来の私立学校と比べれば落ちるが，それでも公立学校一般と比べれば遥かにマシという第二級の私立学校（おそらくは教育経費を安く設定し，これまでだったら私立学校には行けなかった層をターゲットにするだろう）が登場して，公立学校に残っていた学力の良好な生徒を，クリーミング，すなわち良質なクリー

ムを吸い取るようにかっさらっていくという状況が発生したとしよう。有能な教師も転出していくであろう。このような過程が続くと，公立学校は私立学校に進学できない子どもだけが行く（粗悪なクリームだけが残されていく）セーフティ・ネットと化してしまう。当然，多くの子どもにとっては魅力のない選択肢なのだから，粗悪なセーフティ・ネットと言い直すべきであろう。このように公立学校がその質を低下させ，私立学校の台頭を許容し，中流階層を私立学校にさらわれていくシステムが構築されると，分離型，分岐型への回帰が始まる。もちろん，新自由主義的な観点から日本の現状を教育過剰であると考える人びとからは，このように本人の選択（あるいは親の選択）によって分岐していくのは，むしろ望ましいことかもしれない。

　ただ，一言いえることは，エリート形成システムを潜在的なものにとどめるためには，高度に大衆化した教育社会ですべての生徒・児童の学力を高く保持し，そのうえでレッセ・フェール的にエリートの発生を待つということになるだろうということである。それが将来の基幹労働力の基礎学力を高いものにする「民主的な」教育システムでもあり，かつメリトクラティックな装いをできるということである。こういった政策が維持されないと，エリート形成システムは顕在化していくし，またその実現を求める圧力も高まることになる。

　それには公立学校の質が鍵である。公立学校が一部の子ども（特別な教育ニーズ＝たとえば，宗教上の理由，心身上の理由，能力上の理由をもつ子ども）を除く広い範囲の子どもに，共通性の高いカリキュラムを提供する機関なのか，それとも，私立学校という選択肢を取り得ない子どもが渋々いくホープレスな機関なのか，それによって大きく公教育のあり方は変わるであろう。

　私見では，そもそも学校教育というのは社会的な，集団的な教育方法であって，画一的になりがちなのは，学校の教育方法がまずいからではなく，学校につきまとう本質としかいいようがない。したがって「学校は子どもの個性を育てるべき」という見解は耳に入りやすいが，むしろ「個性を損なわないようにすべき」という議論がなされるべきではないだろうか。オ

41

能ある子どもの教育も，凡庸な教師がいじり回って才能の芽をつみ取らないような配慮がなされるべきと解されるのが本筋ではないだろうか。仮に，個性のない子どもがいるとして，その子どもに何とか個性を身につけさせようと学校・教師が四苦八苦するなどというのは，笑止千万であり，個性は隠そうとしてもにじみ出てくるものであって，学校教育によって身につけるものではない（引き伸ばすこと，スポイルすることは可能でも）。筆者には，現状の世論はどうも学校教育に対する過剰な期待，過剰な依存があるように見える。いささか論旨を逸脱するが，一頃盛んに論じられた「愛国心の教育」も同様である。筆者自身は，これまでの学校教育のあり方に対しては肯定するわけではなく，むしろ概して否定的な認識をもっているが，しかし，「愛国心」というのは人間の本性にかかわる心情であり，学校教育で身につけさせようなどというのは，筋違いである。否定されても否定されても，心の中から消え去らず，沸々とわき起こってくるというのが真の「愛国心」ではないだろうか。数年の愛国教育で「愛国者」が育ったとして，その程度の「愛国心」ならば，また別の教育を受ければそちらへ転んでいくということになるだろう。むしろ，「愛国心」と教育との関連を強調するというのならば，Informal Education，とくに家庭のしつけが重要視されるべきであろう。とかく，世論の過剰な学校教育への期待，依存，それと裏返しの強烈な筋違いの学校批判は，それこそ本来の学校のあり方を巡る冷静な議論の妨げになっているとしかいいようがない。

　いずれにせよ，中流階層の教育をどのように組み立てるかが，大衆化した教育社会における公立学校の質を規定する要因の一つであり，それを私立にゆだねる，あるいは大幅な自由選択にゆだねるということであれば，それは二極化社会への移行，学校教育制度の分離型・分岐型への移行，庇護移動社会への移行を意味する。もともと段階型の本旨が「敗者復活」にあるのであれば，公立学校と私立学校との格差は逆転可能な範囲内になければならない。これが逆転不可能な範囲に広がるということは，分離型，分岐型になるということと同義であるのも，当然である。

　このように考えてくれば，潜在的に大衆化した教育社会に埋め込まれたエリート形成システムを顕在的なものにし，社会的に制度化された形で行

うことは，社会の進路に大きな影響力をもつといわざるを得ない。

心理学的に言えば，教育アスピレーションを温存することが重要であるということである。竹内洋（1999）が唱えた「加熱」と「冷却」のモデルはこのシステムを少しわかりやすくしてくれる（図2-4参照）。

つまり，人びと個々の野心，教育アスピレーションというものは，どの社会でもどの時代でもあるわけであるが，社会としてそれを加熱する（つまり，「がんばればいいことがあり

図2-4　教育アスピレーションの加熱と冷却（図：武寛子）

ますよ」と努力を促進する）システムと，冷却する（つまり，「がんばっても仕方がないですよ」と努力をあきらめさせる）システムとが対峙しているわけである。この加熱と冷却は同時に作用するわけだが，受験競争が過度に厳しいといわれる社会（競争移動社会）は，加熱システムに比して冷却システムはうまく作用しない社会であり，逆に子どもたちが学習しない，労働者が働かないという社会（庇護移動社会）は加熱システムに比して冷却システムが効きすぎる社会なのである。

このように，メリトクラシーを比較社会学的な視点でとらえていくと，あるべき社会，望ましい社会について多くの考察が得られることであろう。

参考文献

- 苅谷剛彦（1995）『大衆教育社会のゆくえ』中央公論新社
- 苅谷剛彦（2001）『階層化日本と教育危機』有信堂
- 志水宏吉（2010）『学校にできること——人称の教育社会学—』角川書店
- 竹内洋（1999）『学歴貴族の〈栄光〉と〈挫折〉』中央公論新社
- ターナー，R. H.（潮木守一訳）（1963）『教育による階層移動の形態』A. H. ハルゼー

他編（清水義弘監訳）『経済発展と教育―現代教育改革の方向―』東京大学出版会，pp. 63-91

- 浜渦哲雄（1991）『英国紳士の植民地統治―インド高等文官への道―』中央公論社
- 広田照幸（2003）『教育には何ができないか―教育神話の解体と再生の試み―』春秋社
- ブラウン，P.（稲永由紀訳）（2005）「文化資本と社会的排除―教育・雇用・労働市場における最近の傾向に関するいくつかの考察―」ハルゼー，A. H.・ローダー，H.・ブラウン，P.・ウェルズ，A. S. 編（住田正樹・秋永雄一・吉本圭一編訳）『教育社会学―第三のソリューション―』九州大学出版会，pp. 597-622
- ヤング，M.（窪田鎮夫・山元卯一郎訳）（1982）『メリトクラシー』至誠堂

参考映像資料

- TBS 報道局監修（2002）『子供たちの現場　学校・家庭・犯罪…（報道映像 20 世紀の日本 12）』小学館

課題

❶ 競争移動社会と庇護移動社会とを対比して，その特徴について，具体的に説明してください。

❷ 日本は 1990 年代以降庇護移動社会化したという見解について，具体的に説明してください。

❸ 1960 年代に受験競争の激化と大衆化が起きた背景にはどのような要因があるのか，具体的に説明してください。

❹ 中流階層の教育戦略について，具体的に説明してください。

❺ 「格差社会」は庇護移動社会と言えるのか，具体的に説明してください。

❻ アメリカ合衆国は「競争移動社会的」と言えるだろうか？　それはなぜか，具体的に説明してください。

❼ イギリスは「庇護移動社会的」と言えるだろうか？　それはなぜか？　具体的に説明してください。

ディスカッション

競争移動社会と比べて庇護移動社会にはいかなるメリットが存在するのでしょうか？　考えてみよう。

〈MEMO〉

第 **3** 章

高学歴はなぜ尊重されたのか
─教育投資論, スクリーニング仮説, 統計的差別理論─

キーワード　教育投資論, 人的資本論, 社会的収益率, 私的収益率, スクリーニング仮説, シグナリング理論, 統計的差別理論

☞ 概要 --

　教育投資論は生命科学系, 自然科学系及び教員養成系など専門職・技術職を養成することを主目的とする学問領域によく当てはまる理論である。だが, 文科系には当てはまりにくい。文科系の学歴主義を説明するうえではむしろ, スクリーニング仮説や統計的差別理論の方がマッチする。

----

❶ 教育投資論

　戦後日本社会における貧困層の中流化の過程に加えて, 国際的に権威のある経済学説が登場した。それが教育投資論, 人的資本論である。教育投資論を経済学的に精緻化したものが人的資本論である。

　ちなみに, 教育投資論, 人的資本論の提唱者である, T. シュルツは1979年に, G. S. ベッカーは1992年に, それぞれノーベル経済学賞を受賞している。世界の教育政策を大きく転換したからである。

　もともと, 教育は消費と考えられていた。とくに, 前章でいう教育制度が分離型, 分岐型の国においてはそうである。すなわち, 教育は上流階級の子弟の贅沢品, アクセサリーであるというのである。

　たとえば, あなたが映画に行くとする。基本料金は2021年現在1,900円である。そして「すっきりした」「ストレス解消になった」「感動した」ということであれば, 1,900円は有効に使われたことになる。ただし, こ

れは消費である。入口で払った 1,900 円が出口で 3,000 円になって戻ってくるわけではない。投資ではないのだ。ボーリングに行くのでもそうだし，野球観戦，サッカー観戦に行くのでも，ライブに行くのでもそうである。すべて消費である。

　教育も，義務教育については万人が受けるべきものと考えられていたが，高等教育については，贅沢品，アクセサリーと考えられていた。庶民には無関係な，上流階級の子弟の専有物と考えられていた。

　ところが，この発想を大きく転換したのが，教育投資論，人的資本論なのである。教育への投資は儲かるというわけである。これについて今，考えてみよう。

　まず，投資の有効性は社会的収益率と私的収益率によって計測される。経済学にはマクロ経済学とミクロ経済学があるように，教育投資論，人的資本論にもマクロとミクロがあるのだ。

　教育投資論は，単に教育が生産的なものであり，投資価値を持つと抽象的に述べるに留まらず，さらにそれをマクロ・ミクロ両レベルで具体的に数値化するところに特徴がある。マクロレベルでは，国家の教育への財源投入の増大は，公教育システムにおいて展開される教育の質を引き上げ，そこで教育を受ける児童・生徒・学生の労働力としての質を（つまり，労働生産性を）引き上げる。その結果，彼らが社会に出ると経済成長に結びつく。これはたとえば，国民一人当たり GDP の伸びという指標で測定される。一方，ミクロレベルでは，個々の家庭における教育費の増大は，子どもの受ける教育の質を引き上げ（つまり，より高いレベルの学校段階まで進学させたり，エリート私立学校や教育産業に投資したりでき），子どもの労働力としての質を引き上げる。その結果，子どもが労働力としての価値を高め，より良い職業に（よりよい待遇で）つく可能性を高める。これは典型的には，生涯所得の増加によって計測される。

　この投資と収益の関係を**社会的収益率**と**私的収益率**という形で，わかりやすく表したのがこの理論の大きなメリットである。社会的収益率と私的収益率は，教育投資の社会的メリットと私的メリットを数値化し，たとえば，他の公的投資対象の経済効果との比較を可能にする。橋，道路等のイ

ンフラ整備と教育のどちらが，国家・社会の経済成長に与^{くみ}するのかを具体的に比較検討し，プライオリティを決定することができるというわけである。あるいは収益率を政策的に変動させることが可能ならば，それによって適切な教育の供給量を，つまり生徒の進学行動を操作することができる。一般的に収益率においては，次のような関係が成り立つとされる。

　私的収益率＞社会的収益率

　初等・中等教育の収益率＞高等教育の収益率

　女性の収益率＞男性の収益率

　発展途上国の収益率＞先進国の収益率

　概して，橋や道路などハード・インフラの整備と比べて教育の収益率は優っており，経済発展への影響も大きいと考えられる。そして教育の中でも上述の関係からすれば，男性よりは女性の，高等教育よりは初等・中等教育に投資する方が有効であるということになる。

　問題は，社会的収益率が私的収益率よりも低く表れることである。もとより，教育は純粋な公共財ではあり得ず，それを受けた個人にのみ帰着する利益「も」ある。しかし，かといって，社会に対して利益をもたらさないわけではない。外部性をもつ準公共財である。

　しかし，高学歴化が一定の水準を超え，政府負担が限界に達すると，機関支援から個人支援へと徐々に切り替えていく動きがみられるようになる。つまり，日本の国立大学であれば，運営費交付金という形で大学（つまり期間単位）にブロック・グラントで，あるいはミッション・グラントで渡すことによって，これまでは授業料の高騰を抑える効果もあったわけであるが，ここ数年の傾向としては，授業料は高めに設定して，しかも経済的に困難を抱えるものには奨学金という形で個人にピンポイントの支援が行われる方向へと変わりつつある。

　いずれにせよ，教育投資論は，国家も個人も教育に投資をすれば大きな見返りが得られるというバラ色の未来を論じるものであり，日本では教育熱心な中流階層が厚みを増した時期にこの理論が輸入されたこともあり，

大きな影響を受けたのである。最終的には一億総中流社会とまで言われるようになる日本社会においては，激しい受験競争が子どもたちを巻き込むことになるのである。

　これを端的に示すものとして，さまざまなデータによれば，1960 年代半ばごろにおいて首都圏，関西圏でおおむね 7 割の児童・生徒が何らかの形で学校外教育（塾・おけいこ事）を受けていたということである。いわゆる**第一次塾ブーム**である。

❷　スクリーニング仮説

　教育投資論の要諦は，「高学歴人材がなぜ望ましいのか」という問いに対して「高学歴人材＝高レベルの知識・技術・スキルを身につけた人材」という答えを出すところにある。この発想は確かに先述のように，専門職・技術職を養成することを主たるミッションとする領域においては，かなり当てはまる。なぜなら，教育の場で与えられる知識・技術・スキルが，職業の場で必要とされる知識・技術・スキルと深いかかわりをもつからである。

　しかし，専門職・技術職を養成することを主たるミッションとしない領域においてはどうなのか？　こういった領域では，教育投資論とは異なる理論が必要とされる。そこで出てくる理論の一つがスクリーニング仮説である。

　この仮説によれば，学歴がその人の知識や技術・スキルのレベルを表すとは考えない。つまり，学校での教育内容（学習歴）はどうでもいいのであり，しかし学歴（学校歴）は大事であるという考え方である。なぜなら学歴（学校歴）はその人の訓練可能性（＝Trainability）を表すからである。この仮説によれば，企業が人材を採用する際，その人が職業上必要とするだろう知識・技術は，学校教育で身に着けてくるとは想定せず，入社後身につけると想定する。つまり，OJT や初任者研修，大学院派遣（OFF-JT）などである。ただ，そうはいっても，この職業的訓練を同じように受けても，確実にそれを身につけ戦力になる人材と，そうではない人材がいる。同じ教育を受けても分かれるわけである。もちろん，戦力になる人材の方

が，企業としては，投資効率が高いわけであるが，この投資効率の高い人材をあらかじめ見分けるにはどうすればよいのか。

　ここで出てくるのが，学歴である。高い学歴というものは，その教育内容は何であれ，要は教えられたことを的確に身につけ，こなし，テストの際に高いパフォーマンスを示す能力こそが企業の求める能力でもあり，したがって，学歴を訓練可能性の指標とみなして採用・不採用を決めることは一定の経済学的合理性を持つわけである。

　もちろん，このような採用法には問題がある。**学歴は教育の指標であり，職業での訓練可能性は経済の指標である。**両者は必ずしも一致するとは限らない。つまり，高い学歴を有するが職業的には能力の低い人材もいれば，低い学歴しか持ち合わせないが，職業的には能力の高い人材もいるであろう。協調性のないガリ勉型秀才もいるし，学校的なスタイルにはなじまない実践的なタイプの人間もいるであろう。スクリーニング仮説に従って，採用・不採用を決めていくと，こういった点で「読み違い」が生じる。つまり採るべき人材を採らず，採るべきでない人材を採ってしまうことになるのである。せいぜい「学歴≒訓練可能性」でしかなく，両者は完全には一致しないのである。

　それではこのような考え方は無効かというと，そうではないのである。つまり，人材の訓練可能性を表す指標として学歴を信用せず，一人ひとりその人材の「能力」を測定することを思えば，時間・手間・コストなどあらゆる点で，学歴をスクリーニングの指標として使う方が合理的であるというわけである。そのためには多少の「読み違い」はやむを得ないということになる。いずれにせよ，この点からすれば労働市場は明らかに学歴によって分節化していることになり，完全競争性・完全情報性の前提は崩れ去るのである。であるとすれば，機能主義的な教育拡大の解釈，つまり社会の要求する知識・技術・スキルの水準が向上するから高学歴化が起こる，という教育投資論的解釈は妥当性を失うのである。

　スクリーニング仮説は求人側からの理論であるが，求職側からの類似する議論として，マイケル・スペンス（1973）のシグナリング理論がある。この議論も当然，情報の不完全性を前提としており，求職者は自己に有利

なシグナルの獲得を目指すわけであるが，学歴もその重要な一つである。学歴は求職者の（潜在的）能力の高さを示すシグナルとなるからである。ただし，スクリーニング仮説と異なるところは，学歴獲得にかかるコストとシグナル獲得後に得られるベネフィットを比較衡量し，学歴獲得に向かうかどうか経済学的合理性に基づいて判断するというところにある。

❸　統計的差別理論

　これも学歴がその人の教育内容を表すとは考えない。つまり学習歴はどうでもよく，学校歴こそが大事だという理論である。しかし，スクリーニング仮説とは異なり，訓練可能性が大事であるとも考えない。

　たとえば X 氏と Y 氏がある企業 A 社への就職を希望したとしよう。通常，第一次選抜とか第二次選抜の時には，誰の適応性が低いかを見分けるのはきわめて容易で，面接者・採用担当者の間で意見が分かれる可能性は低い。しかし，人数が絞られてくると，その中で誰を採用するのかについては，面接者・採用担当者の中で意見が分かれることがしばしばある。この場合，どちらをどういう基準で採用することになるのであろうか。

　繰り返しになるが，教育投資論にせよスクリーニング仮説にせよ，知識・技術・スキルの水準であれ，訓練可能性の水準であれ，学歴が高い方がいい人材であるという前提に立っていた。しかし，統計的差別理論ではそう考えない。どのような企業でも人事部には過去に入社してきた社員の入社前の経歴，入社後の経歴と業績についてポートフォリオ，データベースが蓄積されている。そのポートフォリオ，データベースを見ると，たとえば学歴別に企業への貢献度を算出することができる。

　A 社では X 氏と同じ α 大卒の人は過去 75％が有効な戦力になったのに対して，Y 氏と同じ β 大卒の人は過去に 95％が有効な戦力になったとしよう。そういうデータが提示されると，いかに α 大の方が β 大よりもステータスが高かろうが，Y 氏を採用しようということになるであろう。

　ここで注意が必要なのは，75％にしろ，95％にしろ，有効な戦力になった人びとは，X 氏，Y 氏の同窓に過ぎず，言い換えれば X 氏，Y 氏とただ単に一属性を共有するに過ぎない人びとである。それにもかかわらず，

その人びとの上げた業績に基づいて，X氏，Y氏の採用・不採用が決定されることになるのである。過去の先輩たちのデータから，X氏，Y氏の能力を完全に推測することはできないにせよ，平均的な期待値を読み取ることはできるということである。

　つまり，X氏，Y氏自身の職業的能力を計測するのではなしに，両氏の先輩の業績をもって，両氏の評価に替えるわけであり，見方を変えれば学歴差別にもつながる。しかし，単なる予断・偏見に基づくものではなく，一見，科学的に見える統計的データにより客観的に採用・不採用を決定するところから，結果としては実は何らかの差別が関係していたとしても，その非合理さは表向きの合理性によって隅へ押しやられるのである。統計的差別理論は，完全情報性の前提を否定し，個人に関する情報が不完全であるところから，教育投資コストを回収できないリスクを避けるために，統計に依拠した差別がなされるとみるわけである。

　たとえば，学歴でなく，人種や性別，宗教などのデータで学校の入学や企業の採用が決定されるケースを想定すればよい。あるいは犯罪者の確定に当たって，人種や地域や前科のあるなしによる統計データに基づき，見込み捜査が行われるケースを考えてみればよい。後者の場合であれば，真犯人の検挙につながる場合もあれば，冤罪を生み出す可能性もある。

　ただ，この理論が特徴的なのは，次の点にある。例えば，両氏が他の企業B社でやはり競合したとしよう。ところがB社では両氏の先輩に関して全く逆のデータが蓄積されていたとしよう。そうすると採用・不採用の判定は全く逆になるのである。つまり，すべての業種・企業が同じように高学歴を持った人材を探しているのではなく，業種・企業によるヴァリエーションがあるということである。1980年代の日本において販売職や営業職，サービス職などでは一流大学の受験秀才よりも，ノン・ブランド大学の体育会系クラブ（特に団体競技）を出た体力，社交性，協調性に富む人材を多くとっていた背景は，こういった観点から説明できる（これについては，磯繁雄（2012），百瀬恵夫他（2013）を参照のこと）。いずれにせよ，こういう考え方からすれば，学校教育が知識や技術を身につける場であり，学歴がその水準を表すと一面的に考えるのは無理ということになろう。

この理論はほかにも高校から大学への推薦入試，大学から企業への推薦の際などにもよく引き合いに出される。「○○ゼミの出身者はいい」「××ゼミの出身者はダメ」等，大学という大きな単位ではなく，学部，学科，あるいはゼミといった単位でもさまざまに用いられる。

④　21世紀に入ってからの動向

しかし，これらの諸理論は，現在においては新規採用者選抜の初期段階で使われることはあっても，そのウエイトはかなり減じている。長く続く不況の中，企業は新規採用者数を減らす一方，「即戦力」志向を高め，求めている能力が，求めているレベルに達しているかどうかを慎重に見極めようとする傾向が強まっている。それは一般的な能力（訓練可能性）ではなく，よりスペシフィックな能力である。したがって面接を再三繰り返し，慎重に新規採用者を選ぼうとする風潮が高まり，大学生の就職活動期間が長期化する傾向が顕著になった。2015年度から，この傾向に歯止めをかけようとする動きがみられるが，2015年度時点では企業，大学生，大学の三者とも混乱の極みにあるようである。

ただ，よりスペシフィックな能力を求められるようになり，企業もそれを明示するようになれば，大学生にとっても，自分が希望する業種，企業に進むには，どのような能力をどのレベルまで引き上げねばならないかという具体的な目標を立てることができるようになるだろう。それが大学での学習へのモチベーションを高めるのであれば，大学にとっても有意義なことではないかと考える。

現在，こういった就職に当たって求められる能力については経済産業省の社会人基礎力（表3-1），厚生労働省の就職基礎能力（表3-2），内閣府の

表3-1　社会人基礎力（経済産業省）

前に踏み出す力	主体性，働きかけ力，実行力
考え抜く力	課題発見力，計画力，創造力
チームで働く力	発信力，傾聴力，柔軟性，状況把握力，規律性，ストレスコントロール力

出典：経済産業省（2006）

表 3-2　就職基礎能力（厚生労働省）

コミュニケーション能力	意思疎通，協調性，自己表現能力
職業人意識	責任感，向上心・探求心，職業意識・職業観
基礎学力	読み書き，計算・計数・数学的思考力，社会人常識
ビジネスマナー	ビジネスマナー
資格取得	情報技術関係，経理・財務関係，語学力関係

出典：厚生労働省（2004）

人間力，文部科学省の学士力などにおいて，より細かく，はっきりとした形を取って定められている。

参考文献

- 磯繁雄（2012）『体育会力―自立した「個」を育てる―』主婦の友社
- 経済産業省（2006）『社会人基礎力に関する研究会―「中間取りまとめ」―』p. 16
- 厚生労働省（2004）『若年者就職基礎能力修得のための目安委員会報告書』p. 7
- 竹内洋（1995）『日本のメリトクラシー―構造と心性―』東京大学出版会
- 本田由紀（2008）『軋む社会―教育・仕事・若者の現在―』双風社
- 本田由紀（2009）『教育の職業的意義』筑摩書房
- 三浦展（2005）『下流社会』光文社
- 百瀬恵夫・篠原勲・葛西和恵（2013）『体育会系はナゼ就職に強い？―努力と挑戦を重ねたタフな精神力―』創英社
- ヤング，M.（窪田鎮夫・山元卯一郎訳）（1982）『メリトクラシー』至誠堂
- 渡辺洋二・竹内洋（1986）「メリトクラシー」日本教育社会学会編『新教育社会学辞典』東洋館出版社，pp. 813-814
- Spence, M. (1973) Job market signaling, *Quarterly Journal of Economics*, August. '87(3), pp. 355-374.

参考映像資料

- NHK（2009）『クローズアップ現代　正社員への狭き門―世界不況に揺れる就職戦線―』

・NHK（2018）『クローズアップ現代＋"逆求人"に"ツテ転職"⁉　激変する人材争奪戦』

課題

❶ スクリーニング仮説とはどのような仮説か。また今日の日本社会の状況においてどの程度妥当するのか，具体的に説明してください。

❷ 教育投資論とスクリーニング仮説はどういう点が共通し，どういう点が異なるのか，具体的に説明してください。

❸ スクリーニング仮説と統計的差別理論はどういう点が共通し，どういう点が異なるのか，具体的に説明してください。

❹ 教育投資論にはいかなる問題が存在するのか，具体的に説明してください。

❺ スクリーニング仮説にはいかなる問題が存在するのか，具体的に説明してください。

❻ 統計的差別理論は採用活動のどのような場面で使われる理論か？　具体的に説明してください。

❼ シグナリング理論はスクリーニング仮説とどのような関係にあるのか，具体的に説明してください。

ディスカッション

教育投資論の発想が現実と乖離している面はどこにあるのでしょうか？　考えてみよう。

〈MEMO〉

第 **4** 章

エリート教育と才能教育

エリート教育，才能教育，ノブレス・オブリージュ，アクセレレーション，エンリッチメント，ギフテッド教育，タレンテッド教育

■ 概要 ---

　戦後日本において，エリート教育も才能教育も長らくタブー視され，その研究すらもタブー視されてきた。しかし，近年，才能教育が「特別な教育ニーズへの対応」として社会的承認を取り付け，国のサポートを得て行われている。しかし，エリート教育については，少なくとも公的にはタブー視されたままである。

----

① エリート形成と教育の関係を巡る 2 つの見解

　「戦後エリート教育（あるいはそれに関する論議）はタブーとされてきた」というのが通説として定着している。それだけに昨今の才能教育研究（とその実践）の隆盛をまのあたりにすると，感慨を禁じ得ない。つい 20 年ほど前まで，エリート教育は明白に口にすることもはばかられ，反民主的なものの代表のように考えられてきた。また研究者がそれを研究テーマとして選ぶことについても抵抗が大きかったが，現在では，少なくとも，教育社会学・社会学においてはそのような抵抗はほとんどない。戦後は，戦前の分岐型の学校教育制度を段階型に改め，特別なエリート形成コースを設けないということになったのであって，制度的にもエリート教育不要という以前に，考えることさえ忌避される状況にあった。相前後して，イギリスでは，1944 年に制定されたバトラー法によって三分岐システムが導入されたが，全くの好対照である。

　学校教育とエリート形成の関係について，かつてエリートは凡庸な教師によっていじくりまわされることによって伸びるのではなく，それどころか潰されてしまうのだという考え方がよくみられた。もとより，学校教育は，社会的・集団的な教育方法であり，したがって画一的な教育方法によって型にはめることとなるわけである。つまりエリートの卵を自由にはしておかず，（往々にして資質に欠ける凡庸な教師によって）「エリート教育」を施しエリートを，ある種の鋳型にはめ込もうとするということである。だから，分離・分岐型の教育システムはエリート教育を分離して顕在化させたシステムであるといえるが，そのようなシステムは，実はエリートを形成するよりもスポイルするのだというわけである。要はエリート教育には「意図的な教育」は不要で，自由にのびのびと自己を磨く環境だけが提供されればいいというわけである。

　これに対立する形で，レッセ・フェールな教育では近現代の高度産業化・知識産業化社会で求められる質量共に十分なだけのエリートは育たず，社会・国家による「意図的な教育」が必要であるという見解がある。この見解にもとづき，教育社会学・社会学の領域では，学校教育とエリート形成の関係を，近代化論を下敷きにして検討してきた。近代化論においては属性主義から業績主義への移行が謳われてきた。それを，学校教育とエリート形成の関係に置き換えれば，出身階層の影響力よりも本人学歴の影響力が上回るようになればなるほど望ましく（＝近代化が進展しており），高学歴化が進展すればするほど望ましいということであった。つまり，学校教育とエリート形成の距離をできるだけクローズにすることが望ましいとされたわけである。学校教育以外の手段によってエリート形成がはかられてきた領域を，次々と学校教育の世界に取り込んでいくことが近代化であり望ましいと考えられてきたわけである。

　しかし近年，新自由主義的な観点から，ガチガチに縛り付ける教育はマス教育にせよ，エリート教育にせよ望ましくないという議論がみられるようになっている。皮肉なことに，このような観点からすると，かつてのわが国のエリート段階（高等教育進学率15％未満）の大学システムは理想的なエリート形成環境であったといえる。つまり，かつての日本の大学に

おいては，手を掛けずに学生を放牧しておくというわけであり，伸びる者は放っておいても伸びるというわけである。近年の大学における教育論議の盛り上がりは「大学人がようやく教育に目覚めた（本来教育が重視されるべきであったという含意がある）」ということではなく，かつてのエリート段階であれば「下手に手を掛けないで欲しい」という社会的要請が，大衆化の帰結として「手を掛けて欲しい」あるいは「手を掛けねばならない」という社会的要請に変わってきたことによるともいえるのではないだろうか。

　しばしば，東京大学と京都大学は対比され，前者（とくに法学部）が官僚育成を目的にして文科Ⅰ～Ⅲ類，理科Ⅰ～Ⅲ類に入学後，3年進学時に厳しい進級判定，進学振り分けがあり（とくに文Ⅲ，理Ⅰ，理Ⅱ），東大合格を果たしても勉強し続けなくてはならないシステムであるのに対して，後者は「自由」の学風のもとに放任・放牧が行われ，ものすごい才能も育ってくる（ノーベル賞受賞者を多数輩出している）が，ロスも大きい（放牧から帰ってこない羊が大量発生する）とも言われた。後発の日本の大学は「レジャーランド」とか「青年総休暇村」，「高等保育園」と呼ばれ，京大型のマイナス面を受け継いできたのだと考えられてきた。しかしエリート段階の高等教育のあり方とすれば，むしろ，逆説的に「世間知らずの大学教員」によって才能ある者がいじくり回されるよりも，自由放任の方がかえって望ましかったのではないかとの見方も成り立つ。たしかに，エリート教育というと，帝王学の伝授やスパルタ教育を想起するのは早計で，何もしないでリッチな環境で放ったらかしにしておくというのもエリート教育の一種なのであろう。

　こういう主張を展開する論者にとっては，エリート教育にとって最も大事なことは，個々の細かい知識等ではなく，指導的な立場につくものとしてふさわしい責任感，使命感（ノブレス・オブリージュ）の精神を形成することであるということになるのだ。

　ここで再び，筆者が重視してきた高等教育研究とエリート研究の関係について個人的な感慨を述べさせていただきたい。この両者は実はストレートに結びつくものではないが，しばしば両者は結びつけて論じられる。筆

者が高等教育研究を志したのは，学部学生の早い段階だったが，その時期の教育学・教育社会学では，初等・中等教育の研究が重視され，高等教育の研究はその意義がほとんど理解されていなかった。人材育成・人間形成という面からみれば，可塑性の高い児童期・少年期が重要な研究の対象となるのであり，「高等教育など，なぜ研究するのか」「大学の教職員は大学のことはよくわかっているから研究の必要はない」「そんな研究していたら就職はないよ」といった忠告（あるいは脅し）を何度聞かされたかわからない。もちろん，エリート研究にしても，人間形成・精神形成の側面からみれば中等教育レベルの研究が重要になってくるのであろうが，そもそも高等教育の研究が忌避されたより大きな原因としては，高等教育という場はエリート教育を行う場であり，初等・中等教育のような大衆の教育機関ではないとの認識があったことも否めない。高等教育の研究など反民主的であるというわけだ。しかし，高等教育も大衆化し，大衆教育機関化してしまうと，ようやく分析の俎上に上り，市民権を獲得したように見える。

❷　段階型の教育システムとエリート形成

　いずれにせよ，段階型の教育システムはエリート教育システムを内包していないのかというと，進学率の低い時代には必ずしもそうではないということが言えるのではないだろうか。逆にいえば，当然のことだが，近年の高等教育レベルでの教育の強調は，高等教育が大衆化したことを指し示すに他ならない。

　従来の議論は「エリート教育か，マス教育か」，あるいは「分離・分岐型か，段階型か」「意図的形成か，レッセ・フェールか」という単純な二項対立的な発想にもとづいていた。しかし少なくとも先進諸国の，ことに高学歴化を遂げた社会では，質の高い大衆教育を広範囲に展開することによって，一見レッセ・フェール（ことさらにエリート教育を施さない）でありながら，十分な量と質のエリートが形成されてきたのではないだろうか。つまり，レッセ・フェールであれ，段階型であれ，顕在的にはエリート形成とは無関係な制度のように見えるが，実はそこに潜在的にエリート形成システムを内包させることは可能なのではないだろうか。そして，高

度に大衆化した教育社会においては，このような形式でしかエリート教育は公教育の中に入り込めないのではないだろうか。なるほど，習熟度別学級編成などのシステムはあり得よう。現実に多くの学校で採用されている。しかし，これは再三指摘されるとおり，才能教育の一形態であり，エリート教育ではない。

この観点から近年の学力論争を辿ると，近年の学力低下は，マス教育に大きく影響を及ぼすだけではなく，エリート教育にも大きな影響を及ぼすことになる。つまり，これまでは潜在的に形成されてきたエリートが，実社会から必要とされるエリート像と大きな齟齬を来さず，エリート教育の必要性についてはさして議論せずとも，一見民主的なシステムの中から十分な質量のエリートが登場してきた。しかしこのレッセ・フェール・システムは大衆の学力の高さを基盤にして成立するわけであり，その前提が崩れるとたちまちにして，顕在的にはマス教育の危機，そして潜在的にはエリート教育も危機ということにもなってしまう。

大衆化した教育社会における教育システムとエリート形成の関係について，可能な選択肢はどれほど用意されているのであろうか。エリート形成をマス教育システムから分離する，いわゆる分離型の教育システムへの先祖返りは可能なのであろうか。再び顕在的なエリート教育システムを構築することは可能なのであろうか。高度に大衆化した教育社会であればあるほど，民主化が進んだ国家であればあるほど，その可能性は薄いといわざるを得ない。

先述のように，ここでいうエリート教育は，才能教育とは異なる。日本においてさえ，才能教育はマス教育の中にも（「例外」とはいえ）ビルト・インされている。本来個人的要請にもとづいて展開されるべき才能教育は，画一的な公教育内で障碍児教育などと同様に，個別的な「特別な教育ニーズ」に応じる，きめの細かい教育の一形態として取り込まれている。つまり，「個人的要請にもとづく教育」が制度化されているのである。それに対してエリート教育は社会的要請に応じて展開されるべきであるのに，社会から，公教育から少なくとも表向きは疎外されている。この反転現象をどう理解するべきなのであろうか。ここでは学校教育制度とエリート形成

関連を中心に，この点に関する考察を深めたい。

③　才能教育について

　今日では，特別な教育ニーズという概念が普及し，発達障碍等を持つ児童への特別な教育，すなわち特別支援教育が注目を浴びている。その一方，異質な才能を持つ児童への特別な教育，すなわち才能教育，英才教育への関心も高まっている。現在は，能力，才能をその人の個性として積極的に認めようという流れがあるように見える。

　しかし，才能教育，英才教育，早期教育への関心の高まりに対しては，教育機会の平等性という原則論からの批判が絶えないのも現実である。才能教育等の教育をめぐる議論は，教育資源の効率的な分配と，公正・公平な分配のバランスを巡る議論でもあり，教育を通じた社会的正義の実現とは何かという問題でもある。

　わが国においては，新しい教育基本法第4条において，「教育の機会均等」として，

　すべて国民は，ひとしく，その能力に応じた教育を受ける機会を与えられなければならず，人種，信条，性別，社会的身分，経済的地位又は門地によって，教育上差別されない。

と謳われている。この「ひとしく」と「能力に応じた」とのバランスをどう取るかが問題になるということである。この新しい教育基本法第4条に関して，文部科学省の公式ホームページ所掲の「教育基本法資料室へようこそ！」（http://www.mext.go.jp/b_menu/kihon/about/004/a004_03.htm　2015年1月15日閲覧）には「ひとしく，その能力に応じた」に関して「人種，信条，性別，社会的身分，経済的地位又は門地のいかんにかかわらず等しく教育の機会を提供することをいうが，すべての児童生徒に同一の教育を与えることを意味するものではなく，個人差に応じる教育を施すものである」と明記されている。

④ 才能教育論の源流と戦前の実践

　さて，ここで日本の才能教育をめぐる議論と実践の歴史を振り返っておく。日本における才能教育論の源流は，乙竹岩造に求められる。乙竹の理論は，1912年に刊行された『穎才教育』に集成されている。その一方で，乙竹はこれより先，1908年に『低能児教育法』を出版している（この書名自体は今日の人権感覚のもとでは容認されないだろう）。現在でいう特別支援教育，より広く「能力に応ずる教育」に関心を寄せていたことがわかる。もっとも，われわれが今日イメージするところの英才教育とは異なり，乙竹の提唱する「穎才教育」とは，英才に対して特別な教育を施すわけではない。早期教育等も行わず，一般の教育の中で対処すべきであるという議論である。そしてそのためには教師が個々人のバックグラウンドを把握し，十二分な思慮・配慮を持って接しなければならないと説いている。

　すなわち，乙竹の説く「穎才教育」論は―この種の議論には稀なことであるが―民主主義的な教育論との親和性が高く，きわめてヒューマンな教育論であると言える。

　さて，実践的，政策的な試みとしては，臨時教育会議による1918年の（旧制）中学校第四学年修了者を高等学校に入学させる制度，およびこれと関連する七年制高校の創設をもって嚆矢とする。いわゆる「**四修**」である。さらに尋常小学校第五学年からの中学校進学，いわゆる「**五修**」も制度化された。

　なお，才能教育の手法としては，**アクセレレーションとエンリッチメント**がある。この「四修」「五修」は典型的なアクセレレーションである。アクセレレーションとは，岩永雅也（1997a）によれば「通常の達成課題の速習を目的とした教育」である。他方，エンリッチメントとは，岩永（1997a）によれば「優れた知的能力をもつ児童・生徒に対して，総合的な思考力，分析力を涵養するために，通常のクラスよりも体系的で深化した幅広い教育内容を提供する教育」である。

　戦前におけるエンリッチメントの例として，広田照幸（1997）は，1918年から1943年まで設置されていた京都府立師範学校附属小学校の「第二

教室」，1945年1月から1947年3月まで設置されていた東京と広島の両高等師範学校附属中学校，京都府立第一中学校の「特別科学教育」学級を挙げている。

　これらの才能教育の先駆的試みは第二次世界大戦終結と前後して打ち切られた。

❺　戦後の混乱と実践

　さて，第二次世界大戦終結後，日本に進駐したGHQは「日本社会の民主化」を掲げ，その枢要な部分をなす「教育の民主化」に取り組み，多くの「民主化」を図る改革を推進した。この流れにおいて，才能教育のみならず，エリート教育，英才教育，早期教育などは，一部の例外を除き，非民主的な教育として実践はおろか，研究さえもほとんどなされないという状況が長く続いた。

　例外としては，1946年に全国幼児教育同志会（1948年に才能教育研究会と改称し1950年には社団法人になる）を開設しスズキ・メソードで知られるバイオリニスト**鈴木鎮一**，玉川大学教授で1965年に英才教育研究所を開設（1969年に社団法人になる）した教育学者**伏見猛弥**，1987年に開設した七田チャイルドアカデミーの校長**七田眞**など，在野・民間の研究者，教育家の研究・実践がある。これらの人びとは精力的に著作と実践を通じて才能教育，英才教育の有効性と必要性を訴えた。ただし，これらの諸研究・実践においても，時期的には幼児教育＝早期教育，領域的には音楽・美術・スポーツ等に限定され，公教育で扱われるアカデミックな教科にかかわる研究・実践は民間でもほとんどなされなかった。

　ちなみに，才能教育の領域としては**ギフテッド教育**と**タレンテッド教育**の2種類がある。ギフテッド教育とはアカデミックな教科において高いレベルの能力を有する者に対する教育であり，タレンテッド教育とは音楽，美術，スポーツなどにおいて高いレベルの能力を有する者に対する教育である。したがって戦後日本においてはタレンテッド教育のみが私的・個別的に行われ，ギフテッド教育は―塾・予備校での実践や先述の幼児教育を除き―教育の世界から排除されてきたということになる。

また研究テーマとして才能教育，英才教育が取り上げられる場合，その多くは心理学の領域の研究においてであった。清水義弘（1969）が述べるように，「（前略）心理学的研究では，英才教育よりも英才そのものが問題とされ，英才の能力や業績が細かく追跡されたものであった。もちろん，英才の優秀性を個人の資質に帰属せしめる心理学的方法論からすれば，改めて教育を論ずる必要はないともいえる（傍点，清水）」という状況にあった。すなわち，英才教育よりも英才そのものの研究が関心の対象であり，英才は意図的に育てられるものではないとの哲学があったというのだ。しかし，清水は「英才は育つものではなく，育てられるものである」と断じている。すなわち，清水にとって，現代社会はかつてとは異なり多数の指導者を必要とする社会であり，その数に見合うだけの英才が自然発生的に育ってくるのを待つだけでは不十分で，積極的に英才を発見し，指導者に育てあげていく必要があるということになるのだ。

　もちろん，「英才＝指導者」という捉え方を巡っては異論もあるだろう。戦後長らく，才能教育，英才教育はエリート教育と未分化な状況にあり，ともに非民主的教育の典型として，公的な場では一括して排除されてきたいきさつから，いささか混乱した議論になっているのだ。

　ただ，この時期は，少なくとも公教育においては，早期教育が障碍児教育の一環として実践され，研究される他にはほぼ見るべき成果はない状況であった。もちろん，私立学校の一部において，学習指導要領の枠を越えたアクセレレーションやエンリッチメントが行われていたことは岩永（1997b）の指摘するとおりであるし，学校外の進学塾においても才能教育の試みがあったことは事実である。しかし，それは，少数の例外に過ぎなかった。

　この流れに逆らう唯一の例外は，ハイタレント・マンパワー政策である。1960年に池田勇人内閣が誕生して以降，「『国づくり』の根本たる『人づくり』」のスローガンのもとに，産業化社会の能力主義的要請に応えるべく各教育段階の学校教育を拡充した。そして清水義弘・向坊隆編『英才教育』においては，この政策を明瞭に「才能ある者に対する特別な教育」と位置づけていた。高度経済成長とめざましい科学の発展の中，日本社会は

ますます多くの領域で優れた指導者を必要とするようになったのであり，そこで同書は，諸外国の英才教育の実践と研究，日本における過去の英才教育の実践と研究を概観し，大胆な提言を行おうとした。

しかし，今日の目から見てこの『英才教育』においては（英才という言葉の曖昧さも手伝い），才能教育とエリート教育という2つの教育理念・方法が混同されており，大胆な提言も十分な社会的反響を呼ぶことはなかったようである。

⑥　教育上の「例外措置」

この状況に大きな変化がもたらされたのは，1989（平成元）年に発足した第14期中央教育審議会（以下，中教審と略）での審議であった。清水の弟子，麻生誠（1997）が述べるとおり，中教審においては，「『後期中等教育の改革とこれに関連する高等教育の課題』のなかには，『特定の分野などにおいて特に能力の伸長が著しい者について大学入学年齢制限緩和など教育上の例外措置を講ずることの可否について検討する』という一項が含まれていた」のである。中教審では，あくまでも「例外措置」として才能教育を認めたが，エリート教育とは異なることを強調している。

さらに麻生誠（1997）によれば，第14期中教審の答申を受けて「教育上の例外措置に関する調査研究協力者会議」が設置され，才能教育についての調査研究を行った。そして第16期中教審において数学・物理等においてごく少数の「突出した才能」を持つ者を対象に，いわゆる「飛び入学」が認められた。その後全領域に対象が拡大した。ただし，現在，飛び入学制度は学士課程レベルでは7大学にとどまっている。すなわち，千葉大学（文，理，工），名城大学（理工），エリザベト音楽大学（音楽），会津大学（コンピュータ理工），日本体育大学（体育），東京藝術大学（音楽），京都大学（医）の各大学，各学部である。

以上の議論において，注目すべきは，清水・向坊編『英才教育』にみるような国家的・社会的要請の後退である。かわってかつて乙竹の主唱した，個々の才能に応じた教育という私的・個別的要請がせり出している。先述のように英才教育とエリート教育が未分化で，英才教育という言葉が才能

教育を指示する言葉としても，エリート教育を指示する言葉としても使われる曖昧な状況を脱し，英才教育・才能教育はエリート教育とは明白に切断されたのである。英才教育・才能教育いずれも，個人の特別な教育ニーズに応ずる教育として，すなわち「**その能力に応じた教育を受ける機会**」（教育基本法第4条）として私的・個別的に展開されるものであり，国家的・社会的色彩が脱色される。エリート教育は私的・個別的な概念ではありえず，集合的・集団的な概念であり，かつ国家的・社会的色彩を拭うことはできない。しかし，才能教育は私的・個別的な概念であり得るし，国家的・社会的色彩を拭うことも可能である。両義的な英才教育は，才能教育の概念に寄り添うわけである。

　問題は，本来，（国家・社会の指導者を養成するわけだから）国家的・社会的なバックアップのもとに展開されるはずのエリート教育が公教育の埒外へと放り出され，私的・個別的な努力に任されているのに対して，私的・個別的なものであるはずの才能教育は公教育の埒内に取り込まれ，国家的・社会的なバックアップを受けるという反転現象が生じていることである。もちろん，社会主義国家に見るように，優れた才能は個人に属する概念ではなく，貴重な社会的資源であるという考え方があり得る。したがって，才能教育に対して国家的・社会的バックアップが展開される余地はあり得るし，社会主義国家が才能教育に熱心であることはよく知られている。しかし，才能教育はエリート教育ではないということをことさらに強調するこの流れは，結果としてエリート教育をタブー視する傾向をより一層強めることにもつながる。

　たしかに，現在公立高校の中でも「英語コース」「理数コース」などが設置されるのは，ごく当たり前である。さらには都立墨田川高校や都立新宿高校のように公立高校内に「特進コース」が設置されるのも珍しくはない状況になっている。また，2002年度以降，国公私立を問わず指定されているスーパー・イングリッシュ・ランゲージ・ハイスクール（SELHi），スーパー・サイエンス・ハイスクール（SSH），スーパー・グローバル・ハイスクール（SGH）も才能教育の制度化といえるであろう。さらに，習熟度別学級編成，習熟度別グループ編成も，当然のように公教育の中に取

り込まれている。加えて，大学においてもグローバル化，国際化への対応として事実上の「特進コース」的なプログラムが設けられる傾向が強まっている。スーパー・グローバル・ユニバーシティ（SGU）はその一例である。

　これらの流れはすべて，「才能教育＝特別な教育ニーズに応じる教育」との前提の上に成り立っており，非エリート教育として社会的認知を勝ち取ろうとしている。その一方でエリート教育は，時として優生学や民族主義と結びつく「危険な香り」のする教育として，ますますタブー視されるようになってしまった。公教育の領域からは駆逐され，たとえば松下政経塾のような私的機関において細々と行われているのが実情である。

　近年の日本の動向において注目すべきことは，後期中等教育，さらには高等教育へと才能教育の年齢段階がせり上がっていることである。後期中等教育については上述のような英語，理数系の領域を中心に展開がみられ，また高等教育においては石渡嶺司・山内太地（2012）が紹介するように，大規模大学を中心に「グローバル人材」の育成を標榜した，「特進コース」を設けている。具体的には，「特進コース」的な学部を設置するという場合もあるし，特定学部の中にそういうコースを設置する場合もあるし，学部横断的にそういうプログラムを設けることもある。学生に英語で教育を施し，海外留学を義務づけるなど，一点豪華主義的にリソースを注ぎ込んだ教育が展開されている。先述のように，スーパー・グローバル・ユニバーシティ（SGU）はその典型である。また先述のように，高等教育レベルの理数系においても，リソースを注ぎ込んだ才能教育が展開されている。

　この流れは何を意味するのであろうか。就学前教育あるいは初等教育の場合とは異なり，後期中等教育や高等教育の段階，特に高等教育の段階では，このような教育は，個々の才能に応じた教育であると同時に，国家的戦略に沿った，アカデミックな特定領域，特定分野の人材育成に結びついている。もっとも，才能教育が国家的・社会的要請に寄り添ってはいけないというわけではない。しかし，もともと現在の才能教育は，エリート教育ではないことを標榜して「例外措置」として登場してきた。社会的承認を取り付けるために，才能教育は教育の公正・公平性，平等性の原則を大きく脅かすことなく導入し得るものであると，繰り返し強調されてきた。

現時点では，少なくとも戦後，長きにわたって保たれた効率性と公正・公平性とのバランスが，教育段階を問わず崩れかけており，それを見直すべき時期に来ているということは言えるのではないだろうか。

⑦ エリートの周流と社会全体の周流：結語に代えて

エリートが無能で良いという社会などない。古代以来社会のリーダーたちは，軍団の指揮官でもあったわけで，無能な指揮官のもとでは兵卒・下士官は生命の危機にさらされるし，国家・社会の危機にもさらされることになる。

しかし現実には近代官僚機構は，エリートが無能で良いかのような社会を現出したわけである。有能な人間がトップに立てばうまくいくが，無能な人間がトップに立てばうまくいかないというのは悪いシステムで，トップの資質に左右されず機能するのが良いシステムであるという考え方もあり得る。たとえば評論家立花隆は『日本共産党の研究（上）』（1978）において，「聖人君子が権力の座につけば極楽になるが，悪人が権力をとれば地獄になるという政治システムがあるとすれば（実際，独裁制ならそうなるのだが），それは政治システムとして悪いシステムである。よい政治システムは，その運営者の人格と離れて政治悪が生じないように制度的に保証されたシステムでなければならない。これは，人類が教千年にわたる政治史の中で学んだ，政治に関する最も基本的な格率ではなかったろうか。」（p. 25）と述べている。

結果的には，この考え方を極限まで煮詰めると，「良いシステム作り」と「良質のエリート形成」とは別のことであり，前者が優先されるならば，後者は二の次ということになってしまう。日本のように首相以下閣僚の周流はきわめて激しいが，官僚機構は（個人レベルではなく機構レベルとしては）きわめて安定している社会は，その典型である。メリトクラティックな選抜を徹底するということは，前者をより良いもの（良いシステム）にする一方，後者をよりプロブレマティックなもの（粗悪なエリート）にするということであるかもしれない。

結局のところ，前述のとおりメリトクラティックな原理というものが近

代化，民主化の指標として信奉され，この原理が「前近代的で非民主的な」社会システムに導人されることが近代化であり，メリトクラティックな原理を徹底すればするほど，民主的に選抜された民主社会にふさわしい良質のエリートが供給されると単純に考えられてきた。しかし，はたしてそうであったのだろうか。クリストファー・ラッシュ（1997）の指摘を待つまでもなく，この新たなビューロクラティックなエリートたちは，たしかに選抜の過程は民主的であろうが，エリートとしての資質を十二分に備えているといえるのであろうか。

　しかし他方，教育を受ける権利，学習する権利を基本的な人権ととらえる，この現代において，特別な教育を，どのような形で制度化し得るのであろうか。近年日本がとっている進路は，エリート教育と才能教育の完全分離である。つまり本来個人的な要請にもとづくはずの才能教育が制度的・社会的に取り組まれ，社会的要請にもとづくはずのエリート教育は私的・個人的に取り組まれている。これは恐らく，一方では，才能あるものを，その才能を社会的な財産であると考える一方，個人の十全な自己実現のために（能力に応じた教育を受ける権利を満たすために），才能教育を正当化する一方，エリート教育からこれを切り離しているがゆえに，エリート教育をますますタブー化するものである。才能教育を優生学や国家主義的国策から解き放ち，教育の世界に復権させる一方，エリート教育をいびつなゆがんだ形で学校外教育へと，私的な教育へと追い込んでいくものでもある。エリートのポストがあり，現にエリートが社会的に必要とされる以上，このポストに就く者は必ず出てくる。しかしその人間がエリートにふさわしい資質をもつことは保証され得るのであろうか。前述の考え方であれば，システムが良ければ，エリートの資質など（どうでも良いとまではいわぬにせよ）二の次だということになってしまう。しかし激動する現代にそれでいいと言い切れる人はどれほどいるのであろうか。結局のところ，学校教育とエリート形成の距離など，いろいろな根本的な点で，議論すべき課題が多く残されているということであろう。

　最後に，エリートとは何かという問題に関心のある方は，塩野七生の『ローマ人の物語』を熟読することを強く勧める。同書は全15巻で完結し，

続編ともいうべき『ローマ亡き後の地中海世界（上・下）』が 2008 年から 2009 年にかけて刊行された。また『ギリシア人の物語』全 3 巻が 2015 年から 2017 年にかけて刊行された。この 20 巻に及ぶ書物は優れたエリート論でもある。内容に同意できるかどうかはともかく，熟読の価値はある。ノブレス・オブリージュについての理解も深まるだろう。

参考文献

- 麻生誠（1997）「才能教育の必要性—タブーからの解放—」麻生誠・岩永雅也編『創造的才能教育』玉川大学出版部，pp. 26-35
- 麻生誠・山内乾史編（2004）『21 世紀のエリート像』学文社
- 天野郁夫（1994）「学校制度の社会学」天野郁夫・藤田英典・苅谷剛彦『教育社会学』放送大学教育振興会，pp. 79-90
- 石渡嶺司・山内太地（2012）『アホ大学のバカ学生—グローバル人材と就活迷い子のあいだ—』光文社
- 岩永雅也（1997a）「拡充と促進—才能教育の二大潮流—」麻生誠・岩永雅也編『創造的才能教育』玉川大学出版部，pp. 50-61
- 岩永雅也（1997b）「才能教育をめぐる状況」麻生誠・岩永雅也編『創造的才能教育』玉川大学出版部，pp. 172-192
- 岩永雅也・松村暢隆編（2010）『才能と教育—個性と才能の新たな地平へ—』放送大学教育振興会
- 乙竹岩造（1908）『低能児教育法』目黒書店
- 乙竹岩造（1912）『穎才教育』目黒書店
- 塩野七生（1992-2006）『ローマ人の物語』（Ⅰ～XV），新潮社
- 塩野七生（2008-2009）『ローマ亡き後の地中海世界』（上・下），新潮社
- 塩野七生（2015-2017）『ギリシア人の物語』（Ⅰ～Ⅲ），新潮社
- 清水義弘・向坊隆編（1969）『英才教育（教育学叢書 14）』第一法規
- 清水義弘（1969）「教育学叢書第 14 巻『英才教育』の編集を終えて（教育学叢書月報 8）」清水義弘・向坊隆編『英才教育（教育学叢書 14）』第一法規，pp. 5-6
- 竹内洋（1995）『日本のメリトクラシー—構造と心性—』東京大学出版会
- 竹内洋（研究代表者）（1997）『旧制高校とパブリック・スクールにみるエリート

　教育の構造と機能の比較研究』京都大学教育学部

- 立花隆（1978）『日本共産党の研究（上）』講談社

- ターナー，R. H.（潮木守一訳）（1963）「教育による階層移動の形態」A. H. ハルゼー，J. フラウド，C. A. アンダーソン編（清水義弘監訳）『経済発展と教育―現代教育改革の方向―』東京大学出版会，pp. 63-91

- 浜渦哲雄（1991）『英国紳士の植民地統治―インド高等文官への道―』中央公論社

- 広田照幸（1997）「才能教育の歴史的考察―過去の早期入学生・特別入学と現代の『例外措置』構想」麻生誠・岩永雅也編『創造的才能教育』玉川大学出版部，pp. 36-48

- 本田毅彦（2001）『インド植民地官僚―大英帝国の超エリートたち―』講談社

- 本田由紀（2008）『軋む社会―教育・仕事・若者の現在―』双風舎

- 本田由紀（2009）『教育の職業的意義』筑摩書房

- 三浦展（2005）『下流社会』光文社

- 山内乾史編（2019）『才能教育の国際比較』東信堂

- ヤング，M.（1982）『メリトクラシー』至誠堂

- ラッシュ，C.（森下伸也訳）（1997）『エリートの反逆―現代民主主義の病い―』新曜社

- リブラ，T. S.（竹内洋・海部優子・井上義和訳）（2000）『近代日本の上流階級―華族のエスノグラフィー―』世界思想社

- 渡邊洋二・竹内洋（1986）「メリトクラシー」日本教育社会学会編『新教育社会学辞典』東洋館出版社，pp. 813-814

参考映像資料

- NHK（2003）『クローズアップ現代　トップエリートを育てよ―韓国の教育でいま―』

- NHK（2019）『クローズアップ現代＋　知られざる天才"ギフテッド"の素顔』

課題

❶ 戦後日本社会においてエリート教育はなぜタブー視されてきたのか，具体的に説明してください。

❷ エリート教育と才能教育はどう違うのか，具体的に説明してください。

❸ 英才教育，早期教育と才能教育はどういう点が共通し，どういう点が異なるのか，説明してください。

❹ 才能教育について，「日本は特別な試みをしなくても自然科学分野のノーベル賞受賞者がコンスタントに出ているから不要だ」との見解がありますが，この見解についてどう考えるか，説明してください。

❺ エリート教育は今後も日本社会ではタブー化されたままなのかどうか，あなたの考えを説明してください。

❻ 顕在的なエリート教育は必要と考えるか？　あなたの考えを説明してください。

❼ 「才能教育」という概念の変化について説明してください。

エリート教育と才能教育の社会的意義とは何でしょうか？　考えてみよう。

〈MEMO〉

第**5**章

日本の教育経費
―授業料・奨学金政策―

授業料，奨学金，初年度納付金，教育ローン，大日本育英会，日本育英会，日本学生支援機構，アルバイト

☞ 概要 --------------------------------

　先進諸国においては，高学歴化社会を迎え，教育経費の負担問題が深刻である。しかし，その中でも日本の教育経費，大学の授業料は国際的に見てかなりの高額であり，家計に大きな負担をかけている。

----

❶ 奨学金制度の誕生

　現在，教育経費をめぐる問題が深刻である。その一つが授業料問題，他の一つが奨学金問題である。

　かつての奨学金は，学生を支援するという性格が強く，ありがたくいただくという傾向が強くみられた。ほとんどの奨学金は無利子であった。しかし現在の奨学金は単なる教育ローン＝借金という性格を強めている。多くが有利子化している。

　現在の奨学金政策の中心には日本学生支援機構という組織が存在する。この組織の源流は 1943（昭和 18）年に創設された大日本育英会である。大日本育英会は 1953（昭和 28）年に日本育英会と名称変更する。この組織の誕生には政治家，永井柳太郎が大きな役割を演じ，永井は設立後初代会長に就任している。また大蔵省（現在の財務省）主計局の文部省（現在の文部科学省）担当主査が大平正芳（後に首相）であった。大平によれば，2 つの方向性があり得たという。一つは「少数の学生に給付型の奨学金を提供する」，もう一つは「多くの学生に貸与型の奨学金を提供する」

である。大平は前者の方向に進めようとしたが，周囲の反対にあい，後者の方向に進んだという。

　この経緯について以下，大平自身が記した『私の履歴書』より引用する。ちなみに下記文中に出てくる賀屋興宣は戦前に大蔵大臣を二度経験し，戦後 A 級戦犯となるが，釈放後代議士になり 5 回当選，法務大臣等を経験する。植木庚子郎は大蔵省主計局長等を経て公職追放のため退省し，代議士に転じ当選 9 回を数えた。

　昭和十七年の七月，私は，内閣から大蔵省主計局に復帰して，文部省と南洋庁との主査を命ぜられた。…（中略）…

　大日本育英会の設立も，またその例外ではなかった。野に遺賢なからしめ，凡ての英才を聖戦に参往させるためには，英才を抱きつつ，家貧しく学資乏しきが故に進学の道を塞いではいけないというので，育英事業が，国の手によってはじめて組織的に取り上げられた。当時の大蔵大臣は賀屋興宣氏，主計局長は植木庚子郎氏（現代議士）で，この仕事は，植木氏と私が，大げさに言えば，心血を注いでやり遂げた仕事である。

　育英事業というのは，何もこれが初めての試みではなく，すでに，全国各地の旧藩主や篤志家によって相当広範囲に営まれていた。私の郷里香川県においても，松平伯爵の庇護の下に香川県育英会があり，坂出市の素封家鎌田勝太郎氏の出捐のもとに鎌田共済会があって，私もこの両育英会のお世話で，大学までの進学を恵まれた一人である。数多くの人々が，こうして各々その出身地の育英会の手によって，高等教育を受け，立身の緒口をつかむことができた。

　しかしこれまでの育英会は，おしなべて，私的な寄付行為による財団法人であって，国または公共団体が財政的に関連を持っているものは少なかった。今度は，国が直接この仕事の経営の主体となり，財政上の主体にもなるということになるのだから，どういう理念によって，この制度を打建てるかが，当然，我々にとって大きい問題になった。

　その制度の確立において，先ほどの貸与か給付かという議論が展開され

たわけである。

　この時，日本の奨学金政策の根本が決まったのである。すなわち比較的多数の学生に無利子で貸与するという方向に決まったのである。無利子であるということは，すなわち利子分を国家が負担していたということである。また，教育職に一定年数従事した場合，返還が免除されるという特典もあった。

　大日本育英会は国家が管理する奨学金団体である。大日本育英会登場以前の日本では，貧困な家庭の優秀な子弟は地主や篤志家の支援を受けたり養子になったりすることで，進学の夢を果たしたのだが，当然地域による不公平があった。それを大日本育英会の設立によって平等化したわけだ。

　この奨学金政策に大きな変化がみられたのは中曽根康弘内閣時代である。奨学金に利子を付ける有利子政策が打ち出され，上限3％で貸し出すということになった。近年再三指摘されることは，家計の負担が限界に達しているということである。家計負担が限界に達すると何が起きるのであろうか？

❷　教育経費の国際比較

　その前に，図5-1を参照されたい。

　これはOECDによる調査結果を表したものである。縦軸が授業料水準，横軸が公的補助水準である。

　この図においては，第Ⅰ象限にアメリカ合衆国，オーストラリア，ニュージーランドなどアングロ＝サクソン系国家が位置し，〈アングロ＝サクソン型〉と名付け得る。第Ⅱ象限に日本等が位置している。第Ⅲ象限には，オーストリア，イタリア，スイス，スペイン，ベルギー，フランスなどが並ぶ。すなわち，〈西欧型〉と名付け得る。第Ⅳ象限にはスウェーデン，デンマーク，ノルウェー，フィンランド，アイスランドなど北欧諸国とドイツが並ぶので，〈北欧型〉と名付け得る。

　北欧型は理想的な形に見える。つまり奨学金による経済的サポートが充実していて，しかも幼稚園から大学院まで授業料は無料というタイプである。このタイプの国家は日本でいう消費税率に当たる税率が高く，これら

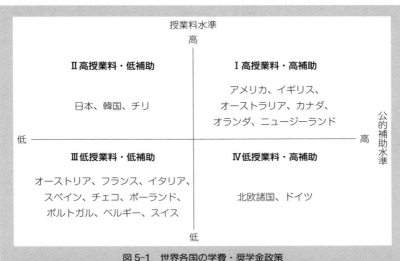

図 5-1　世界各国の学費・奨学金政策

出典：今野晴貴（2017）『ブラック奨学金』文藝春秋、p. 119 の図を基に筆者作成。今野がこの図を作るにあたって参照したOECD（2017）『図表で見る教育—OECD インディケーター』（明石書店）p. 277 の図 85.3 等を筆者も確認の上、引用した。

5か国ではおおむね25％前後である。しかし，ただ高いだけではなくサービスも手厚い点が大きな特徴である。

　西欧型においては，もともと授業料無償の国が多かったのだが，近年の進学率上昇の機運の中，国家の負担が限界に達し，進学者個人に負担を求める傾向になっている。ただし，いずれの国においても授業料水準は日本よりもかなり低い。もともと西欧諸国では，高等教育を受ける者には富裕な家庭の出身者が多く，そのため伝統的に奨学金を受給する者の比率が低かった。しかし，奨学金を必要とする学生の多くに奨学金がいきわたり，しかも額面においてもかなりのものが貸与ないしは給付されている。

　第Ⅰ象限のアングロ＝サクソン型においては，学費の高さが目立つ。しかし，奨学金の多くは進学する前に受給できるかどうかが判明するのであり，しかも希望者の多くが生活費も含めて十分な額を手にすることができるといわれている。ただし，悪質な教育ローンもあり，それにひっかかって，返済不能になり失踪するなどのトラブルも頻発しているようである。

さて日本の位置する第II象限であるが，学費が高いにもかかわらず奨学金のサポートが薄いという，学生からするともっとも望ましくないタイプの制度である。

日本では，家計の教育費負担が限界に達し，学生たちは親の負担でではなく，自分の将来を担保にして奨学金を受給する。大半は有利子である。

③ 私立大学の初年度納付金はどれくらいかかるのか

高等教育の経費はどれくらいかかるものか。国立四年制大学の初年度納付金（入学金＋1年の授業料）が2021年度で81万7,800円である。

それに対し，表5-1によれば私立大学の同年度初年度納付金の学問領域別ベスト5（高額順）は下記のとおりである。文系・理系とも，医学系等を除くと，最も高額なところでも200万円弱である。つまり，国立大の2.5倍弱である。ところが，医学系であれば，最も高額な川崎医科大学医学部では1,200万円強，他3大学が1,000万円を超え，文字どおり桁が違う。つまりこれらの大学の初年度納付金は，国立大の12倍〜15倍である。歯学系も医学系よりはやや安価ではあるが，かなりの高額である。国立大と比べて，ベスト10の大学は6倍〜12倍である。薬学系，医療系は他の学問領域と比べてやや高いという水準にとどまっている。

このように述べると国立大学の授業料が安価なように見えるが，実は過去の推移を見ると急激に上昇している。表5-2によれば，物価の上昇分を考慮しても，急激な授業料，入学金の上昇が明らかである。特に1970年代から1980年代にかけて，物価の上昇と比べて急激に上昇している。

もちろん，実際にかかる学費はこれだけではないだろう。受験料，設備費，実習費等が国立大学でもかかるケースが多い。他方，学費の安い大学としては，表5-3のとおりである。私立大学の中には，国立大学の授業料水準に迫るところも出てきていることがわかる。ただし，医学系の授業料は他領域の最も高い授業料を課す学部のそれをも上回っている。別世界である。

国立大学が授業料を上げ続けた理由の一つとして受益者負担論がある。

表 5-1　初年度納付金の高い私立大学ランキング（2017）

	法				理		
	大学名	学部名	初年度納付金		大学名	学部名	初年度納付金
1	国際基督教大	教養	1,698,000	1	慶應義塾大	理工	1,813,350
2	東海大	法	1,525,000	2	青山学院大	理工	1,801,000
3	淑徳大	コミュニティ政策	1,461,230	3	明治大	理工	1,785,500
4	日本文化大	法	1,430,000	4	中央大	理工	1,777,700
5	京都文教大	総合社会	1,410,660	5	法政大	情報科学	1,750,000

	経済・商				工・理工		
	大学名	学部名	初年度納付金		大学名	学部名	初年度納付金
1	国際基督教大	教養	1,698,000	1	法政大	理工	2,149,000
2	甲南大	マネジメント創造	1,642,000	2	玉川大	工	1,937,200
3	東海大	政治経済	1,553,200	3	慶應義塾大	理工	1,813,350
4	立命館アジア太平洋大	国際経営	1,498,000	4	青山学院大	理工	1,801,000
5	大正大	地域創生	1,462,500	5	明治大		1,785,500

	文・外国語				医		
	大学名	学部名	初年度納付金		大学名	学部名	初年度納付金
1	聖徳大	文	2,053,760	1	川崎医科大	医	12,015,000
2	立教大	文,異文化コミュニケーション	2,003,500	2	金沢医科大	医	11,943,000
3	玉川大	リベラルアーツ	1,721,200	3	獨協医科大	医	10,300,000
4	国際基督教大	教養	1,698,000	4	杏林医科大	医	10,050,700
5	東海大	文	1,525,200	5	福岡大	医	9,626,710

	国際関係・国際文化学				薬		
	大学名	学部名	初年度納付金		大学名	学部名	初年度納付金
1	立教大	観光	2,003,500	1	城西大	薬	2,634,000
2	宮城学院女子大	学芸	1,978,400	2	日本大	薬	2,450,000
3	東海大	教養	1,962,200	3	新潟薬科大	薬	2,425,490
4	同志社女子大	学芸	1,771,000	4	立命館大	薬	2,420,600
5	東海大	海洋	1,744,200	5	星薬科大	薬	2,401,850

出典：朝日新聞社編（2019）『週刊朝日　大学進学 MOOK　大学ランキング』（2020 年度版），朝日新聞出版を基に筆者作成

表 5-2 国立大学授業料，入学金の推移

(授業料指数，入学金指数，消費者物価指数については2020年＝100)

年度	授業料(円)	授業料指数	入学金(円)	入学金指数	消費者物価指数
1950	3,600	0.7	400	0.1	―
1955	6,000	1.1	400	0.1	16.5
1960	9,000	1.7	1,000	0.4	17.9
1965	12,000	2.2	1,500	0.5	23.9
1970	12,000	2.2	4,000	1.4	30.9
1975	36,000	6.7	50,000	17.7	53.1
1980	180,000	33.6	80,000	28.4	73.2
1985	252,000	47.0	120,000	42.6	83.8
1990	339,600	63.4	206,000	73.0	89.6
1995	447,600	83.5	260,000	92.2	95.9
2000	478,800	89.4	277,000	98.2	97.3
2005	535,800	100.0	282,000	100.0	95.2
2010	535,800	100.0	282,000	100.0	94.8
2015	535,800	100.0	282,000	100.0	98.2
2020	535,800	100.0	282,000	100.0	100.0

注：消費者物価指数に関しては，内閣府（2021）『経済財政白書（令和3年版）』p.271を参照して，筆者作成

　高等教育を受けることの収益率においては私的収益率が社会的収益率を上回っているのだから可能な限り個人負担をすべきで，個人負担する能力がない学生にはピンポイントで奨学金を提供するべきであるという理論である。ただ，一定レベル以上に授業料が上がると，学問領域別の授業料を設定せよという声も大きくなる。学問領域ごとに学生一人当たりコストが大きく異なるからである。

　なるほど，古いデータではあるが，表5-4を見ると，分野間のコストの差はとてつもなく大きい。最も安い法学系，経済学系のコストと最も高い医学系のコストとの間には6倍の開きがある。現在まで，国立大学では大学間，学問分野間の差を設けずに授業料を設定してきたが，今後どうすべきか議論の必要なところであろう。

表 5-3　初年度納付金の安い私立大学ランキング（2018）

法

	大学名	学部名	初年度納付金
1	沖縄国際大	法	930,000
2	沖縄大	法経	945,000
3	九州国際大	法	980,000
	松山大	法	
5	久留米大	法	990,000

理

	大学名	学部名	初年度納付金
1	日本女子大	理	1,391,200
2	京都産業大	理	1,434,000
	城西大	理	
4	福岡大	理	1,520,000
5	岡山理科大	理	1,530,000
	神奈川大	理	

経済・経営・商

	大学名	学部名	初年度納付金
1	九州情報大	経営情報	895,000
2	沖縄国際大	経済	930,000
3	日本経済大	経済，経営	960,000
4	九州国際大	現代ビジネス	980,000
	松山大	経済，経営	

工・理工

	大学名	学部名	初年度納付金
1	豊田工業大	工	962,000
2	第一工業大	工	1,090,000
3	近畿大	産業理工	1,119,000
4	南山大	理工	1,328,000
5	崇城大	工	1,360,000
	西日本工業大	工	

文・外国語

	大学名	学部名	初年度納付金
1	沖縄国際大	総合文化	930,000
2	沖縄大	人文	945,000
3	沖縄キリスト教学院大	人文	950,000
4	天理大	文	960,000
5	松山大	人文	980,000

医

	大学名	学部名	初年度納付金
1	順天堂大	医	2,900,000
2	東京慈恵会医科大	医	3,500,000
3	慶應義塾大	医	3,830,000
4	国際医療福祉大	医	4,500,000
	昭和大	医	
	日本医科大	医	

学際系

	大学名	学部名	初年度納付金
1	九州産業大	地域共創	1,020,000
2	東亜大	人間科学	1,030,000
3	札幌学院大	心理	1,032,000
4	九州産業大	人間科学	1,040,000
5	福岡工業大	社会環境	1,050,000

薬

	大学名	学部名	初年度納付金
1	奥羽大	薬	1,700,000
	北海道科学大	薬	
3	国際医療福祉大	薬	1,750,000
4	第一薬科大	薬	1,900,000
	北海道医療大	薬	

出典：朝日新聞社編（2019）『週刊朝日　大学進学 MOOK　大学ランキング』（2020 年度版），朝日新聞出版を基に筆者作成
（注）同一大学同一学部内で学科間に初年度納付金の格差がある場合，最も高い学費を記載した。

第 1 章
第 2 章
第 3 章
第 4 章
第 5 章
第 6 章
第 7 章
附録

表 5-4　学問領域別学生一人当たりコスト
（1991 年度）

（単位：万円）

学部名	総支出
文	142.7
法	83
経済	78
教育	152.5
農	239.4
理	229.4
工	165
医	486.5

出典：矢野眞和（研究代表者）（1994），p. 22

④　高等教育の無償化は可能か

実は「経済的，社会的及び文化的権利に関する国際規約（A 規約）」の第 3 部第 13 条において次のように定められている。

1　この規約の締約国は，教育についてのすべての者の権利を認める。締約国は，教育が人格の完成及び人格の尊厳についての意識の十分な発達を指向し並びに人権及び基本的自由の尊重を強化すべきことに同意する。更に，締約国は，教育が，すべての者に対し，自由な社会に効果的に参加すること，諸国民の間及び人種的，種族的又は宗教的集団の間の理解，寛容及び友好を促進すること並びに平和の維持のための国際連合の活動を助長することを可能にすべきことに同意する。

2　この規約の締約国は，1 の権利の完全な実現を達成するため，次のことを認める。

（a）　初等教育は，義務的なものとし，すべての者に対して無償のものとすること。

（b）　種々の形態の中等教育（技術的及び職業的中等教育を含む。）

は，すべての適当な方法により，特に，無償教育の漸進的な導入により，一般的に利用可能であり，かつ，すべての者に対して機会が与えられるものとすること。

(c)　高等教育は，すべての適当な方法により，特に，無償教育の漸進的な導入により，能力に応じ，すべての者に対して均等に機会が与えられるものとすること。

(d)　基礎教育は，初等教育を受けなかった者又はその全課程を修了しなかった者のため，できる限り奨励され又は強化されること。

(e)　すべての段階にわたる学校制度の発展を積極的に追求し，適当な奨学金制度を設立し及び教育職員の物質的条件を不断に改善すること。

3　この規約の締約国は，父母及び場合により法定保護者が，公の機関によって設置される学校以外の学校であって国によって定められ又は承認される最低限度の教育上の基準に適合するものを児童のために選択する自由並びに自己の信念に従って児童の宗教的及び道徳的教育を確保する自由を有することを尊重することを約束する。

4　この条のいかなる規定も，個人及び団体が教育機関を設置し及び管理する自由を妨げるものと解してはならない。ただし，常に，1に定める原則が遵守されること及び当該教育機関において行なわれる教育が国によって定められる最低限度の基準に適合することを条件とする。

わが国は1979年6月にこの条約を批准したが，2012年9月に撤回するまで，2bおよびcに留保を付けていた。すなわち「無償教育の漸進的な導入」に拘束されないということである。留保を付けていたのは批准国160か国中，日本以外にはマダガスカルだけであった。日本も高等教育無償化に向けて国を挙げて努力していくことが国際公約になったのである。

ちなみに，矢野眞和は「消費税の一％ほどを大学に投入すれば，無償に近くなります」と断言している（消費税5％の時点）（矢野（2011））。

⑤ 国立大学の教育機会は開かれているのか

　国立大学の教育機会が開かれたものであるのかどうかについては過去，かなりの議論がなされてきた。1991年に出された中央教育審議会学校制度小委員会の『審議経過報告』では，「今，六年制一貫校には，主として大都市圏に住む，一定の収入を保証された家庭の子供以外は接近することさえ恐らく容易でないであろう。能力があっても，近づくことのできない学校制度が，長期にわたって有利な条件を保持し続けることは，教育における機会均等の理念にも反することである」という有名な議論が投げかけられた。

　その際，しばしば東京大学の入試合格者において，麻布高，開成高，武蔵高，灘高，ラ・サール高など私立六年制一貫校が上位を占め続けていることが挙げられている。この点を検証しておこう。

　表5-5から表5-10は，それぞれ近畿圏の神戸大学，京都大学，大阪大学，関東圏の東京大学，東海圏の名古屋大学，中国圏の広島大学の入学試験における出身高校別合格者数の推移である。マスコミにおいては，この種の報道は『サンデー毎日』を中心に熱心になされてきた。同誌では1964年4月5日号において「これが東大合格ベスト20高校」という特集を組み，さらに1965年4月4日号においては「有名大学にどの高校から入ったか―昭和40年度合格者の出身高校別一覧―」と称する記事を組んだ。ここでは旧帝大7大学に加えて国立7大学，公立1大学，私立5大学の合計20大学について掲載されている。1966年4月3日号になると，当時の国立大学一期校28大学（表附-2に掲げる旧制官立大学18大学はすべて一期校）すべてを含む40大学に拡張され，神戸大学が初めて登場している。この1966年を起点として10年おきに6時点のデータに，2021年のデータ，さらに『螢雪時代』（旺文社）26巻2号，3号（1956年5月，6月）により1956年のデータを加えて，8時点を比較検討してみよう（章末注参照）。

　これによると，東京大学の場合には1956年度から1966年度まで，日比谷高，戸山高，西高，新宿高，小石川高など東京の名門都立高が上位を占めているが，他にも国立の東京教育大学附属高などが上位におり，私立の

麻布高, 開成高, 灘高なども上位にいる。しかし1966年度まではともかくも, 公立校上位の勢力図が保たれているが, 1976年度に入り私立校と国立校とに押されるようになり, 公立校の影が薄くなる。特に都立校の凋落が激しい。その後2016年度まで公立校は押されるばかりで, 2016年度には日比谷高が11位に入っている以外はすべて国私立校になっている。これは1967年度に導入された学校群制度の影響が大きい。表には掲げていないが, このような傾向は, 一橋大学, 東京工業大学などの首都圏難関大学においても, 観察される。なお, 苅谷剛彦 (1998) によれば東京大学全合格者に占める私立校出身者の比率は1975年26％, 1981年36％, 1993年50％ということである (表5-11) が, 筆者の調査 (表5-12) では1996年度54.3％, 2016年度59.0％となっている。1996年度から2016年度の20年で5ポイントほど上昇しているわけだが, 留意が必要なのは, 最難関と言われる理科Ⅲ類 (医学部医学科への進学課程) において, 全合格者に占める私立校出身者の比率は1996年度72.7％から2016年度69.5％にやや減少した。

　ところが, 関西の場合には, その傾向は穏やかに見える。京都大学の場合, 確かに1956年度はベスト21に公立校18校がひしめいていたのに対し, 2006年度には公立校8校, 2016年度には公立校10校, 私立校10校となっており, 私立校の活躍が目立つが, 東京大学の場合ほど極端ではない。大阪大学や神戸大学の場合には, さらにより穏やかで, 大阪大学では1956年度にはベスト24校のうち公立校が22校, 神戸大学では1956年度にはベスト24校のうち公立校が22校であったのに対し, 2006年度には大阪大学12校, 神戸大学15校, 2016年度には大阪大学13校, 神戸大学16校と1956年時点より少し減っているが穏やかな変化である。これは大阪と兵庫の公立校の足腰がしっかりしているためであり, 東京の学校群制度のような極端な平等化政策が敷かれなかったからである。大阪の北野高, 天王寺高, 大手前高, 四條畷高, 高津高, 茨木高, 生野高, 三国丘高, 豊中高, 住吉高など, 兵庫の神戸高, 長田高, 兵庫高, 姫路西高, 加古川東高など, さらには奈良の奈良高, 畝傍高, 滋賀の膳所高など, 近畿圏の公立の進学校が高い進学実績をキープし続けているのだ。

表5-5 神戸大学の高校別合格者数 1956-2021（ベスト20）

順位	1956年度 高校名	合格者数
1	神戸高（兵庫）	75
2	姫路西高（兵庫）	47
3	兵庫高（兵庫）	41
4	◎灘高（兵庫）	39
5	加古川東高（兵庫）	38
6	北野高（大阪）	28
6	長田高（兵庫）	28
8	姫路東高（兵庫）	24
9	明石高（兵庫）	19
9	龍野高（兵庫）	19
11	天王寺高（大阪）	18
11	芦屋高（兵庫）	18
13	豊中高（大阪）	17
14	星陵高（兵庫）	16
15	高津高（大阪）	15
15	福崎高（兵庫）	15
17	三木高（兵庫）	14
17	◎甲陽学院高（兵庫）	14
19	春日丘高（大阪）	11
19	三国丘高（大阪）	11
19	御影高（兵庫）	11
19	柏原高（兵庫）	11
19	山崎高（兵庫）	11
19	八鹿高（兵庫）	11

総数 1190 名

順位	1966年度 高校名	合格者数
1	神戸高（兵庫）	97
2	長田高（兵庫）	76
3	兵庫高（兵庫）	64
4	姫路西高（兵庫）	60
5	天王寺高（大阪）	57
6	加古川東高（兵庫）	49
7	西宮高（兵庫）	46
8	御影高（兵庫）	37
8	北野高（大阪）	37
10	明石高（兵庫）	34
11	芦屋高（兵庫）	32
12	豊中高（大阪）	27
13	◎六甲高（兵庫）	21
13	茨木高（大阪）	21
13	◎親和女子高（兵庫）	21
16	三国丘高（大阪）	20
17	尼崎高（兵庫）	18
17	◎甲陽学院高（兵庫）	18
19	高津高（大阪）	17
19	住吉高（大阪）	17

総数 1654 名

順位	1976年度 高校名	合格者数
1	神戸高（兵庫）	90
2	姫路西高（兵庫）	79
3	長田高（兵庫）	77
4	加古川東高（兵庫）	57
5	兵庫高（兵庫）	52
6	茨木高（大阪）	51
7	天王寺高（大阪）	49
8	豊中高（大阪）	48
9	四條畷高（大阪）	37
10	北野高（大阪）	35
11	龍野高（兵庫）	33
12	住吉高（大阪）	31
13	奈良高（奈良）	30
14	大手前高（大阪）	28
15	明石高（兵庫）	27
15	三国丘高（大阪）	27
17	高津高（大阪）	26
17	◎六甲高（兵庫）	26
19	御影高（兵庫）	25
20	芦屋高（兵庫）	24
20	△大阪教育大附属高（大阪）	24

総数 2048 名

順位	1986年度 高校名	合格者数
1	姫路西高（兵庫）	75
2	長田高（兵庫）	65
3	神戸高（兵庫）	59
4	天王寺高（大阪）	53
5	三国丘高（大阪）	49
6	豊中高（大阪）	44
6	加古川東高（兵庫）	44
8	北野高（大阪）	42
8	四條畷高（大阪）	42
8	◎清風高（大阪）	42
11	茨木高（大阪）	40
12	兵庫高（兵庫）	37
12	奈良高（奈良）	37
14	高津高（大阪）	36
15	膳所高（滋賀）	34
16	小野高（兵庫）	30
17	大手前高（大阪）	29
18	畝傍高（奈良）	26
19	高松高（香川）	24
20	◎六甲高（兵庫）	22

総数 2198 名

順位	1996 年度 高校名	合格者数
1	長田高（兵庫）	70
2	北野高（大阪）	65
3	茨木高（大阪）	53
4	四條畷高（大阪）	47
5	加古川東高（兵庫）	44
6	奈良高（奈良）	43
7	天王寺高（大阪）	41
	兵庫高（兵庫）	
9	三国丘高（大阪）	39
10	大手前高（大阪）	38
	生野高（大阪）	
	姫路西高（兵庫）	
13	◎洛南高（京都）	37
14	高津高（大阪）	34
	神戸高（兵庫）	
16	豊中高（大阪）	33
	畝傍高（奈良）	
18	小野高（兵庫）	30
19	岸和田高（大阪）	28
	高松高（香川）	

総数 2641 名

順位	2006 年度 高校名	合格者数
1	長田高（兵庫）	64
2	四條畷高（大阪）	43
3	茨木高（大阪）	39
4	天王寺高（大阪）	38
5	三国丘高（大阪）	35
6	兵庫高（兵庫）	34
7	北摂三田高（兵庫）	33
	膳所高（滋賀）	
8	◎明星高（大阪）	32
	奈良高（奈良）	
11	北野高（大阪）	31
	◎清風高（大阪）	
13	◎洛南高（京都）	29
	◎四天王寺高（大阪）	
	加古川東高（兵庫）	
16	神戸高（兵庫）	28
17	◎高槻高（大阪）	27
	姫路西高（兵庫）	
19	大手前高（大阪）	26
	姫路東高（兵庫）	

総数 2644 名

順位	2016 年度 高校名	合格者数
1	長田高（兵庫）	48
2	北野高（大阪）	43
3	神戸高（兵庫）	42
4	奈良高（奈良）	41
5	高津高（大阪）	37
6	茨木高（大阪）	35
	天王寺高（大阪）	
8	◎大阪桐蔭高（大阪）	34
9	四條畷高（大阪）	33
10	膳所高（滋賀）	32
	大手前高（大阪）	
12	姫路西高（兵庫）	30
	姫路東高（兵庫）	
14	◎開明高（大阪）	28
15	市立西宮高（兵庫）	27
16	西京高（京都）	26
	◎清風南海高（大阪）	
18	加古川東高（兵庫）	25
19	△大阪教育大学附属池田高（大阪）	23
	豊中高（大阪）	
	◎四天王寺高（大阪）	

総数 2755 名

順位	2021 年度 高校名	合格者数
1	神戸高（兵庫）	47
2	市立西宮高（兵庫）	41
3	茨木高（大阪）	40
4	◎大阪桐蔭高（大阪）	38
5	豊中高（大阪）	37
6	天王寺高（大阪）	36
	長田高（兵庫）	
8	姫路西高（兵庫）	34
9	大手前高（大阪）	33
10	北野高（大阪）	32
	兵庫高（兵庫）	
12	◎西大和学園高（奈良）	30
13	膳所高（滋賀）	29
	◎須磨学園高（兵庫）	
15	畝傍高（奈良）	27
16	四條畷高（大阪）	26
	三国丘高（大阪）	
18	加古川東高（兵庫）	25
19	◎甲陽学院高（兵庫）	24
20	嵯峨野高（京都）	23
	高津高（大阪）	

総数 2697 名

出典：1956 年度は『蛍雪時代』第 26 巻第 3 号，1966 年度以降は『サンデー毎日』各年各号に基づき筆者作成

なお，◎は私立高，△は国立校，無印は公立校。以下表 5-6〜表 5-10 も同様

表5-6 京都大学の高校別合格者数 1956-2021（ベスト20）

順位	1956年度 高校名	合格者数
1	洛北高（京都）	43
2	鴨沂高（京都）	31
	◎灘高（兵庫）	
4	高津高（大阪）	28
	北野高（大阪）	
6	朱雀高（京都）	25
	紫野高（京都）	
8	堀川高（京都）	21
	大手前高（大阪）	
	大津東高（滋賀）	
	△奈良女子大附属高（奈良）	
12	天王寺高（大阪）	20
13	豊中高（大阪）	19
14	山城高（京都）	18
15	桃山高（京都）	16
	◎同志社高（京都）	
17	岡山朝日高（岡山）	15
18	茨木高（大阪）	14
	住吉高（大阪）	
	彦根東高（滋賀）	
	小倉高（福岡）	

総数 1357 名

順位	1966年度 高校名	合格者数
1	北野高（大阪）	100
2	天王寺高（大阪）	83
3	大手前高（大阪）	80
4	◎洛星高（京都）	78
5	神戸高（兵庫）	59
6	旭丘高（愛知）	47
7	◎甲陽学院高（兵庫）	46
8	膳所高（滋賀）	43
9	洛北高（京都）	39
10	高松高（香川）	35
11	◎灘高（兵庫）	33
	姫路西高（兵庫）	
13	紫野高（京都）	32
14	住吉高（大阪）	31
15	藤島高（福井）	29
16	岐阜高（岐阜）	28
17	城南高（徳島）	26
18	◎東海高（愛知）	25
	△大阪学芸大附属高（大阪）	
20	豊中高（大阪）	24
	高津高（大阪）	

総数 2422 名

順位	1976年度 高校名	合格者数
1	北野高（大阪）	86
2	天王寺高（大阪）	76
3	大手前高（大阪）	63
4	◎洛星高（京都）	59
5	△大阪教育大学附属高（大阪）	55
6	◎甲陽学院高（兵庫）	52
7	岐阜高（岐阜）	47
8	三国丘高（大阪）	42
	高津高（大阪）	
10	△京都教育大学附属高（京都）	39
11	茨木高（大阪）	38
12	藤島高（福井）	36
	四條畷高（大阪）	
14	神戸高（兵庫）	34
15	膳所高（滋賀）	33
16	姫路西高（兵庫）	32
17	旭丘高（愛知）	31
18	豊中高（大阪）	26
19	◎六甲高（兵庫）	25
20	彦根東高（滋賀）	23
	長田高（兵庫）	

総数 2521 名

順位	1986年度 高校名	合格者数
1	◎洛星高（京都）	104
2	北野高（大阪）	74
3	◎甲陽学院高（兵庫）	71
4	洛南高（京都）	67
5	◎東大寺学園高（奈良）	64
6	天王寺高（大阪）	49
7	茨木高（大阪）	48
8	△大阪教育大学附属池田高（大阪）	44
	◎大阪星光学院高（大阪）	
10	奈良高（奈良）	40
11	三国丘高（大阪）	39
12	四條畷高（大阪）	37
13	大手前高（大阪）	35
14	千種高（愛知）	34
15	膳所高（滋賀）	33
16	高津高（大阪）	32
17	◎灘高（兵庫）	29
18	旭丘高（愛知）	26
	△大阪教育大学附属天王寺高（大阪）	
	神戸高（兵庫）	

総数 2669 名

順位	1996 年度 高校名	合格者数
1	◎洛南高（京都）	132
2	◎洛星高（京都）	106
3	◎甲陽学院高（兵庫）	83
4	◎東大寺学園高（奈良）	75
5	◎大阪星光学院高（大阪）	67
6	北野高（大阪）	63
7	△大阪教育大学附属池田高（大阪）	49
	◎灘高（兵庫）	
9	三国丘高（大阪）	48
10	奈良高（奈良）	45
11	◎清風南海高（大阪）	41
12	膳所高（滋賀）	39
	茨木高（大阪）	
14	△京都教育大学附属高（京都）	36
15	旭丘高（愛知）	34
	◎智辨学園和歌山高（和歌山）	
17	長田高（兵庫）	32
18	明和高（愛知）	29
19	四條畷高（大阪）	27
20	◎六甲高（兵庫）	25

総数 2936 名

順位	2006 年度 高校名	合格者数
1	◎洛南高（京都）	101
2	◎西大和学園高（奈良）	95
3	◎甲陽学院高（兵庫）	86
4	◎東大寺学園高（奈良）	78
5	◎洛星高（京都）	60
6	◎大阪星光学院高（大阪）	59
7	◎清風南海高（大阪）	54
8	◎灘高（兵庫）	51
9	奈良高（奈良）	46
10	北野高（大阪）	43
11	膳所高（滋賀）	37
12	天王寺高（大阪）	32
13	△京都教育大学附属高（京都）	31
	堀川高（京都）	
15	◎四天王寺高（大阪）	30
16	◎智辨学園和歌山高（和歌山）	29
17	三国丘高（大阪）	28
18	茨木高（大阪）	27
	◎明星高（大阪）	
	長田高（兵庫）	
	◎広島学院高（広島）	

総数 2933 名

順位	2016 年度 高校名	合格者数
1	◎洛南高（京都）	69
2	◎東大寺学園高（奈良）	65
3	北野高（大阪）	62
4	堀川高（京都）	61
5	◎洛星高（京都）	59
6	◎大阪星光学院高（大阪）	58
7	天王寺高（大阪）	57
8	◎甲陽学院高（兵庫）	54
9	◎西大和学園高（奈良）	49
10	膳所高（滋賀）	48
11	◎灘高（兵庫）	47
12	旭丘高（愛知）	35
13	◎東海高（愛知）	33
14	三国丘高（大阪）	31
15	神戸高（兵庫）	30
16	大手前高（大阪）	29
17	西京高（京都）	28
18	◎大阪桐蔭高（大阪）	27
19	◎四天王寺高（大阪）	26
	奈良高（奈良）	

総数 2912 名

順位	2021 年度 高校名	合格者数
1	北野高（大阪）	95
2	◎洛南高（京都）	70
	◎東大寺学園高（奈良）	
4	◎西大和学園高（奈良）	63
5	◎甲陽学院高（兵庫）	57
6	天王寺高（大阪）	54
7	膳所高（滋賀）	47
8	◎洛星高（京都）	46
9	◎大阪星光学院高（大阪）	43
	◎大阪桐蔭高（大阪）	
11	堀川高（京都）	41
12	旭丘高（愛知）	39
	西京高（京都）	
14	奈良高（奈良）	38
15	◎灘高（兵庫）	34
16	◎東海高（愛知）	31
17	茨木高（大阪）	29
18	神戸高（兵庫）	27
19	金沢泉丘高（石川）	26
	岡崎高（愛知）	

総数 2865 名

出典：1956 年度は『螢雪時代』第 26 巻第 3 号，1966 年度と 1976 年度は『京都大学新聞』各号，
　　　1986 年度以降は『サンデー毎日』各年各号に基づき筆者作成

表5-7　大阪大学の高校別合格者数 1956-2021（ベスト20）

順位	1956年度 高校名	合格者数
1	天王寺高（大阪）	52
2	三国丘高（大阪）	36
3	住吉高（大阪）	34
4	高津高（大阪）	33
5	北野高（大阪）	32
6	神戸高（兵庫）	28
7	大手前高（大阪）	27
8	清水谷高（大阪）	24
9	豊中高（大阪） ◎灘高（兵庫）	23
11	茨木高（大阪） ◎甲陽学院高（兵庫） 奈良高（奈良）	19
14	兵庫高（兵庫）	18
15	八尾高（大阪）	16
16	夕陽丘高（大阪）	14
17	今宮高（大阪） 姫路西高（兵庫）	12
19	布施高（大阪）	10
20	市岡高（大阪） 四條畷高（大阪） 岸和田高（大阪） 芦屋高（兵庫） 岡山朝日高（岡山）	9

総数 922名

順位	1966年度 高校名	合格者数
1	北野高（大阪）	103
2	住吉高（大阪）	90
3	天王寺高（大阪）	77
4	神戸高（兵庫）	72
5	三国丘高（大阪）	49
6	豊中高（大阪）	48
7	大手前高（大阪） 高津高（大阪）	47
9	◎甲陽学院高（兵庫）	31
10	高松高（香川）	30
11	長田高（兵庫）	29
12	藤島高（福井）	25
13	茨木高（大阪） ◎土佐高（高知）	24
15	△大阪学芸大学附属高(大阪)	23
16	奈良高（奈良） 城南高（徳島）	22
18	◎灘高（兵庫）	21
19	桐蔭高（和歌山）	20
20	◎愛光高（愛媛）	19

総数 1770名

順位	1976年度 高校名	合格者数
1	豊中高（大阪） 高津高（大阪）	70
3	三国丘高（大阪）	68
4	天王寺高（大阪）	61
5	北野高（大阪） 茨木高（大阪）	48
7	大手前高（大阪） 四條畷高（大阪）	39
9	住吉高（大阪）	38
10	長田高（兵庫）	37
11	△大阪教育大学附属高(大阪) 神戸高（兵庫）	36
13	生野高（大阪） 奈良高（奈良）	28
15	今宮高（大阪） 高松高（香川）	27
17	◎甲陽学院高（兵庫） 松山東高（愛媛）	26
19	畝傍高（奈良） 膳所高（滋賀）	25

総数 2129名

順位	1986年度 高校名	合格者数
1	北野高（大阪）	78
2	三国丘高（大阪）	70
3	茨木高（大阪）	63
4	天王寺高（大阪）	60
5	長田高（兵庫）	54
6	高津高（大阪）	48
7	生野高（大阪）	47
8	大手前高（大阪） 奈良高（奈良）	45
10	豊中高（大阪） 神戸高（兵庫）	43
12	姫路西高（兵庫）	40
13	四條畷高（大阪）	37
14	畝傍高（奈良）	34
15	◎清風高（大阪） ◎清風南海高（大阪）	31
17	◎大阪星光学院高（大阪）	30
18	◎甲陽学院高（兵庫）	29
19	岸和田高（大阪）	28
20	膳所高（滋賀）	24

総数 2470名

順位	1996 年度	合格者数
	高校名	
1	北野高（大阪）	76
2	茨木高（大阪）	71
	三国丘高（大阪）	
4	◎清風高（大阪）	53
5	奈良高（奈良）	47
6	洛南高（京都）	46
7	◎清風南海高（大阪）	45
8	畝傍高（奈良）	44
9	長田高（兵庫）	39
	姫路西高（兵庫）	
11	天王寺高（大阪）	38
12	膳所高（滋賀）	34
13	大手前高（大阪）	33
	生野高（大阪）	
15	四條畷高（大阪）	32
	◎明星高（大阪）	
	六甲高（兵庫）	
18	◎西大和学園高（奈良）	31
19	◎高槻高（大阪）	30
	◎四天王寺高（大阪）	
	◎智辯学園和歌山高(和歌山)	

総数 2999 名

順位	2006 年度	合格者数
	高校名	
1	茨木高（大阪）	50
2	北野高（大阪）	47
3	大手前高（大阪）	41
4	◎洛南高（京都）	39
5	◎明星高（大阪）	38
	長田高（兵庫）	
	◎西大和学園高（奈良）	
8	姫路西高（兵庫）	36
	畝傍高（奈良）	
10	奈良高（奈良）	34
11	◎清風南海高（大阪）	32
12	△大阪教育大学附属池田高(大阪)	31
13	天王寺高（大阪）	30
	三国丘高（大阪）	
	◎大阪星光学院高（大阪）	
16	◎四天王寺高（大阪）	29
	◎智辯学園和歌山高(和歌山)	
18	神戸高（兵庫）	28
	加古川東高（兵庫）	
20	膳所高（滋賀）	27

総数 2735 名

順位	2016 年度	合格者数
	高校名	
1	茨木高（大阪）	67
2	奈良高（奈良）	59
3	北野高（大阪）	57
4	天王寺高（大阪）	55
5	◎清風南海高（大阪）	48
6	大手前高（大阪）	47
7	洛南高（京都）	44
8	◎四天王寺高（大阪）	43
9	豊中高（大阪）	39
10	膳所高（滋賀）	37
11	△大阪教育大学附属池田高(大阪)	35
	三国丘高（大阪）	
13	四條畷高（大阪）	34
14	長田高（兵庫）	33
15	嵯峨野高（京都）	32
	◎西大和学園高（奈良）	
17	高津高（大阪）	31
	◎大阪桐蔭高（大阪）	
	神戸高（兵庫）	
20	◎明星高（大阪）	29

総数 3447 名

順位	2021 年度	合格者数
	高校名	
1	茨木高（大阪）	79
2	天王寺高（大阪）	63
3	三国丘高（大阪）	56
4	北野高（大阪）	55
5	膳所高（滋賀）	51
6	大手前高（大阪）	47
7	長田高（兵庫）	46
8	奈良高（奈良）	45
9	神戸高（兵庫）	42
	市立西宮高（兵庫）	
11	四條畷高	36
12	豊中高（大阪）	34
	◎須磨学園高（兵庫）	
14	兵庫高（兵庫）	33
	高松高（香川）	
16	◎清風南海高（大阪）	30
	姫路西高（兵庫）	
18	藤島高（福井）	27
19	嵯峨野高（京都）	26
20	畝傍高（奈良）	25
	◎西大和学園高（奈良）	

総数 3340 名

出典：1956 年度は『螢雪時代』第 26 巻第 3 号，1966 年度以降は『サンデー毎日』各年各号，ただし，
　　　1976 年度は『週刊朝日』1976 年 4 月 9 日号に基づき筆者作成

表 5-8　東京大学の高校別合格者数 1956-2021（ベスト 20）

順位	1956 年度 高校名	合格者数
1	日比谷高（東京）	99
2	小石川高（東京）	72
3	戸山高（東京）	64
	西高（東京）	
5	両国高（東京）	55
6	新宿高（東京）	46
7	◎麻布高（東京）	45
8	小山台高（東京）	43
9	△東京教育大学附属高（東京）	41
10	浦和高（埼玉）	35
11	◎開成高（東京）	27
	◎成蹊高（東京）	
13	湘南高（神奈川）	25
14	◎武蔵高（東京）	23
15	九段高（東京）	22
	松本深志高（長野）	
17	東京都立大学附属高（東京）	21
18	北園高（東京）	17
	前橋高（群馬）	
20	上野高（東京）	16
	静岡高（静岡）	

総数 2044 名

順位	1966 年度 高校名	合格者数
1	日比谷高（東京）	128
2	西高（東京）	127
3	◎灘高（兵庫）	96
4	戸山高（東京）	93
5	新宿高（東京）	86
6	△東京教育大学附属駒場高（東京）	85
7	◎麻布高（東京）	84
8	△東京教育大学附属高（東京）	73
9	旭丘高（愛知）	67
10	湘南高（神奈川）	52
	小石川高（東京）	
12	◎武蔵高（東京）	57
13	◎開成高（東京）	55
14	両国高（東京）	54
15	上野高（東京）	41
16	浦和高（埼玉）	39
17	◎栄光学園高（神奈川）	38
	小山台高（東京）	
19	天王寺高（大阪）	31
20	千葉高（千葉）	29
	高松高（香川）	

総数 2936 名

順位	1976 年度 高校名	合格者数
1	◎灘高（兵庫）	118
2	△東京教育大学附属駒場高（東京）	113
3	△東京学芸大学附属高（東京）	96
4	△東京教育大学附属高（東京）	94
5	◎麻布高（東京）	81
6	◎開成高（東京）	74
7	◎ラ・サール高（鹿児島）	68
	◎武蔵高（東京）	
9	浦和高（埼玉）	59
10	戸山高（東京）	52
11	◎栄光学園高（神奈川）	51
12	湘南高（神奈川）	50
13	西高（東京）	46
14	青山高（東京）	40
15	千葉高（千葉）	35
16	富士高（東京）	34
17	◎広島学院高（広島）	31
18	◎愛光高（愛媛）	30
	岐阜高（岐阜）	
20	立川高（東京）	25
	旭丘高（愛知）	

総数 3088 名

順位	1986 年度 高校名	合格者数
1	◎開成高（東京）	162
2	◎灘高（兵庫）	122
3	△東京学芸大学附属高（東京）	102
4	△筑波大学附属駒場高（東京）	98
5	◎麻布高（東京）	97
6	◎ラ・サール高（鹿児島）	87
7	◎栄光学園高（神奈川）	74
8	◎武蔵高（東京）	73
9	◎桐朋高（東京）	64
10	△筑波大学附属高（東京）	59
11	浦和高（埼玉）	56
12	千葉高（千葉）	53
13	◎桐蔭学園高（神奈川）	49
14	◎久留米大学附設高（福岡）	48
15	◎駒場東邦高（東京）	42
16	◎愛光学園高（愛媛）	40
17	湘南高（神奈川）	38
	◎広島学院高（広島）	
19	西高（東京）	36
20	戸山高（東京）	35

総数 3242 名

順位	1996 年度	合格者数
	高校名	
1	◎開成高（東京）	158
2	◎灘高（兵庫）	104
3	◎麻布高（東京）	103
4	△筑波大学附属駒場高(東京)	102
5	◎桜蔭高（東京）	93
6	△東京学芸大学附属高(東京)	90
7	◎ラ・サール高（鹿児島）	87
8	◎桐蔭学園高（神奈川）	83
9	◎武蔵高（東京）	66
10	◎洛南高（京都）	63
11	◎栄光学園高（神奈川）	60
12	◎巣鴨高（東京）	53
13	◎駒場東邦高（東京）	47
	◎桐朋高（東京）	
15	◎海城高（東京）	45
	◎久留米大学附設高（福岡）	
17	千葉高（千葉）	43
18	◎聖光学院高（神奈川）	40
19	△筑波大学附属高（東京）	37
20	◎東海高（愛知）	36

総数 3529 名

順位	2006 年度	合格者数
	高校名	
1	◎開成高（東京）	140
2	◎麻布高（東京）	86
3	◎灘高（兵庫）	79
4	△東京学芸大学附属高(東京)	74
5	◎栄光学園高（神奈川）	70
6	◎桜蔭高（東京）	68
7	◎海城高（東京）	52
8	◎ラ・サール高（鹿児島）	50
9	◎駒場東邦高（東京）	46
10	◎聖光学院高（神奈川）	43
11	△筑波大学附属高（東京）	42
12	岡崎高（愛知）	36
13	◎東大寺学園高（奈良）	35
14	◎広島学院高（広島）	33
	◎久留米大学附設高（福岡）	
16	◎桐朋高（東京）	32
17	◎武蔵高（東京）	30
18	◎巣鴨高（東京）	29
19	宇都宮高（栃木）	28
	◎女子学院高（東京）	
	一宮高（愛知）	
	◎洛南高（京都）	

総数 3100 名

順位	2016 年度	合格者数
	高校名	
1	◎開成高（東京）	170
2	△筑波大学附属駒場高(東京)	102
3	◎麻布高（東京）	94
	◎灘高（兵庫）	
5	◎渋谷教育学園幕張高(千葉)	76
6	◎聖光学院高（神奈川）	71
7	◎桜蔭高（東京）	59
8	△東京学芸大学附属高(東京)	57
	◎駒場東邦高（東京）	
	◎栄光学園高（神奈川）	
11	◎日比谷高（東京）	53
12	◎ラ・サール高（鹿児島）	44
13	◎豊島岡女子学園高（東京）	41
14	◎早稲田高（東京）	38
15	◎東大寺学園高（奈良）	37
	◎久留米大学附設高（福岡）	
17	◎女子学院高（東京）	34
18	◎西大和学園高（奈良）	33
19	千葉高（千葉）	32
	△筑波大学附属高（東京）	
	西高（東京）	

総数 3108 名

順位	2021 年度	合格者数
	高校名	
1	◎開成高（東京）	144
2	◎灘高（兵庫）	97
3	△筑波大学附属駒場高(東京)	89
4	◎麻布高（東京）	85
5	◎聖光学院高（神奈川）	79
6	◎西大和学園高（奈良）	76
7	◎桜蔭高（東京）	71
8	◎渋谷教育学園幕張高（千葉）	67
9	日比谷高（東京）	63
10	◎駒場東邦高（東京）	56
11	横浜翠嵐高（神奈川）	50
12	◎浅野高（神奈川）	48
13	◎海城高（東京）	47
	◎栄光学園高（神奈川）	
15	浦和高（埼玉）	46
16	◎久留米大学附設高（福岡）	36
17	◎渋谷教育学園渋谷高(東京)	33
	◎早稲田高（東京）	
	◎ラ・サール高（鹿児島）	
20	旭丘高（愛知）	31
	岡崎高（愛知）	
	◎東海高（愛知）	
	◎甲陽学院高（兵庫）	

総数 3085 名

出典：1956 年度は『蛍雪時代』第 26 巻第 3 号，1966 年度以降は『サンデー毎日』各年各号に基づき筆者作成

表 5-9　名古屋大学の高校別合格者数 1956-2021（ベスト20）

順位	1956 年度 高校名	合格者数
1	旭丘高（愛知）	68
2	◎東海高（愛知）	66
3	明和高（愛知）	62
4	瑞陵高（愛知）	40
5	菊里高（愛知）	27
6	一宮高（愛知）	25
7	半田高（愛知）	24
8	刈谷高（愛知）	23
9	向陽高（愛知）	22
10	桜台高（愛知）	20
11	横須賀高（愛知）	19
12	豊橋東高（愛知）	16
13	◎名古屋高（愛知） 岡崎高（愛知）	15
15	岐阜高（岐阜） 加納高（岐阜）	14
17	松陰高（愛知） 昭和高（愛知） 時習館高（愛知） 西尾高（愛知） 桑名高（愛知）	13

総数 826 名

順位	1966 年度 高校名	合格者数
1	明和高（愛知）	154
2	旭丘高（愛知）	149
3	岐阜高（岐阜）	117
4	◎東海高（愛知）	91
5	瑞陵高（愛知）	62
6	刈谷高（愛知）	57
7	四日市高（三重）	54
8	時習館高（愛知）	52
9	半田高（愛知）	43
10	岡崎高（愛知） 一宮高（愛知）	42
12	向陽高（愛知）	36
13	◎南山高（愛知）	29
14	名古屋西高（愛知）	27
15	大垣北高（岐阜）	25
16	津高（三重） 横須賀高（愛知）	22
18	岐阜北高（岐阜）	20
19	浜松北高（静岡）	15
20	菊里高（愛知） 西尾高（愛知） 熱田高（愛知）	14

総数 1482 名

順位	1976 年度 高校名	合格者数
1	旭丘高（愛知）	93
2	◎東海高（愛知）	70
3	岐阜高（岐阜） 四日市高（三重）	65
5	明和高（愛知）	62
6	千種高（愛知）	58
7	瑞陵高（愛知）	40
8	向陽高（愛知）	39
9	岐阜北高（岐阜）	38
10	一宮高（愛知） 岡崎高（愛知） 津高（三重）	36
13	桜台高（愛知） 大垣北高（岐阜）	35
15	◎滝高（愛知） 岡崎北高（愛知）	34
17	中村高（愛知）	32
18	半田高（愛知）	31
19	名古屋西高（愛知）	30
20	多治見北高（岐阜）	29

総数 1718 名

順位	1986 年度 高校名	合格者数
1	千種高（愛知）	92
2	一宮高（愛知）	69
3	岡崎北高（愛知）	67
4	岡崎高（愛知）	66
5	菊里高（愛知）	63
6	岐阜高（岐阜）	62
7	中村高（愛知）	60
8	五条高（愛知）	58
9	明和高（愛知）	55
10	向陽高（愛知）	49
11	旭丘高（愛知）	45
12	一宮西高（愛知）	43
13	◎東海高（愛知）	42
14	◎滝高（愛知）	41
15	大垣北高（岐阜）	34
16	四日市高（三重）	28
17	津高（三重）	25
18	春日井高（愛知） 半田高（愛知） 時習館高（愛知） 豊橋南高（愛知） 津高（三重）	24

総数 1925 名

順位	1996 年度 高校名	合格者数
1	一宮高（愛知）	94
2	岡崎高（愛知）	83
3	明和高（愛知）	68
4	岐阜高（岐阜）	63
5	刈谷高（愛知）	61
6	旭丘高（愛知）	54
7	◎東海高（愛知）	52
8	豊田西高（愛知）	47
9	時習館高（愛知）	46
10	◎滝高（愛知）	41
11	岐阜北高（岐阜）	40
12	半田高（愛知）	38
13	五条高（愛知）	36
14	菊里高（愛知）	33
15	千種高（愛知）	32
16	可児高（岐阜）	30
17	中村高（愛知） 横須賀高（愛知）	26
19	多治見北高（岐阜） 浜松北高（静岡） 一宮西高（愛知）	25

総数 2332 名

順位	2006 年度 高校名	合格者数
1	一宮高（愛知）	141
2	岡崎高（愛知）	99
3	明和高（愛知）	70
4	刈谷高（愛知）	58
5	時習館高（愛知）	53
6	◎東海高（愛知）	47
7	岐阜北高（岐阜） ◎滝高（愛知）	46
9	岐阜高（岐阜）	43
10	豊田西高（愛知） 向陽高（愛知） 四日市高（三重）	38
13	大垣北高（岐阜） ◎南山高（愛知）	37
15	菊里高（愛知）	36
16	半田高（愛知）	35
17	五条高（愛知）	31
18	一宮西高（愛知）	30
19	多治見北高（岐阜）	25
20	西春高（愛知） 桑名高（三重）	24

総数 2315 名

順位	2016 年度 高校名	合格者数
1	刈谷高（愛知）	106
2	一宮高（愛知）	85
3	明和高（愛知）	78
4	岡崎高（愛知）	69
5	旭丘高（愛知）	60
6	◎東海高（愛知）	54
7	時習館高（愛知） 半田高（愛知）	50
9	豊田西高（愛知）	47
10	向陽高（愛知）	46
11	岐阜高（岐阜）	42
12	◎滝高（愛知）	38
13	菊里高（愛知）	37
14	◎南山高（愛知）	35
15	浜松北高（静岡）	31
16	大垣北高（岐阜） 西尾高（愛知） 西春高（愛知） 四日市高（三重）	28
20	一宮西高（愛知）	23

総数 2230 名

順位	2021 年度 高校名	合格者数
1	刈谷高（愛知）	83
2	一宮高（愛知）	77
3	向陽高（愛知）	74
4	岡崎高（愛知）	67
5	明和高（愛知）	61
6	◎東海高（愛知）	59
7	旭丘高（愛知） 豊田西高（愛知）	54
9	岐阜高（岐阜）	48
10	菊里高（愛知）	45
11	◎滝高（愛知）	39
12	一宮西高（愛知）	36
13	四日市高（三重）	35
14	時習館高（愛知）	33
15	半田高（愛知）	32
16	◎南山高（愛知）	31
17	大垣北高（岐阜）	29
18	瑞陵高（愛知）	28
19	西春高（愛知）	26
20	千種高（愛知）	25

総数 2196 名

出典：1956 年度は『螢雪時代』第 26 巻第 3 号，1966 年度以降は『サンデー毎日』各年各号に基づき
　　筆者作成

表5-10　広島大学の高校別合格者数1956-2021（ベスト20）

順位	1956年度 高校名	合格者数
1	広島国泰寺高（広島）	67
2	◎修道高（広島）	52
3	呉三津田高（広島）	43
4	広島皆実高（広島）	41
5	賀茂高（広島）	34
6	広高（広島）	32
7	広島三原高（広島）	29
	柳井高（山口）	
9	廿日市高（広島）	24
	呉宮原高（広島）	
11	△広島大学附属高（広島）	21
	広島観音高（広島）	
13	基町高（広島）	20
	舟入高（広島）	
15	可部高（広島）	17
16	福山誠之館高（広島）	16
17	広島工業高（広島）	15
18	△広島大学附属福山高（広島）	14
	松永高（広島）	
	防府高（山口）	

総数1293名

順位	1966年度 高校名	合格者数
1	舟入高（広島）	120
2	呉宮原高（広島）	77
	◎修道高（広島）	
4	呉三津田高（広島）	75
5	基町高（広島）	70
6	広島皆実高（広島）	63
7	広島国泰寺高（広島）	62
8	広島観音高（広島）	59
9	福山誠之館高（広島）	43
10	△広島大学附属高（広島）	37
11	広高（広島）	32
12	三原高（広島）	23
	△広島大学附属福山高（広島）	
	岩国高（山口）	
15	尾道北高（広島）	20
16	廿日市高（広島）	19
	◎広島学院高（広島）	
	◎ノートルダム清心高（広島）	
19	三次高（広島）	18
20	府中高（広島）	17
	松江南高（島根）	

総数1822名

順位	1976年度 高校名	合格者数
1	呉三津田高（広島）	89
2	◎修道高（広島）	82
3	舟入高（広島）	74
4	広島観音高（広島）	67
5	広島皆実高（広島）	62
6	広島国泰寺高（広島）	56
7	基町高（広島）	52
8	△広島大学附属高（広島）	42
9	福山誠之館高（広島）	41
10	松山東高（愛媛）	40
11	山口高（山口）	39
12	岩国高（山口）	37
13	浜田高（島根）	31
14	松山南高（愛媛）	30
15	出雲高（島根）	28
16	広島三原高（広島）	27
17	松江北高（島根）	26
18	呉宮原高（広島）	25
19	◎ノートルダム清心高（広島）	24
	丸亀高（香川）	

総数2525名

順位	1986年度 高校名	合格者数
1	◎修道高（広島）	102
2	安古市高（広島）	62
3	呉三津田高（広島）	58
4	◎ノートルダム清心高（広島）	51
5	△広島大学附属高（広島）	46
	広島井口高（広島）	
7	呉宮原高（広島）	40
	舟入高（広島）	
9	基町高（広島）	38
	岩国高（山口）	
11	広高（広島）	35
12	広島国泰寺高（広島）	31
	広島皆実高（広島）	
14	◎広島学院高（広島）	30
15	松江南高（島根）	29
16	松江北高（島根）	27
	高松高（香川）	
18	山口高（山口）	26
	今治西高（愛媛）	
20	宇部高（山口）	22
	丸亀高（香川）	
	松山南高（愛媛）	

総数2577名

順位	1996 年度	合格者数
	高校名	
1	◎広島城北高（広島）	57
2	◎ノートルダム清心高（広島）	43
3	安古市高（広島）	40
4	広高（広島）	36
5	◎広島女学院高（広島）	35
6	呉三津田高（広島）	34
	◎修道高（広島）	
8	出雲高（島根）	33
9	△広島大学附属高（広島）	28
10	米子東高（鳥取）	27
	丸亀高（香川）	
12	◎広島学院高（広島）	25
	山口高（山口）	
14	◎金光学園高（岡山）	22
15	今治西高（愛媛）	21
	松山南高（愛媛）	
17	姫路西高（兵庫）	20
	△広島大学附属福山高(広島)	
	呉宮原高（広島）	
	防府高（山口）	
	宇部高（山口）	
	高松高（香川）	

総数 3006 名

順位	2006 年度	合格者数
	高校名	
1	基町高（広島）	54
2	安古市高（広島）	50
3	舟入高（広島）	44
4	◎近畿大学附属広島高東広島校(広島)	42
5	呉三津田高（広島）	36
6	◎ノートルダム清心高（広島）	29
	徳山高（山口）	
8	△広島大学附属高（広島）	28
9	◎修道高（広島）	27
10	賀茂高（広島）	26
	今治西高（愛媛）	
12	◎広島女学院高（広島）	25
13	丸亀高（香川）	24
14	尾道北高（広島）	23
	山口高（山口）	
16	海田高（広島）	21
	◎広島工業大学附属高（広島）	
18	松江北高（島根）	20
	福山誠之館高（広島）	
20	鳥取東高（鳥取）	19
	出雲高（島根）	

総数 2630 名

順位	2016 年度	合格者数
	高校名	
1	基町高（広島）	74
2	舟入高（広島）	57
3	広島高（広島）	49
4	△広島大学附属高（広島）	44
5	広島国泰寺高（広島）	42
6	安古市高（広島）	35
7	◎ノートルダム清心高（広島）	33
8	◎修道高（広島）	27
9	◎広島学院高（広島）	25
10	◎広島女学院高（広島）	22
	大分上野丘高（大分）	
	甲南高（鹿児島）	
13	尾道北高（広島）	21
14	呉三津田高（広島）	20
	小倉高（福岡）	
16	出雲高（島根）	19
	倉敷青陵高（岡山）	
18	◎広島なぎさ高（広島）	18
	大分舞鶴高（大分）	
20	鳥取西高（鳥取）	17
	廿日市高（広島）	
	広島井口高（広島）	
	◎近畿大学附属広島高東広島校	

総数 2429 名

順位	2021 年度	合格者数
	高校名	
1	基町高（広島）	66
2	舟入高（広島）	65
3	△広島大学附属高（広島）	48
4	広島国泰寺高（広島）	41
	◎修道高（広島）	
6	◎ノートルダム清心高(広島)	40
7	広島高（広島）	38
8	安古市高（広島）	35
9	◎広島学院高（広島）	28
10	◎広島女学院高（広島）	25
11	福山誠之館高（広島）	24
	◎近畿大学附属広島高東広島校(広島)	
13	廿日市高（広島）	20
14	出雲高（島根）	19
	呉三津田高（広島）	
16	徳山高（山口）	18
17	米子東高（鳥取）	17
	広島皆実高（広島）	
19	東筑高（福岡）	16
20	尾道北高（広島）	15
	◎広島城北高（広島）	
	松山東高（愛媛）	
	甲南高（鹿児島）	

総数 2427 名

出典：1956 年度は『螢雪時代』第 26 巻第 3 号，1966 年度以降は『サンデー毎日』各年各号，ただし，1986 年度は『週刊朝日』1986 年 4 月 4 日号，また，2006 年度は「06 年高校の実力『2000 高校』主要大学合格数」『サンデー毎日』2006 年 4 月 23 日号に基づき筆者作成

表 5-11　高校別東京大学合格者数の推移

順位	1960 年		1965 年		1970 年	
1	日比谷	141	日比谷	181	灘	151
2	戸山	120	西	127	東教大駒場	137
3	西	100	戸山	110	東教大付	103
4	新宿	91	麻布	91	西	100
5	小石川	83	東教大付	87	日比谷	99
6	東教大付	58	新宿	72	開成	86
7	両国	56	東教大駒場	68	戸山	80
8	麻布	48	灘	66	麻布	80
9	灘	38	小石川	63	湘南	61
10	開成	37	開成	55	ラサール	59
11	湘南	36	浦和	52	旭丘	59
12	小山台	34	湘南	50	武蔵	53
13	旭丘	26	旭丘	49	小石川	50
14	上野	25	小山台	46	栄光	48
15	浦和	25	栄光	45	新宿	46
16	東教大駒場	22	両国	42	浦和	44
17	立川	22	上野	40	学芸大付	38
18	千葉一	22	ラサール	38	広大付	36
19	松本深志	20	学芸大付	34	両国	36
20	高松	19	広大付	34	愛光・立川	34
ベスト 20 の私立校数	3		5		7	
比率	8%		22%		36%	
私立出身者／全合格者						
比率						

順位	1975 年		1981 年		1993 年	
1	灘	126	灘	139	開成	158
2	東教大駒場	123	開成	135	ラサール	101
3	麻布	106	筑波大駒場	110	灘	94
4	開成	104	学芸大付	89	学芸大付	91
5	学芸大付	95	ラサール	88	麻布	84
6	ラサール	83	麻布	84	桐蔭	73
7	東教大付	76	栄光	75	筑波大駒場	71
8	湘南	60	筑波大付	71	巣鴨	52
9	武蔵	57	武蔵	67	海城	46
10	浦和	55	浦和	51	駒場東邦	45
11	戸山	46	湘南	49	桐朋	45
12	栄光	43	西	46	栄光	45
13	西	42	愛光	43	洛南	45
14	旭丘	42	千葉	40	千葉	42
15	富士	35	桐朋	38	桜蔭	42
16	長野	34	駒場東邦	35	浦和	41
17	岐阜	34	甲陽学院	35	武蔵	41
18	青山	33	戸山	33	筑波大付	40
19	千葉	32	広島学院	31	久留米大付	39
20	久留米大付	30	久留米大付	31	聖光学院	37
ベスト 20 の私立校数	7		12		15	
比率	45%		62%		77%	
私立出身者／全合格者	802/3079		1093/3075		1611/3224	
比率	26%		36%		50%	

原注：資料は『週刊朝日』『サンデー毎日』による。
出典：苅谷剛彦（1998）p.66

98

表 5-12　東京大学，名古屋大学，京都大学，大阪大学，神戸大学，広島大学合格者に占める私立高校出身者の比率 (%)

年度		1996 年度	2016 年度
東京大学	全合格者	54.3	59.0
	理科Ⅲ類	72.7	69.5
名古屋大学	全合格者	15.0	17.8
	医学部医学科	51.5	52.8
京都大学	全合格者	42.2	41.1
	医学部医学科	74.8	85.3
大阪大学	全合格者	29.7	33.5
	医学部医学科	67.4（1993 年度）	85.7
神戸大学	全合格者	25.5	31.2
	医学部医学科	50.0（1994 年度）	63.0
広島大学	全合格者	19.3	22.5
	医学部医学科	？	62.2

出典：『サンデー毎日』各年各号のデータをもとに筆者作成
ただし，大阪大学の医学部医学科については，『サンデー毎日』1993 年 3 月 28 日号，4 月 11 日号，神戸大学医学部医学科については 1994 年 3 月 27 日号，4 月 10 日号のデータをもとに筆者作成

　表 5-12 を参照されたい。京都大学の場合，『サンデー毎日』1996 年 3 月 24 日号と同年 4 月 7 日号から集計すると 1996 年度の場合，全合格者に占める私立校出身者は 42.2％と東京大学に比べて 10 ポイントほど低く，2016 年度の場合，同誌 2016 年 4 月 9 日号から集計すると，41.1％とほとんど変化がない。大阪大学では 1996 年度 29.7％，2016 年度 33.5％，神戸大学では 1996 年度 25.5％，2016 年度 31.2％とやはり大きな変化はない。

　ただし，最難関である医学部医学科に限定すると，京都大学の場合 1996 年度には 74.8％だったのが，2016 年度には 85.3％にまで増加している。ちなみに大阪大学と神戸大学に関しては，1996 年度のデータでは医学部医学科と保健学科とが区別されていないのではあるが，少し古い年度でみると大阪大学では 1993 年度で 67.4％，神戸大学では 1994 年度で 50.0％であり，2016 年度のデータにおいては，それぞれ 85.7％，63.0％である。大阪大学においても，神戸大学においても，大学全体の合格者と比べて私立校出身者がかなり多い構成になっており，この 20 年ほどでかなり増加し

表5-13　2016年度入試の旧七帝大・旧官立大の医学部医学科（及びそれに相当する課程）合格者に占める私立高校出身者の比率　　　　　　　　　　　(%)

北海道大学	医学部医学科	50.0
東北大学	医学部医学科	35.8
筑波大学	医学群医学類	61.5
東京大学	理科Ⅲ類	69.5
名古屋大学	医学部医学科	52.8
京都大学	医学部医学科	85.3
大阪大学	医学部医学科	85.7
神戸大学	医学部医学科	63.0
広島大学	医学部医学科	62.2
九州大学	医学部医学科	64.2

出典：『サンデー毎日』第95巻第16号（2016年4月10日号）をもとに筆者作成

ていることがわかる。

　中国圏の広島大学の場合には，やや私立校の勢力が拡大する様子がうかがえるものの，上位校のランキングは公立校が中心である。東海圏の名古屋大学においては，より顕著に愛知県の公立校が上位を占め続けている。ただし，名古屋大学においても医学部医学科に限定すると，『サンデー毎日』1996年3月24日号と同年4月7日号によれば，1996年度には私立校出身者が51.5％だったのが2016年度には52.8％になっている。広島大学の場合，医学部医学科の学生に占める私立校出身者の比率は，1996年度あるいはその前後については不明だが，2016年度については62.2％である。名古屋大学においては大学全体での私立校出身者は1996年度15.0％，2016年度17.8％，広島大学においては大学全体での私立校出身者は1996年度19.3％，2016年度22.5％となっている。概して医学部医学科は大学全体の合格者と比べて私立校出身者がかなり多い構成になっている。

　さらに，表として掲げてはいないが，公立校優位の傾向は北海道大学，東北大学，九州大学などの旧帝大において，より一層顕著である。つまり，私立六年制一貫校による有名大学の寡占状態というのは，首都圏の有名大学および医学部医学科において顕著にみられるだけであり，東海圏，

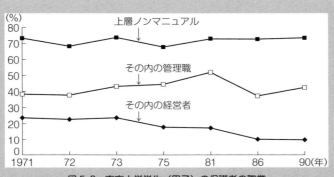

図 5-2　東京大学学生（男子）の保護者の職業

原注：資料は「東京大学学生生活実態調査」による。
出典：苅谷剛彦（1998）p. 67

表 5-14　東京大学における学生の出身家庭の職業

調査年度	官公吏	会社員銀行員	教育家	軍人	商業	工業	農業	医師	宗教家	その他	無業
1934(昭和9年)	%9	%12	%7	%1	%16	%3	%12	%5	%2	%11	%22
1949(〃24年)	39				30		9	7		2	13
1959(〃34年)	55				21		5	10		1	8
調査年度	給料生活者				企業経営者		農林水産業	自由業		その他	無職失業中

原注：本資料は全学部学生を対象とした調査資料である。
出典：東京大学学生部（1960）p.23

近畿圏等の大都市部であれ，地方であれさほど顕著にはみられない。

　苅谷（1995）の示す図 5-2 によれば，東大生の保護者の職業は，1970 年代から一貫して上層ノンマニュアルが 70％強を占め続けているということである。上層ノンマニュアルとは専門職，管理職，あるいは経営職などを指す。関西の有力大学では公立校出身者が多いことなどを加味すれば，本節冒頭で述べた 1991 年中教審の『審議経過報告』は，いささか性急に

表 5-15　京都大学，大阪大学，神戸大学，早稲田大学，同志社大学における学生の出身家庭の職業

大　学　名	年　　度	官公吏	会社員銀行員	教育家	軍人	商業	工業	農業	医師	宗教家	その他	無業
京 都 大 学	1935（昭和10年）	%9	%15	%6	%1	%17	%2	%14	%5	%3	%4	%24
	1958（〃33年）	61				20		6	7			6
大 阪 大 学	1933（〃8年）	6	10	7	0	11	4	13	11	2	10	26
	1958（〃33年）	54				20		7	9		9	2
神 戸 大 学	1932（〃7年）	5	11	2	1	26	3	11	3	0	15	23
	1954（〃29年）	53				18		11	2		7	9
早 稲 田 大 学	1935（〃10年）	31				28	9	19	0	0	2	11
	1957（〃32年）	53				29		6	5		4	3
同 志 社 大 学	1936（〃11年）—	4	16	2	0	18	6	11	4	1	1	37
大　学　名	年　　度	給　料　生　活　者				企業経営者		農林水産業	自　由　業		その他	無業

原注：戦前の資料は，京大は昭和10年度「入学学生身上調査報告」，阪大は昭和8年度「学生生活調査報告」，神大は昭和7年度「学生学園統計」，早大は昭和10年度「専門部入学学生調査」（法，商2科），同大は昭和11年度「学生生計調査報告」による。戦後の資料は，いずれも「学生生活実態調査報告」による。
出典：東京大学学生部（1960）p.24

過ぎる議論であるといえよう。

　なお，1960年末刊行の東京大学学生部（1960）『戦後における東大生の経済生活』によれば，東京大学，京都大学，大阪大学，神戸大学，早稲田大学，同志社大学の6大学の昭和初期〜1950年代の学生の出身階層を比較検討すると，いずれの大学においても給料生活者の比率が増加しているが，この時期給料生活者の給与水準が低下し，したがって経済的に困窮をきわめる学生が多かったことが指摘されている（表5-14，表5-15）。したがっ

て，苅谷の結論も，一定の条件のもとで，すなわち高度経済成長期後期以降についてという条件付きで認められる結論であり，今後，さらなる検証が必要なのではないかと考える。

⑥　学生アルバイトの実態

　最後に，学生の学費・生活費を稼ぎだす手段としてのアルバイトに触れておこう。近年，学生にどのようなアルバイトをしているか聞くと，飲食関係，コンビニエンス・ストア，ファミリー・レストラン，カラオケボックスあるいはレンタルビデオ店などでアルバイトをしている学生が多数である。

　筆者が学生であったころは教育関係の仕事，すなわち，塾講師や家庭教師につくものが多数いた。また，大学も保護者もそれを推奨していた。危険性は少ないし，収入はよく，しかも，心理的身体的な疲労も少ないため，学業にも差支えないからである。したがって，当時と比べてその様変わりに驚く。筆者の時代と比べると，危険性，収入，心理的身体的疲労度は格段に大きく，学業にも差支える。しかし，高額の授業料や生活費など，少しでも保護者の負担を減らすためにアルバイトを強いられる学生は多数いる。その点を資料で確認しておこう。

　扇谷正造他（1980）には「アルバイトの歴史」がまとめられているが，戦前においては「苦学生」が「内職」（つまり，現在の言葉でいうアルバイト）をしていた。「職種としては，大部分が家庭教師で，その他には翻訳，筆耕，製図，図書整理，計算，編集，校正等があり，休暇期には，デパートの売出し手伝い，郵便局の臨時事務，避暑地売店の売子，山小屋の番人，水泳教師，塾教師があったようであり，今日でも職種として存続しているものがかなりある」ということであった。戦後の混乱期になると，「家庭教師等の頭脳労働は少なく，6割は倉庫整理，土木工事等の肉体労働に従事していたようである」とのことである。さらに戦後復興期になると，アルバイト従事者数は一時的に落ち込んだ後，増加していく。1970年で79.5％の学生がアルバイトに従事しており，それ以降も80％前後の学生がアルバイトに従事し続けている。また扇谷他（1985）によると，日本では

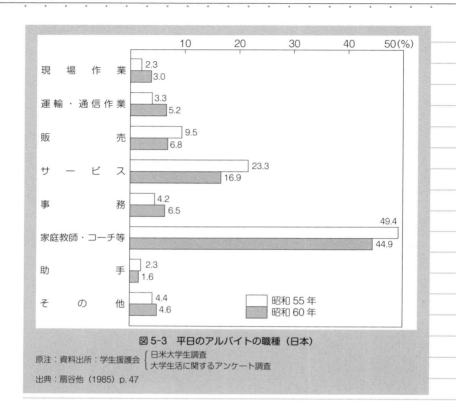

図 5-3　平日のアルバイトの職種（日本）

原注：資料出所：学生援護会 ｛日米大学生調査／大学生活に関するアンケート調査｝
出典：扇谷他（1985）p. 47

男子の 94.1 ％，女子の 93.9 ％がアルバイトに従事しており，「家庭教師・コーチ等」に従事する者が 49.4 ％（1980 年），44.9 ％（1985 年）となっており，他のカテゴリーから抜きんでている（図 5-3）。

　また，大学総合研究シリーズ企画編集委員会編（1980a）によると，1980 年ごろにおいて，アルバイトに従事する京都大学生のうち 78 ％が家庭教師に従事しているとのことである。同じく，同委員会編（1979）によれば，アルバイトに従事する慶應義塾大学生のうち 59.4 ％が家庭教師であり，さらに同委員会編（1980b）によれば，アルバイトに従事する名古屋大学生のうち 75.7 ％が家庭教師・学習塾教師である。

　ちなみに，少し時代をさかのぼるが，池井望・西川富雄（1966）の示すデータ（表 5-16）によると，1960 年代半ばごろの京都大学，大阪大学，

表 5-16　京阪神学生相談所におけるアルバイト登録者数（1960 年代半ば頃）

	神戸学相	大阪学相	京都学相	計	大学在籍者数の中で占める率
京都大学	17	147(3)	1,131(17)	1,295	11%
同志社大学	95(3)	483(31)	1,300(42)	1,878	11%
立命館大学	182(4)	1,168(50)	3,115(107)	4,465	25%
大阪大学	41(2)	567(17)	19	627	8%
関西大学	555(9)	1,483(79)	76(4)	2,134	11%
関西学院大学	491(84)	1,214(233)	28	1,733	15%
神戸大学	611(84)	189(34)	8	808	13%

（神戸学生相談所調査による）

原注：学生相談所以外に各大学で扱うアルバイト登録や斡旋もある。立命館大学が多いのは，大学側で登録を制限しないことによるらしい。
注：（　）内の数字が何を意味するのかは原典に記載がないので不明。
出典：池井・西川（1966）p. 189

　神戸大学と関関同立の 7 大学の学生のうち，どれぐらいの者が学生相談所にアルバイト登録しているかを比較したところ，神戸大学はおおむね平均的なところである（表 5-16）。

　現在はどうか？　関東・東海・関西圏の大学生を対象に調査を行ったインテリジェンス（2006）によれば大学生では男子の 22.3%，女子の 13.9% が家庭教師・塾講師・試験監督等の教育関係アルバイトに従事するのみで，男女いずれにおいても第 1 位ではあるが，かつてほどの圧倒的多数ではない。また，京都ブラックバイト対策協議会（京都労働局，京都府，京都市）が 2016 年に府内 34 大学，12 短大等を対象に行った調査（大学院生や専門学校生も含まれる）では，89.3% の学生がアルバイトに従事しており（あるいは，従事していたのであり），そのうち「学習塾・家庭教師」に従事していたものは 12.6% で，職種別には第 7 位である。もっとも，一部の教育系アルバイト自体もいわゆる「ブラックバイト」化しているといわれる。多くの学生が教育関係よりも，ハードな，実入りの悪いアルバイトをしている。当然，その中にはブラックバイトがある。今後の大学にとっては，学生の学修支援だけではなく，生活支援も重要な課題なのである。

参考文献

- 池井望・西川富雄（1966）『大学生・教授の生態―現代学生かたぎと教授の生態―』雄渾社

- 岩重佳治（2017）『「奨学金」地獄』小学館

- インテリジェンス（2006）『高校生・大学生アルバイト実態調査 2006』インテリジェンス

- 扇谷正造・間宏・千石保・松原治郎監修（1980）『昭和 55 年版　アルバイト白書―アルバイトの意識と構造―』学生援護会

- 扇谷正造・千石保監修（1985）『昭和 60 年版　アルバイト白書―モラトリアム時代のアルバイト・職業観―』学生援護会

- 大内裕和（2017）『奨学金が日本を滅ぼす』朝日新聞出版

- 大平正芳（2011）「財政つれづれ草・素顔の代議士」『大平正芳著作集』第 1 巻，講談社，pp. 97-324

- 苅谷剛彦（1995）『大衆教育社会のゆくえ―学歴主義と平等神話の戦後史―』中央公論社

- 苅谷剛彦（1998）「東大入試と東大生―東大生はどのようにして生まれるのか？―」蓮見重彦（著者代表）『東京大学（東京大学公開講座）』東京大学出版会，pp. 53-83

- 川村遼平・大内裕和・木村達也（2014）『愛知かきつばたの会 20 周年記念シンポジウム　ブラック企業と奨学金問題―若者たちは，いま―』ゆいぽおと

- 京都ブラックバイト対策協議会（京都労働局，京都府，京都市）（2017）http://www.city.kyoto.lg.jp/sankan/cmsfiles/contents/0000214/214918/kekkanew.pdf（2017 年 7 月 20 日閲覧）

- 栗原康（2015）『学生に賃金を』新評論

- 小林哲夫（2009）『東大合格高校盛衰史―60 年間のランキングを分析する―』光文社

- 小林雅之（2008）『進学格差―深刻化する教育費負担―』筑摩書房

- 小林雅之編（2009）『大学進学の機会―均等化政策の検証―』東京大学出版会

- 小林雅之編（2012）『教育機会均等への挑戦―授業料と奨学金の 8 か国比較―』東信堂

- 今野晴貴（2017）『ブラック奨学金』文藝春秋
- 奨学金問題対策全国会議編，伊東達也・岩重佳治・大内裕和・藤島和也・三宅勝久（2013）『日本の奨学金はこれでいいのか！―奨学金という名の貧困ビジネス―』あけび書房
- 大学総合研究シリーズ企画編集委員会編（1979）『慶應義塾大学＝総合研究―その歴史・学生生活・就職先・入試ほか―』日本リクルートセンター出版部
- 大学総合研究シリーズ企画編集委員会編（1980a）『京都大学＝総合研究―その歴史・学生生活・就職先・入試ほか―』日本リクルートセンター出版部
- 大学総合研究シリーズ企画編集委員会編（1980b）『名古屋大学＝総合研究―その歴史・学生生活・就職先・入試ほか―』日本リクルートセンター出版部
- 東京大学学生部（1960）『戦後における東大生の経済生活』東京大学
- 中澤渉（2014）『なぜ日本の公教育費は少ないのか―教育の公的役割を問いなおす―』勁草書房
- 中室牧子（2015）『「学力」の経済学』DISCOVER
- 安田賢治（2016）『教育費破産』祥伝社
- 矢野眞和（研究代表者）（1994）『高等教育費の費用負担に関する政策科学的研究』東京工業大学
- 矢野眞和（1996）『高等教育の経済分析と政策』玉川大学出版部
- 矢野眞和（研究代表者）（1998）『高等教育のシステムと費用負担』東京工業大学
- 矢野眞和（2011）『「習慣病」になったニッポンの大学―18 歳主義・卒業主義・親負担主義からの解放―』日本図書センター
- 矢野眞和編（2012）『教育費政策の社会学』桜美林大学

注

　この種のマスコミによる報道を比較検討した結果，最も古くからこの種の報道を体系的に行っているのは『サンデー毎日』誌であり，ついで『週刊朝日』誌である。だが，一部の年度や一部の大学において両誌の情報が異なる場合がある。各種資料を照合すると『サンデー毎日』の情報の方が，精度がより高いといえる。したがって，ここでは神戸大学，京都大学，大阪大学，東京大学，名古屋大学，広島大学の 6 大学について同誌の 1966 年 4 月 3 日号，1976 年 4 月 4 日号，1986 年 4 月 6 日号，

1996年4月7日号，2006年4月9日号，2016年4月10日号，2021年6月26日号をもとに調べた結果を掲載している。ただし，1976年度の大阪大学合格者，1986年度の広島大学合格者については同誌に掲載されていなかったため，それぞれ，『週刊朝日』1976年4月9日号，1986年4月4日号で補った。また，2006年度の広島大学合格者についても掲載されていなかったため，『サンデー毎日』2006年4月23日号の「06年高校の実力『2000高校』主要大学合格者数」より作成した。なお，1956年度については『螢雪時代』（旺文社）で補った。また，京都大学の1966年度と1976年度についてはそれぞれ『京都大学新聞』1966年3月28日号（1277号），1976年3月28日号（増刊号）に基づいている。なお，小林哲夫（2009）は東京大学の合格者を丹念に調べ『螢雪時代』『サンデー毎日』等のデータを補正しているが，ここでは小林の補正値を使わずに原資料のままとしたことをお断りしておく。東京大学のみ補正することは一貫性を欠き，他方，すべての大学の補正をすることは資料の制約上極めて困難だからである。

参考映像資料

- NHK（2009）『NHKスペシャル　セーフティーネット・クライシス vol. 3―しのびよる貧困　子どもを救えるか―』
- NHK（2010）『クローズアップ現代　奨学金が返せない―若者たちの夢をどう支えるか―』
- NHK（2016）『クローズアップ現代　"奨学金破産"の衝撃―若者が…家族が…―』

課題

❶ 日本の奨学金政策は国際的に見てどのような特徴を持つのか，具体的に説明してください。

❷ 奨学金政策は授業料政策とどのような関係にあるのか，国際比較をして具体的に論じてください。

❸ 高等教育経費の自己負担論はどのような根拠に基づくのか，具体的に説明してください。

❹ 学生が従事するアルバイトの職種がどんどん「非教育」系のものになっていった理由として何があげられるのか，具体的に説明してください。

❺ 学生が「ブラックバイト」を簡単にやめることができない理由とは何か，具体的に説明してください。

❻ 国立大学の大学間・学部間での授業料格差は極めて少ない。それはなぜか？　そしてそれについてどう考えるのか，説明してください。

❼ 日本には国公立大学と私立大学の二つの系統があり，授業料等において両者の間にある格差は大きい。では日本における高等教育機会の均等化は絶望的なのだろうか？　あなたの考えを説明してください。

ディスカッション

高等教育費無償化は万人にとって望ましい政策なのでしょうか？　考えてみよう。

〈MEMO〉

第 **6** 章

高学歴者過剰問題
について考える

キーワード 大学設置基準の大綱化，教育過剰論，ポストドクター，
非特権化，学歴閉鎖性，大卒ブルーカラー化論

👉 概 要 --

　大学院教育は大学教育と比べても一人当たりのコストが大きくかか
るのであり，大学院修了者が適切な仕事を見つけることができない事
態が生じているとすれば，社会的にも個人的にも大きな損失である。

----

① はじめに：大学院にかかわる私的経験から（その1）

（1）庶民にとって大学院とは何か

　私的な話で恐縮だが，筆者が小学生の頃は，一般の人びとには「大学院」
という名前そのものがあまり知られていなかった記憶がある。確かに
1964 年に芥川賞を受賞した柴田翔『されどわれらが日々―』（文藝春秋）
では大学院生が主人公になっており，この小説は 1960 年代〜1980 年代の
大学生の間ではよく読まれていたようであるが，大学院という存在の一般
社会への浸透度は今一歩だったように感じる。筆者の父は某大学大学院の
博士後期課程を単位取得修了していた。友だちの家に遊びに行ったおりに，
友だちの母親から「お父さんはどこの学校を出てるの？」と聞かれると，
いつも馬鹿正直に「××大の大学院です」と答えたものである。しかし，
「ダイガクイン？　大学でしょ？『イン』なんてつけちゃだめよ」と，筆
者が大学のことを「ダイガクイン」と誤って呼んでいると誤解されたこと
が再三あった。ただ，中高時代になると，比較的恵まれた家庭の子弟が多
い私立六年制一貫校だった関係で，同級生に研究者や大学教員の息子が少

なからずいた。そういう人びとの大半は大学院を出ているわけであり，大学院という言葉はようやく相手から変なリアクションを引き起こさないようになった。

　実際，筆者が小学生だった1970年代前半といえば，大学院は独立した社会的機能を担う機関というよりも，あくまでも大学の付属物であり，大学のメインは学部（学士課程）であった。学部こそが大学を構成する単位である「部局」だったのである。教員はあくまでも学部の教員であり，「大学院担当手当」をもらって大学院教育に当たっていた。大学院以前に大学自体が一般市民にはまだ遠い存在であったのであり，筆者の所有する朝日ニュース『フィルムに残されたあのころのにっぽん第4巻（昭和43年〜46年）』（文藝春秋，1997年）に1971年の大学祭の模様が収録されているが，「大学生は頭がよくて難しいことばかり考えている人々」という表現が出てくる。言い換えれば，大学は今日のようなユニバーサル段階ではなく，エリート段階にあったのである。ただし就職の厳しさは当時も今とそう変わらない。1966年に刊行された『広島大学大学院白書—研究と生活—』には次のような院生の声がのっている。

　大学院卒業生への求人は非常に少ない。しかも大学院学生のための専任の就職係の先生はいず，学部卒業生の就職に際して学校側あるいは教授が示す熱意に比較して，我々の場合頼りにならない。その上，教授との人間関係によって就職が大きく左右される。もっと一般社会への就職の開拓もやってほしい。（理学部修士課程学生）

　腹ふとらず，女房来ず，就職なし！大学院への道は貧窮への道か。（理学部博士課程学生）

（同書 p.5）

　筆者自身が大学院に進学する頃は，言葉としては認知されてはいたが，大学院に進学する者は理工系を含めてもまだ少数であった。筆者の卒業期はバブル崩壊直前の時期で，空前の売り手市場であったから，「大学院に行く奴は変わっていて民間企業に行けない奴」「研究の虫」など特別な者か，モラトリアム学生などが行くところであり，大学生の大半には関係の

ない存在であった。なお，当時の大学院生を扱った小説としては，堀田あけみ（当時名古屋大学大学院生）の『君は優しい心理学（サイコロジー）』（集英社，1989年）をはじめとする一連の作品がある。

　ちょうど筆者が大学院に進学した1986年に，当時名古屋大学教育学部教授であった潮木守一が『キャンパスの生態誌―大学とは何だろう―』という新書を刊行しており，そこに次のような興味深いエピソードが収録されている。潮木のゼミのコンパで，「君たちの間で大学院にくる者はいないかね」と尋ねたところ，アルコールが入った段階になって学生が以下のような反応をしたということである。

　先生。大学院て，結局この大学に入れなかった人が入ってくるところなんじゃあないですか。僕たちはこの大学でみっちり勉強しましたから，もう結構ですよ。僕の高校時代の友達でここの大学に入れなかったものだから，今度はここの大学院に入るんだってがんばっているのがいるけど，ああいうのみていると，なんとなくダサイって感じがしてくるんだなあ。それにこれから五年間も勉強したって，なんだかオーバードクターとかいって，就職できないって話じゃあないですか。僕はもう就職も決まっていますし，結構です。（同書 p. 164）

　また，潮木の別の学生は次のように反応したという。

　先生覚えていられると思いますが，三年生の時，大学院進学のことで相談にきましたよねえ。あれから両親とも色々相談したんですが，親はおとなしく就職した方がいいっていうんです。よその家の子はちゃんと就職して，背広を着て朝から会社に出かけて行くというのに，うちの子だけ昼ごろになってのこのこ起きだし，学生時代と同じきたない格好して家を出て行くなんて，親はみっともないっていうんです。うちの近所にちょうどそういうのがいるんですよ。さいわい就職も決まりましたから，就職します。ご迷惑かけたと思いますが，勘弁して下さい。（同書 pp. 164-165）

　確かに空前の売り手市場の中，それに背を向けて就職できるあてもない
のに，わざわざ大学院へ行く人間（筆者自身を含む）などは，よほどの変
人か天才か，愚か者，働きたくない者とみられていたのであろう。

　ところが，今はどうか。多くの大学に当たり前のように大学院があり，
理工系を中心にして大学院へ進学することは珍しくなく，当たり前でさえ
ある。まさしく隔世の感という他ない。小説の世界でも 2007 年夏発刊の
小谷野敦『悲望』（幻冬舎）は大学院生が主人公だし，マンガの世界でも
稲井雅人『京大 M1 物語』が 2007 年夏より『ビッグコミックスピリッツ』
誌（小学館）に連載され（現在，休載中），消費的領域での大衆化もぐんぐ
ん進んでいるようである。大学院生が主人公のマンガなど一昔前までは考
えられなかった。

　本章で問いたいのは，この急速な大学院の拡大はなぜ起こったのか，そ
して何をもたらすのか，ということである。

（2）教育とは何か

　**一般に，教育にかかわる世界では，教育（特に学校教育）＝善なる営み
であり，教育の拡大は基本的に望ましい傾向であると考えられる傾向が強
くみられる。**一部の恵まれた階層の子弟だけが教育を受けられるという状
況から，その教育が一般大衆に開かれていくという状況への変化は，民主
化であり，平等化であり，発展であるというわけだ。そもそも教育＝善で
あるなら，善なるものには多くの子どもたちがアクセスできるのが望まし
いに決まっている。いや，それどころか，教育を受ける権利＝基本的人権
であるとすれば，「望ましい」等という生ぬるい表現では許されない。ア
クセスできねばならないのだ。

　なぜ，教育は必要なのか？　こう問いかけると，必ず以下のような答え
が返ってくる。教養を深めるため，社会に出て職業に就くのに必要な常識
や知識，スキルを身につけるため，職業選択の幅を広げるため，よりいい
待遇の仕事に就くため，資格・免許を取るため，人間を磨くため，自己実
現の可能性を高めるため，自分探しのため…。あたかも教育は魔法の杖の
ようである。なるほど，こんなにいいものなら拡大するのが望ましいであ

ろう。だが，本当にそうなのか。たしかに，現実にも，公教育の歴史は拡大の歴史でもあり，高校も拡大し，大学も拡大してきた。一般的に言って，高い学歴を持った人びととはそうでない人びとよりも優遇されてきたのも事実であろう。しかし，大学院の拡大をこの延長上に考えていいのであろうか。

　就労問題を含む，若者を取り巻く環境に起きる諸問題の原因は「教育の不足」にあり，したがって「教育の拡大」ないしは「教育の質的向上」によって諸問題の解決が可能であるとする考え方がある。したがって，教授法，カリキュラムのレリバンスも問題になる。また，若者の目的意識の明確さも問題になり，それを明確にするためにキャリア教育なるものも登場するのであろう。しかし，このような発想は現実的なのか。

　筆者がこのような危惧を抱くのは，筆者自身が今，大学院教育を担当し，大学院生たちと日常的に会話をし，そこに少なからぬ問題の芽をみつけているからである。筆者たちの大学院，神戸大学大学院国際協力研究科では，（今では改組したが）かつて３つの専攻があり，筆者の属していた専攻では，新入生オリエンテーションにおいて教員が「就職の世話はしません」と宣言するのが通例であった。もちろん，現実には世話をしないわけではなく，教職員も，関係者も，OB/OG も走り回って世話をするのではあるが，過度に依存せず自律的に就職活動をするようにと配慮して，そういう宣言をしていたわけである。

　しかし，いまや完全に時代は変わり，大学・大学院は積極的に就職の世話をしなければならなくなっている。大学卒はもちろん，大学院卒でさえ，座して待つ就職貴族ではなく，大多数のものにとっては積極的に支援しなければ，なかなか教育の成果にふさわしい，あるいは希望と大きな齟齬を来さない就職にはありつけないからである。ここでは大学院生をめぐる議論を中心にしながら，適宜，大学や他の学歴層も含めて議論していきたい。

　もちろん，一般的に言って，大学院生に能力がないわけではない。たとえば，かつて筆者の指導する一人の女子大学院生がいた。彼女は東京外国語大学卒業後，いったん就職したが，キャリア・アップを目指して，活動の幅を広げようと国際協力研究科に入ってきた。目的意識もはっきりして

おり，モラトリアム的な進学者とはまったく異なる。学習態度もゼミでの
プレゼンテーションや発言も申し分なかった。優秀なので筆者も随分と目
をかけ，励ましてきた。

　しかし，その彼女が就職を前にして，悩んでいた。自分は大学院まで進
んできた。大学院まで来たということは，そこまで身につけてきた専門性
や研究的姿勢，が何らかの形で評価され，そういった専門性を生かした仕
事，研究的な仕事に就きたいということでもある。しかし，現実には…と
いうわけである。いまや専門分野が何であれ，専門分野の教育と研究に専
念し，学生・院生とその立場からのみかかわればいいなどという言い訳は
大多数の大学教員にとっては通用しないものになっているのではないか。
後に見るように大学卒業者は新規学卒労働市場の 50% を超えている。そ
れだけではない。大学院卒も修士と博士を併せて 10% 近くになる。

　こういう現実とは無関係に，巷には大学院進学熱を無責任にあおり立て
るような書籍が並んでいる。キャリア・アップだの，自律的な専門職への
道だの，おめでたいキレイゴトばかりを並べ立てた「トンデモ本」が少な
からずある。遺憾というほかない。もとの話に戻り，大学院生の就職難と
いう問題は今日にはじまったことではない。先の『広島大学大学院白書―
研究と生活―』では，やはり理学部修士課程院生の次のような声がある。

　教授がいうように，学部卒では実力がほとんどつかない。これは自他共
に認めるところだ。大学院卒業生と学部卒業生とでは，月とスッポンの実
力の差がある。それにもかかわらず就職はどうか，理学部における現状は
言語を絶する。…（同書 p.5）

　つまり，昔から同じ問題が指摘されているのである。大学院修了者は学
部卒業者よりも，高度の専門性を持ち，高度な知識やスキルを有するのは
間違いない。ただその能力に見合った就職がないということである。もう
一つの例をあげよう。次のような大学院に関する論文がある。今から 40
年前，1974 年に友田泰正（現大阪大学名誉教授）によって書かれた論文
であるが，ごく最近の論文であるといっても疑う人は少ないであろう。

日本の大学院は，一つの慢性的な悪循環におちいっている。実質的な教育条件や研究条件の整備を無視して，各大学は単なるステータス・シンボルとして，あるいは教師の研究条件改善の手段として，自らの学生と教師のために閉鎖的な大学院を設置し，市場を無視してそれを拡大する。その結果は，無内容な大学院の乱立をもたらし，ひいては実質的な市場価値を伴わないマスターやドクターの大量生産をひきおこす。このマスターやドクターを待ちかまえているのが就職難であることは，今さらくりかえす必要もあるまい。…（中略）…"そこに山があるから"という理由で登山者が存在するように，そこに大学院があるからという理由で大学院に入学する人々が存在する。…（中略）…志願者が増加すれば，定員がある以上，かれらの入学を拒否することは不可能であろう。入学者が増加すれば必然的に卒業生も増加する。もしこの予測が正しいとすれば，まずは市場の開拓以外に打開の道はあるまい。しかし市場を開拓するには，質の高い教育を提供する以外に方法はないであろう。(pp.43-44)

　確かに，現在と同じ問題であるが，昔はごく少数の人びとにとっての問題であったわけである。高学歴化は社会の経済発展に伴う必然的な動向であるという機能主義的な考え方がある。経済発展をすればより高度な知識・スキルを有する者が必要になるから，高学歴化するというわけである。そして高学歴化は機能的に必要であるというにとどまらず，教育学的観点，あるいは人権の観点から望ましいこととする価値判断も入り込む。前者の機能主義的な観点は保守主義的な人びと，自由主義的な人びとにアピールし，後者の人権の観点は進歩的な人びとにアピールし，要は高学歴化に反対する目立った勢力はいなくなってしまうということである。その結果，産業界からのニーズがあるから，学生の進学意欲が高まっているからと，どんどんどんどん学校が新設され，多くの若者が収容されていくことになる。とどまるところを知らない，一種アナーキーな高学歴化運動が展開されていることになるのだ。

　ただ，長きにわたり大学院教育だけは，ひとりこの一種アナーキーな拡大を免れてきた。しかし，大学院もついにその圏内に入り込んできたとい

うわけである。それに伴い，上述の1974年の状況に見る，需要と供給との深刻なミスマッチも，アナーキーに拡大していくことになる。すなわち，大学院の大衆化は，大学院問題の深刻化と軌を一にするのだ。

(3) 大学院はなぜ拡大したのか

　それにしても，日本社会は過度な受験競争に満ち満ちていると言われ，幼稚園から大学まで過熱した競争が展開されてきたのに，なぜ，長きにわたり大学院は蚊帳の外にあり続けたのか。一つの理由として，大学院設置基準が非常に厳しく，かなりリソースに恵まれた体力のある大学でないと設置は難しかったということが挙げられる（例えば本田顕彰（1956）を参照のこと）。しかし，古くは臨時教育審議会において「大学院の飛躍的充実と改革」が謳われ，1988年の文部省「大学院制度の弾力化」，1991年の大学審議会「大学院の整備充実について」をはじめとする文部（科学）省・大学審議会の一連の答申によって大学院設置基準が大幅に緩和されてきた（川嶋太津夫（1998，2003））。言い換えれば，リソースの乏しい機関でも大学院を設置することができるようになってしまったのであり，昨今報道されている，かつてであれば信じられないようなプアな「大学院」なるものもこの規制緩和の副産物に他ならない。

　もっとも，こういった実質的な大学院拡大の見方に対してもう一つ別の見方もあり得る。たとえば馬越徹（2007）は次のように述べている。

　…学部はその閉鎖性と非効率が批判され，大学改革が叫ばれる度に論難の対象となってきたのも事実である。それにもかかわらず学部という組織に改革のメスを入れることは至難であった。

　そこで考え出されたのが学部そのものに直接メスを入れるのではなく，学部が有していた「部局」としての資格を剥奪（骨抜き）にしてしまう企てであった。すなわちそれが「大学院重点化」であり，これまで自明であった「部局としての学部」を全面否定して，ごく一部の旧帝大系大学院のみを特定してそれに「部局」としての資格を与えるという，手品のような手法が先に見た「大学院重点化」の中身だったのである。

馬越の解釈は学部解体，大学院部局化（＋大講座制への再編）による予算増の方便として大学院重点化をとらえる見方である。

　繰り返しになるが，現代社会は「高等」教育過剰なのではないのか，ということについてもう少し考察しておきたい。教育過剰などと言うと，必ず反発がある。「高学歴化」政策はあり得ても，「低学歴化」政策はあり得ないというのである。

　以前，『太田総理，田中秘書』という番組で「美人医師」として名高いタレントの西川史子（整形外科医・元ミス日本）が義務教育廃止論をぶったところ，当時の民主党衆議院議員の原口一博が反論していた。その趣旨は「うちのおばあちゃんは学校に行けず，字を読めず大変苦労した。学校に行きたいとずっと念願していた。教育は必要に決まっている」というものである。もちろん，ここで論じられているのは義務教育についてであるが，教育，学校教育を論じる時に，往々にしてきわめて個人的なヒューマンというかセンチメンタルな要素が入り込んでくることの一つの好例である。本章で使う２つのキーワード，「教育」と「労働」は誰でも議論できる問題である。溶接工学とか，流体力学などというと，それについての専門知識のない人は議論に加わることはできない。しかし，こと「教育」とか「労働」とかについては，専門知識は不要である。なぜなら多くの人が自身の（あるいはごく身近な人間，つまり親，配偶者，子ども，孫などの）実際の経験に基づく「実感」を持っているからであり，なにがしかの語るべきことは誰しも持ち合わせているからである。

　しかし，この経験とか実感というものが曲者である。多くの人びとが教育や労働に関してかなりの経験を共有しており，共通理解の上に立っているという前提がそもそも危ういと言わざるを得ない。教育を受けた時代が異なれば地域も異なる，最終学歴も異なる多様な人びとがいる。業種も異なれば，職種も異なる多様な人びとがいる。一人ひとりが異なる教育経験，労働経験あるいはこれらへの実感を持ち合わせていると考える方がより現実に近いのではないか。しかし，現実の議論は，「経験を共有している」という共同幻想の上に展開されてしまうのである。

　冒頭で述べたように大学院は社会的な認知度が低かったのであり，従っ

第 6 章　高学歴者過剰問題について考える

第1章
第2章
第3章
第4章
第5章
第6章
第7章
附録

て，長い間，この種の議論を免れる存在であったように考えられる。しか
し，大学のユニバーサル化に伴う大学院の大衆化の進行は，ある意味必然
であったのであろう。これはけっして草の根的，自然発生的な現象ではな
く，先述のように，政策的に後押しというよりも引き上げによる面が大き
い。受け皿が大学院の拡大に伴い拡大するなら良いであろうが，研究者へ
の道は広がるどころか，むしろ狭まり，仮にあったとしても，短期の任期
付きポストであるケースが大半である。他方企業も博士号取得者，修士号
取得者を，大学卒業者とは異なる格段の処遇をしたりはしない。アメリカ
合衆国や中国などのように，最終学歴によって年収・賃金が大きく異なる
社会では大学院への進学意欲は大いに高まるであろうが，日本ではなかな
か大学院進学率が伸びなかったのは，企業の処遇の問題も大きな原因の一
つである。図 6-1，図 6-2 にみるように，日本の若者はアメリカ合衆国や
中国の若者と比べて大学院進学の意欲はかなり低い。

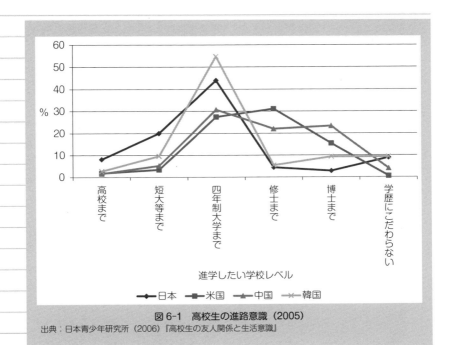

図 6-1　高校生の進路意識（2005）
出典：日本青少年研究所（2006）『高校生の友人関係と生活意識』

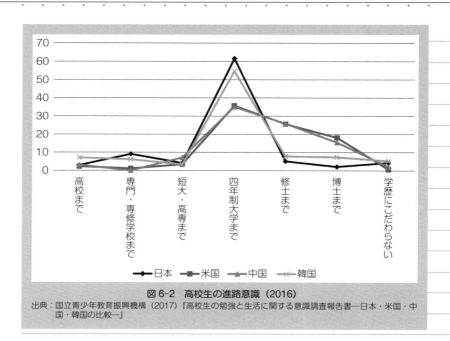

図6-2 高校生の進路意識（2016）
出典：国立青少年教育振興機構（2017）『高校生の勉強と生活に関する意識調査報告書―日本・米国・中国・韓国の比較―』

　ところが，政策の後押しではなく引き上げによって拡大したものの，受け皿は相変わらずないということであれば，これは大学院生一人当たりの育成に多大な費用をかけている国家・社会・タックスペイヤーにとっても，もちろん本人にとっても深刻な問題という他ないと言わざるを得ない。あまつさえ，公務員の世界では学歴詐称が相次ぎ発覚して問題になっている。かつては低学歴者が高学歴を詐称していた。たとえば，昭和初期の話として早稲田大学の就職部長の談話が尾崎盛光のエッセイに引用されている。

　広島高工（現広島大学工学部）を出た男が，入学以来いつもビリで，毎年一番もあがったことがなく，ようやくお情けで卒業したが，成績が悪いので売れ口がない。しかたがないから，自分から高工出ということを秘して，思いきってある会社の職工となり，黙々として働いていた。しかしいかにビリでも教育の素養はある。職工仲間ではたちまち真価をあらわし，ついに職工長になった。それから後に，実は高工を出ていることがわかっ

て，社長はいたくその謙譲な態度をたたえ，その愛嬢を与えた。（尾崎（1972）p. 82 より）

　これはあくまでも学歴を低めに自己申告するのは，「謙譲」だと思われていた時代の話である。いまであれば逆に，ただでさえ厳しい高卒者の就職機会を奪ったということになり，懲戒免職の憂き目にあうであろう。確かに高卒者の就職機会を奪ったということになるのであろう。処分は不当なものではないかもしれない。しかし学歴を詐称した彼ら／彼女らには，自分の受けてきた教育・能力に見合ったポストが用意されておらず，しかし生活していくために，一段階（あるいはそれ以上）学歴を過少申告して，やむなく職に就いてきたのであり，この構造をも問題にしなくてはならない。決して，彼ら／彼女らの個人的な資質の問題だけに帰してはいけないのではないだろうか。いずれにせよ，高学歴がむしろハンディになっているという現象がみられるのである。教育の不足が負い目なのではなく，教育の過剰が負い目になっているのである。University Education for All などと高らかにキレイゴトを謳い上げるのは簡単であるし，反対することは難しい。しかし，教育は人権であり，したがって望む人には機会が提供されるべきという考え方には，異論を差し挟むことはできないのであろうか。

　基礎教育のレベルはすべての人にとって近代社会で生きていくうえで，必要であろう。しかし，大学も，あるいは大学院までもその対象になっていくのであろうか。私見では，本章で以下に述べる理由により，大学院修士課程までは，拡大の対象になっていくのはやむを得ないとしても，大学院博士課程になると政府はもっと統制すべきではないかと考える。教育は広がれば広がるほど望ましいのであろうか。教育を受けることを通じて，（その教育を受ける前よりも，あるいは受けなかった場合よりも）よりよい職に就く＝よりよい生活を送ることを多くの人が期待しているのならば，それは絵に描いた餅であり，現実社会の需要に応じて掣肘されるべきではないのであろうか。もっとも，政府に需要を作り出す能力があるというのならば別であろうが…。

したがって，現実社会の需要に限界がある以上，文部科学官僚からしば
しば語られる「研究者向きの教育ばかりしているから企業に雇ってもらえ
ないのだ」という言葉は，文部科学省の失政のツケを大学に責任転嫁する
ものでしかない。需要と供給との間に大きなギャップがある以上，いかに
教育のレリバンスを高めても限界があるのではないのではないか。キャリ
ア教育も結構，職業意識を高めるインターンシップも結構，しかし本人の
意識が高まっても現実には受けた教育に見合う就職ができないということ
であれば，余計に不満が募るばかりではないのではないか。長い前置きに
なったが，まず以上の問題を考えていく手がかりとして，本章では大学院
をめぐる既存統計の整理をしておきたい。

❷　新規大学院修了者の就職状況はどう変わったのか

（1）統計に見る大学院進学者数の変化

　ここでは，大まかな傾向を把握するため，専攻別，男女別の検討は行わ
ず，総数の検討のみを行う。まず，図6-3は，文部省・文部科学省発行の
『学校基本調査報告書』各年度版をもとに，新規学卒就職者の数を計上し
たものである。ただし，各学校の中退者，卒業後時間が経過している者，

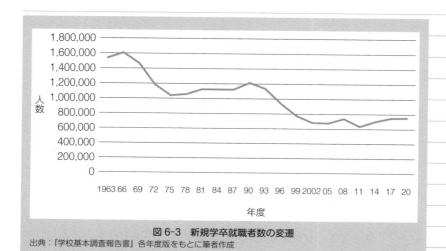

図6-3　新規学卒就職者数の変遷
出典：『学校基本調査報告書』各年度版をもとに筆者作成

専修学校・各種学校，盲・聾・養護学校，特別支援学校と通信制は資料の制約から含まれていない。中等教育学校とか専門職大学院は含まれている（章末注参照）。

この図を見ると，2020 年度の新規学卒就職者数は 75.2 万人と 1960 年代の半数になっていることがわかる。この点だけからでも大きな新規学卒労働市場の構造変動が予測される。昭和 40 年代初頭からオイルショックまでは減少，オイルショックからバブル崩壊までは 100 万人〜120 万人で横ばい，バブル崩壊後急減という傾向はあまりにも顕著である。

さて，図 6-4 を参照されたい。『学校基本調査報告書』では，大学院卒の修士・博士別修了者のデータが存在するのが 1963 年度以降であり，これ以前の時点では大学院卒として，修士・博士の区別がなされていないので掲載していないが，この 1960 年代半ばの時期が，新規学卒就職者中の中核的労働力＝マジョリティが新規中学卒業就職者から新規高校卒業就職者へと移り変わる時期でもある。このあと，高度経済成長期からバブル崩壊（1980 年代末）まで新規高校卒業就職者は 50％を超え，新規学卒労働市場においてマジョリティであり続ける。しかし，20 世紀末には新規高校卒業就職者の数は新規大学卒業就職者の数を下回るようになる。最新の

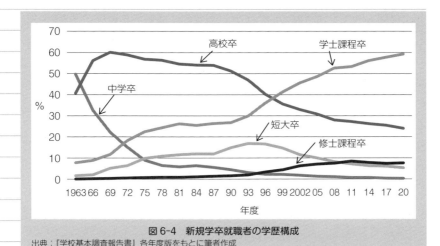

図 6-4　新規学卒就職者の学歴構成

出典：『学校基本調査報告書』各年度版をもとに筆者作成

2020年度のデータでは新規大学卒業就職者は59.3％となり，過半数を超えている。新規高校卒業就職者に関しては25.4％，新規中学校卒業就職者に至っては0.3％である。1960年代初頭までの新規中学校卒業就職者，高度経済成長期からバブル期にかけての新規高校卒業就職者がそれぞれの時代の中核的労働力＝マジョリティであったように，新規大学卒業就職者は，いまや中核的労働力＝マジョリティなのである。大学卒業者は，ただ「大卒」であるというだけで特別扱いを受けるはずもなく，それだけであれば，ごくごく平凡な就職希望者に過ぎない。したがって，大卒＝就職貴族の時代とは違って，大学が教育機関として積極的にキャリア支援，就職支援を展開しなければならないというわけである。

しかし，変動はそれにとどまらない。1990年代半ば以降の大学院の拡充，部局化，重点化の波の中で，大学院修了就職者数も急増し，2020年度で修士課程修了就職者は7.6％，博士課程修了就職者は1.4％，専門職大学院修了就職者は0.6％となっている。これはたとえば，30年前の1990年度と比べてみると，修士課程修了就職者1.6％，博士課程修了就職者0.3％であったわけであるから，実に急速な拡大という他ない。

（2）新規学卒就職者の職業構成と進学率の推移

次に図6-5を参照されたい。これは新規学卒就職者の職業構成を表したものである（新規学卒就職者の場合，管理職にいきなり就く者は僅少なので専門職に就く者と合算した）。専門＋管理職に就く者の比率が一貫して増加しており，2020年では36.9％にまで達しているのに対して，事務職に就く者の比率は1970年代から1990年代にかけて30％超と最も多かったのだが，1990年代後半から減少し始めている。販売職に就く者の比率は一貫して15％前後で推移している。農林漁業職に就く者の比率は一貫して僅少である。

また，ブルーカラー職に就く者の比率は1963年には45.0％に達し，1990年代末まで20％以上であったのが，その後漸減し，2020年には13.8％にまで減少している。代わって，保安＋サービス職に就く者の比率は緩やかに増加し続けており，1963年には5.9％であったのが，2020年に

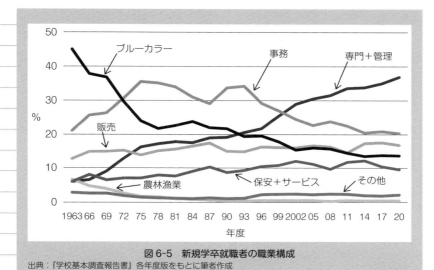

図 6-5　新規学卒就職者の職業構成
出典：『学校基本調査報告書』各年度版をもとに筆者作成

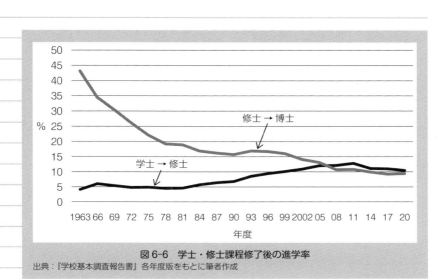

図 6-6　学士・修士課程修了後の進学率
出典：『学校基本調査報告書』各年度版をもとに筆者作成

は 9.7％と半世紀で倍増している。

　次に図 6-6 を参照されたい。これは学士課程修了後の進学率と修士課程修了後の進学率を示したものである。学士課程修了者の場合は概ね修士課程（博士前期課程）に，修士課程修了者の場合は概ね博士課程（博士後期課程）に，それぞれ進学したものと考えることができる。この図から明らかなとおり，学士課程から修士課程への進学率は緩やかに増加しているのに対し，修士課程から博士課程への進学率は 1960 年代には 40％前後であったのが，1980 年までに 20％弱にまで急落し，その後も漸減している。これは修士課程と博士課程がかつてはかなり一体化していたのに対し，徐々に修士課程進学者がその修了後に博士課程に進学するというわけではなくなり，両者が分離していく傾向があることを示している。

　これまで，大学院の「五年一貫制」など，修士と博士の一体化が政策的にも推進され，また「大学院政策」とか「大学院教育」とか両者はとかく区別せずに論じられ，扱われてきたきらいがある。しかし，このデータはその不適切さ，問題性を指すものではないだろうか。

　ついでながら，短大，高専を卒業した者の進学率を検討しておこう。図

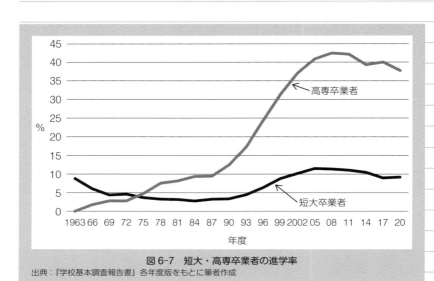

図 6-7　短大・高専卒業者の進学率
出典：『学校基本調査報告書』各年度版をもとに筆者作成

6-7を参照されたい。これもやはり，必ずしもすべてが四年制大学へと進学，編入したことを意味するものではないが，概ねそのようなデータと理解して差し支えはないだろう。これによれば，短大卒業者の四年制大学進学率は1960年代から1980年代半ばにかけて漸減しており，一時は2%強にまで低下する。しかし，その後増加に転じ10%を超えている。最新の2020年においては9.2%である。高専卒業者においては，もっと急激な増加がみられ，1980年代後半まで10%弱程度であったのが，1990年代，そして2008年にかけて急激に増加し，40%を超えている。ただ，ここ数年漸減する傾向がみられ，最新の2020年には37.8%となっている。この増加の原因としては転編入を促す制度的な整備（たとえば，豊橋技術科学大学，長岡技術科学大学等，高専卒業者が学生の大多数を占める大学の設置）と就職市場の変化があるだろう。

　いずれにせよ，特に高専は最終教育機関，完成教育機関ではなく，四年制大学，大学院への通過点になりつつあるのではないだろうか。

（3）新規大学院修了者の就職状況―「非特権化」と「学歴閉鎖性」―

　次に就職をめぐる状況を検討しよう。

　ここで想起されるのが，1970年代後半に起こった「大卒ブルーカラー化論」である。これは大卒の急激な増大が社会的需要を上回る形で実現する趨勢にあり，ホワイトカラー的職業（＝当時で言うところの，大卒にふさわしい職業）に就けない，大卒者の大量生産ということである。これはリチャードB.フリーマンの『教育過剰のアメリカ人（原題）』で指摘されたように，オイルショック期のアメリカ合衆国の社会状況を背景に書かれている。

　日本でも1971年に潮木守一が「大卒ブルーカラー化」現象と命名して警鐘を鳴らした。これはジャーナリスティックなレベルで，加藤尚文（1971，1980）などが再三指摘してきたことではあるが，潮木は学術的に国際比較の視点から具体的なデータを元に証明しようとした。

　結局のところ，ごく一時的，かつ局所的な現象としてしか大卒ブルーカラー化は起きなかったのだが，潮木の指摘には，その後の大卒の就職状況

を検討する際の多くの重要な問題提起が含まれていた。その一つが高学歴者の「非特権化」と「学歴閉鎖性」の問題である。

　「非特権化」とは大卒であるというだけで特定の職業に就くことが保証されるわけではなくなるということであり，「高学歴社会では高等教育卒業者の職業別構成が，他の学歴層のそれと実質的に差異がなくなり，学歴のいかんにかかわらず各職業に対する機会はほぼ平準化したものになる。」（潮木（1971）p. 10）というものである。他方，「学歴閉鎖性」とは「社会が高学歴化し，高等教育卒業者の非特権化が進行するにつれて，その反面においてはテクノクラートとビューロクラートの学歴的閉鎖性が高まり，そこに新たな『学歴的特権』が発生する」（p. 11）というものである。

　さて，大卒ブルーカラー化論にせよ，この「非特権化」と「学歴閉鎖性」にせよ，検討してみると，潮木が懸念していた1970年代後半の時期には「学歴閉鎖性」の強化を除いて起こらなかったことがわかる。つまり，大卒者が高卒者の代替雇用者として吸収されていくことによって解消された側面と，オイルショック後の回復基調にあった経済の中で進行する，高学歴化を上回る人材需要の伸びとによって「非特権化」の動向は顕著にならなかったのである。アメリカ合衆国においても，ラッセル W. ランバーガー（1984）が同様の指摘をしている。つまり産業構造の高度化する速度が高学歴化の速度を上回るのであれば，高学歴化が自動的に高学歴者の非特権化やブルーカラー化をもたらすのではないということである。もちろん，産業構造が固定化された中で高学歴化が進行していくのであれば，必然的に非特権化，ブルーカラー化に結びつくのであるが，1970年代後半にはそれが起きなかったということである。

　さて，図6-8は，その「非特権化」の分析とみてもらえばいいだろう。この図によると，高専卒業者と短大卒業者を除いて，新規高等教育卒業者においては，ブルーカラー化や非特権化の傾向は全くみられない。50年間の急激な高学歴化の趨勢にもかかわらず，専門＋管理職（管理職就職者は新卒者ではまれなため，専門職就職者と合わせた）就職者比率は，ほぼ一定である。高専卒業者においては1970年代半ばにやや低下するが，その直後に回復し，90％前後で推移している。

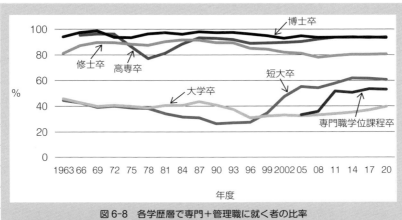

図 6-8　各学歴層で専門＋管理職に就く者の比率
出典：『学校基本調査報告書』各年度版をもとに筆者作成

　短大卒業者は特異な傾向を示す。1980 年代半ばまではこの比率は低下し続けるが，1990 年代後半から顕著に伸び始め，2020 年には 60.7％にまでなっている。これは「冬の時代」の到来に危機感を抱いた短大の学科改組・転換が大きく影響していると考えられている。すなわち従来の完成教育的な文学と家政学を中心とした構成から，医療福祉などの専門的資格の取得を目指す構成への転換である。

　2020 年時点では，新規四年制大学卒業就職者において，専門・管理職就職者比率が最も低く，大学院，高専の 1/3，短大の 1/2 と，かなりかけ離れて低くなっていることは注目されて良いだろう。しかしこれは高学歴化に伴い極端に大きく低下した結果ではないことにも留意が必要である。いずれにせよ，ブルーカラー化や非特権化などの状況は生じていないことは明らかである。

　ついで，「学歴閉鎖性」についての検討を行う。図 6-9 を参照されたい。この図にはないが，2020 年では，新規中卒就職者，新規高卒就職者で専門・管理職に就く者は僅少であり，たとえば，2020 年では新規中卒者では皆無，新規高卒者では 6.7％である。1987 年の時点で新規高卒者の比率は 9.2％であったから，高等教育修了者の独占・寡占状況は 30 年近く続いていると考えて良いであろう。したがって，図 6-9 における近年の部分は，

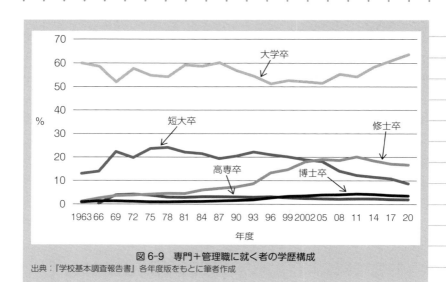

図6-9 専門＋管理職に就く者の学歴構成

出典：『学校基本調査報告書』各年度版をもとに筆者作成

高等教育修了者内部での専門＋管理職の分配を示しているともいえる。この図によれば新規四年制大学卒業就職者においては，多少の増減はあるものの，50％〜60％台前半で安定している。短大卒は20％前後で安定していたのだが，新規短大卒業者の絶対数の減少により，2020年には8.8％にまで減少している。目立つのは新規修士課程修了就職者の比率の増加である。1980年代後半までは10％にも満たなかったのが，その後急増し，2011年には20.1％，2014年には18.4％にまで達している。2020年も16.7％とやや減少しているものの微減に過ぎない。

　以上から，下記のように結論できるであろう。つまり，「学歴閉鎖性」に関しては，高等教育修了者による寡占状態は変わらず続いているが，高等教育修了者内部での分配には変化がみられ，高等教育修了者内部でのさらなる高学歴化が進行しているということである。

　さて，「非特権化」が進行せず，「学歴閉鎖性」が維持されているならば大きな問題はないのかといえば，もちろんそうではない。図6-10により無業者の比率を見ておこう。なお，学士課程卒業者に関しては1990年より，修士課程・博士課程修了者に関しては2005年より「一時的な仕事に

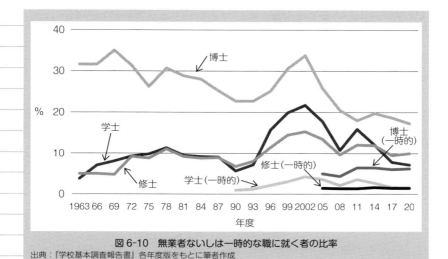

図 6-10　無業者ないしは一時的な職に就く者の比率
出典：『学校基本調査報告書』各年度版をもとに筆者作成

就いた者」というカテゴリーが新たに設けられている。

　これによれば，学士課程卒業者の無業者比率は 1980 年代末（バブル崩壊前）までは，ほぼ 10％未満で推移していたのが，1990 年代から 2000 年代初頭にかけて急増し，2002 年には 21.7％にまで達している。その後再び減少傾向にあり，2008 年には 10.8％になったが，その後再び上昇に転じ 2014 年には 12.1％になっている。2008 年ごろの無業者の減少傾向は団塊の世代の一斉退職に伴う，一時的雇用回復によるものだったのであろう。なお，一時的な仕事に就いた者は 2002 年 4.2％，2005 年 3.5％，2008 年 2.1％，2011 年 3.5％，2014 年 2.6％，2017 年 1.6％，2020 年 1.5％となっており，大きな比率には達していない。修士課程修了者については，やはり同じ傾向が読みとれるものの，2002 年の無業者比率は 15.3％と学士課程修了者よりも低く，2008 年には 9.7％にまで減少している。その後，2011 年 12.1％，2014 年 12.0％，2017 年 9.5％，2020 年 10.0％となっている。また，一時的な仕事に就く者の比率については 2008 年で 1.3％，2011 年 1.3％，2014 年 1.6％，2017 年 1.4％，2020 年 1.4％と学士課程卒業者よりもかなり少なくなっている。修士課程に進学することは，この面から見て

も，メリットのあることと言えるのではないだろうか。

　問題は博士課程である。学士課程や修士課程とは比較にならない高率の無業者が存在している。バブル崩壊ごろまでは，20％台前半まで漸減する傾向にあったのだが，1990年代後半以降，再び急増に転じ，2002年33.8％，2005年25.8％，2008年20.5％，2011年18.0％，2014年19.7％，2017年18.7％，2020年17.3％となっている。さらにそれとは別に，図に示すとおり，一時的な仕事に就いている者が2005年では4.9％，2008年では4.3％，2011年では6.4％，2014年6.4％，2017年6.0％，2020年6.2％となっている（2002年以前にはこのカテゴリーはない）。ただし，ここでいう一時的な仕事に就いている者とは，概ねいわれているところのフリーターであり，濱中淳子（2007）が指摘するとおり，正規雇用者の中にも任期付きのポストにある者が含まれる。

　さらに『学校基本調査報告書』においては2012年から就職者の中でも正規雇用と非正規雇用とを区別するようになっているが，2017年の時点では学士課程卒業者では4.2％，修士課程修了者では3.9％であるのに対して，博士課程修了者では21.2％である。これらのことを考えると，博士課程修了者の進路は（他の高等教育修了者のケースとはかなり異質で）かなり暗く，しかも近年の拡張政策に伴う悪化が顕著であると言える。

　つまり，大学院修了者，四年制大学卒業者が，代替雇用により労働市場に吸収され，その結果「非特権化」（その極端な表現がブルーカラー化）が進行するのではなく，「学歴閉鎖性」をキープする一方で，無業者が増大するということである。先の図6-5に見るように，高学歴化の進行と職業構成の高度化（ここでは専門＋管理職比率の増大）とはかなりパラレルであり，専門＋管理職の拡大部分に，増加した大学院卒，四大卒はかなり吸収されるものの，吸収しきれないほど，急激な高学歴化がみられるため，失業者は否応なく発生するのだ。

　さて，大学院修了者に関することではないのだが，高等教育修了者の中で数量的に大きなシェアを保ってきた学士課程卒業者と短大卒業者は，中学卒，高校卒と比較すると異なるのはもちろんである。しかし，学士課程卒業者と短大卒業者との間でも，同じ高等教育修了者とはいっても，大学

院修了者や高専卒業者とはかなり異なる傾向を示す。

　すなわち，修士課程修了者，博士課程修了者，高専卒業者はいずれも専門職への就職者が際だって多い学歴層で他の職業にはほとんど就職していない。潮木の言葉で言えば「非特権化」しない学歴層である。それに対し，学士課程卒業者はこの半世紀一貫して，専門＋管理職には30〜40％，事務職にも30〜40％，販売職には15〜25％が就職しており，保安＋サービス職に就く者の比率については，新規学卒者全体でこの職業に就く者の増大に呼応する形で，増大し続けている。これはすぐに推察できるとおり，理科系学士課程卒業者が専門＋管理職へと進み，文科系学士課程卒業者が事務職，販売職へと進んできたということではある。

表6-1　1991年度における新規学士課程卒業就職者の専門分野別職業構成　　　　　　　（％）

	人文科学	社会科学	理学	工学	農学	保健	家政	教育	芸術
専門＋管理	24.4	8.3	77.7	92.2	61.9	89.4	46.6	66.2	72.5
事務	53.0	58.8	13.4	3.8	20.1	3.4	40.7	25.9	17.0
販売	19.0	29.8	5.2	1.9	13.6	6.3	10.7	5.4	8.3
農林漁業	0.01	0.06	0.0	0.0	1.3	0.0	0.0	0.0	0.04
ブルーカラー	0.2	0.3	0.9	0.8	0.3	0.09	0.03	0.2	0.08
保安＋サービス	2.8	2.4	1.1	0.9	1.0	0.1	1.4	1.9	1.5
その他	0.6	0.3	1.7	0.5	1.5	0.7	0.6	0.5	0.6

出典：文部科学省『学校基本調査報告書』1991年度版をもとに筆者作成

表6-2　2020年度における新規学士課程卒業就職者の専門分野別職業構成　　　　　　　（％）

	人文科学	社会科学	理学	工学	農学	保健	家政	教育	芸術
専門＋管理	18.0	15.0	59.1	80.9	43.6	91.2	50.9	62.6	57.5
事務	37.0	39.6	17.2	6.0	17.3	2.4	16.0	14.6	16.8
販売	30.3	33.6	16.3	7.5	24.2	3.4	24.7	14.1	16.1
農林漁業	0.04	0.09	0.2	0.09	3.4	0.01	0.05	0.06	0.1
ブルーカラー	1.1	1.5	1.2	1.6	2.9	0.1	1.8	0.7	2.3
保安＋サービス	11.2	8.0	3.2	2.3	6.1	2.5	5.2	7.0	6.0
その他	2.4	2.2	2.7	1.7	2.4	0.4	1.4	0.9	1.3

出典：文部科学省『学校基本調査報告書』2020年度版をもとに筆者作成

しかし，たとえば表6-1，表6-2を見ればわかるとおり，理科系におい
ても事務，販売，保安＋サービス職に就く者は少なくない割合で輩出され
ている。とくに専門＋管理職に就く者の比率が低下した分野が多い。おそ
らく学歴のアップグレーディングに伴い，修士課程修了者，博士課程修了
者にこのポストを譲っていったということであろう。事務職については理
系で増え，文科系と家政系で減少している。販売職については，保健系を
除く多くの分野で増加している。農林漁業職とブルーカラー職については，
いずれの時点でもいずれの分野でも，就く者は僅少である。保安＋サービ
ス職についてはいずれの分野でも顕著な増加がみられる。また，表6-3に
よって，新規学士課程卒業就職者の学問分野別の構成比を見れば，工学系
の減少と保健系の増加が顕著であるが，他の領域についてはかなり安定し
ている。

　それに対して，短大卒業者については学士課程卒業者と全く異なる傾向
を見せる。まず，基本的な変化の一つは，表6-3，表6-4に示すとおり，
学科構成が大きく変化したことである。保健（医療）系，教育系の構成比
が増えたのであるが，これらの領域は専門＋管理職に就く者の比率が高い
分野であり，新規短大卒業者全体としても専門＋管理職に就く者が急増す
ることになったのである。その逆に，事務職に就く者の比率は一時60％ほ
どにまで高まったが，現在では人文科学系等の卒業者の減少と歩調を合わ

表6-3　1991年度と2020年度の新規学士課程卒業就職者の学問分野別比率の変化（%）

	人文科学	社会科学	理学	工学	農学	保健	家政	教育	芸術
1991年度	15.2	43.2	2.8	19.8	3.3	2.7	2.3	7.7	2.2
2020年度	15.3	36.5	2.0	11.5	2.8	10.2	3.4	8.5	2.2

出典：文部科学省『学校基本調査報告書』1991年度版および2020年度版をもとに筆者作成

表6-4　1991年度と2020年度の新規短大卒業就職者の学問分野別比率の変化　（%）

	人文科学	社会科学	教養	工業	農業	保健	家政	教育	芸術
1991年度	26.6	12.1	2.9	4.2	0.6	4.0	26.7	17.8	3.6
2020年度	7.3	10.2	2.1	1.9	0.3	6.3	19.7	42.5	2.1

出典：文部科学省『学校基本調査報告書』1991年度版および2020年度版をもとに筆者作成

せて 20％ほどにまで低下している。販売職，保安＋サービス職に就く者は漸増している。

③　大学院にかかわる私的経験から（その２）

（1）大学院生の意識は変わったのか

　もっとも，大学院に来る者の意識に問題がないのか，というとそうでもない。国際協力研究科で筆者の同僚であったある教授によれば，大学院は新興宗教と似ているということである。なぜ，あれほど授業料が高くなっても大学院に来る学生は増えるのか？　その教授によれば，あの高い授業料はお布施である。お布施を納めて，大学院という疑似コミュニティに属するわけである。そこに似たような仲間たちがいる。これはただ単なる人の集まりではない。国際協力とか社会福祉とか，人の役に立つこと，奉仕を売りにしている社会組織でもある。何か良いことをする組織に属し，高いお布施を納め，仲間を見いだし，安心する。学問は教理であり，教科書はバイブルである。新興宗教の組織と似ているではないか，ということである。このように考えてくると，ニートなどという概念は陳腐なのではないかという考えも浮かんでくる。「高学歴ニート」とか「企業内ニート」などという（自己矛盾的な）言葉もあるとおり，学校に在籍している者は職業準備にいそしんでいるから，ニートの概念からはずれるというのはおかしいのではないだろうか。もちろん，単なるモラトリアムではない院生もたくさんいる。しかし，少なからぬ者にとっては，就職が決まらなかった，決めたくなかった，でも体裁を取り繕いたいという場合には，大学院は格好のシェルターなのであろう。「自分のやりたいことがごく漠然としか決まっておらず，社会に出るのが不安」と考える一方，大学院を出たら大学教員になれると，実に単純に考えている者が少なからずいるようだ。それだからこそ，参考文献にあげてある濱中淳子の「大学院は出たけれど」が発表されたころ，この論文に感心し，筆者のゼミで配布して読ませたところ，かなりショックを受けた院生が少なからずいた。何人かの院生は休学して思索にふけってしまったし，退学した者もいた。筆者の時代には，あえてバブルの状勢に背を向けて，学界という斜陽産業（当時すでに少子

化の動向は予測がついていたから）へ飛び込んだがゆえに，世の中からあぶれる（そして指弾を受ける）覚悟はそれなりにあったのだが，今の院生には厳しい情勢に対する認識が不足しているということは，一般論として（個別的な例外はもちろんある）ではあるが，いえるだろう。

(2) 小講座制時代の大学院（その1）――一般論

　ただ，筆者たちのころと比べて現在の大学院がまったく同じような問題を抱えているのかというと，必ずしもそうではないように考える。つまり，随分と良くなった点もあると考える。

　筆者たちの世代にとって，大学院とは小講座制の大学院であった。小講座制とは山崎豊子の『白い巨塔』にあるような，封建的な息苦しい組織で，旧帝大などに設置されていた。一人の教授を頂点にして一ないしは二人の助教授（現在の准教授），そして一ないしはそれ以上の助手（現在の助教）を抱えるピラミッド型の組織で，教授が絶大な権力を握るのであり，「学界の天皇制」といわれたものであった。

　他方，現在の大講座制においては複数の教授がいる。その代わりに若いスタッフは少なくなる。小講座制はもともと学問領域に応じて建てられるもので，逆にいえば，学問分野の確立とは，学会の設立と大学で小講座制の講座を持つこととを要件としていた。小講座制の教授は，当該大学においてその学問分野を代表し，小講座の責任者（管理者）であり，「××学概論」を担当し（助教授は担当できない），その学問分野の学位授与権を握る。また，最高の意思決定機関である教授会の構成員である（部局によっては助教授・講師も構成員になる）。当然のことながら，独断専行，唯我独尊型の卑劣矮小な教員が小講座のトップに立つと，大変なことになる。また，研究者として創造的な研究をしなくなった「元」大先生がトップに君臨すると特に大変である。たとえば，コンピュータ他 IT に通じていない教授が，計量的な研究に惹かれると，周囲のスタッフの下働きの量は激増する。筆者にも苦い思い出がある。助手も大変だが，助手は給料をもらっている。院生は無給であるばかりでなく，授業料を払っているのに，そんなことにはお構いなく，「指導の一環だ」「授業の一環だ」と雑務を押

し付けられるのはたまったものではない。また卑小な教授は人事でも講座の将来の発展のために優秀な人材を呼ぶのではなく，自分の権限を確保するために自分よりも劣る人物を連れてくることがある。いわゆる「縮小再生産」である。これでは長期的には講座の発展どころか，逆方向に向かうことになるわけだが，長期的な視野を欠いた教授には，講座の将来などどうでもいいことなのだろう。また絶大な権力を持つ教授の周りには茶坊主が必ず発生する。教授と茶坊主たちは自分にとって有利な状況を現出するために，お互いを利用し合い，講座内の「雰囲気」を醸成していくのだ。

　ところで，学界の外にいる方々には，助教授と准教授がどのように異なるのかが理解できないという方が多いだろう。一言説明しておくと，かつての助教授の職務は，「研究に従事すること」ではなく「教授を助けること」であって，教授から協力の要請があれば自分の研究よりもそちらを優先しなければならないことになっていたのだ。あくまでも「教授の職務を助ける」（旧学校教育法）ということであって，自律性は低いのであり，『白い巨塔』の財前五郎助教授に見るように，教授昇進に異様な情熱を傾けることになるわけだ。今の学生に『白い巨塔』をみせると，大きな違和感を抱くのはこの点で，教授と助教授なんてたいして変わらないじゃないかというわけだ。しかし，かつては大きく異なっていたのだ。それに対して，准教授は，学校教育法に「准教授は，専攻分野について，教育上，研究上又は実務上の優れた知識，能力及び実績を有する者であって，学生を教授し，その研究を指導し，又は研究に従事する。」と定められるとおり，自律的な職階である。またかつての助手と現在の助手・助教の違いがわからない方も多いようであるが，かつての助手は「教授及び助教授の職務を助ける」（旧学校教育法）職階で，要は従属的な地位だったのが，現在は研究者として教授候補になる助教と，研究補助・研究室の事務を専ら担う助手に分かれ，助教は自律的な職階と考えられている。

　さて，小講座制にはそれなりにメリットもあった。老（教授）・壮（助教授）・青（助手）の三世代が一つの講座の中で切磋琢磨して，競争しながら，かつ共同しながら研究を進めていくわけである。また後継者を養成していくわけである。小講座は教育のユニットであり，研究のユニットで

もあるのだ。助手は先端的な研究をし，助教授は研究に加えて教育を行い，教授は研究教育に加えてさらに管理的な仕事を行うという役割分担があった。一般的に教授が民間企業でいう部長職相当の待遇を得ているのは，こういった事情ですべての教授が管理的な仕事＝講座を統括・運営しているという事情に基づくものである。こういった小講座制的なシステムは，西尾幹二（2008）によれば次のようになる。

全共闘運動は日本社会から忌避されて，体制転覆としては無効果でしたが，精神的・心理的には大きな意味があったのでひと言加えておきます。たとえば東大の教授による知識人支配がゆらいだ。「白い巨塔」という作品がありますが，若い学者を地方や私立へ配置することを理由にうまくコントロールし，権力構造を作っていく，まさにあの世界のことです。全共闘の出現でそれが崩壊しました。権威めかした知識人という存在の意味がなくなってしまった。「白い巨塔」を崩壊させたのは全共闘運動なのです。これはあらゆる分野について言えることで，私が所属しているドイツ文学会などもそうです。そういう構造が潰れてしまいました。

しかし，実際には完全に潰れたわけでもなく，いくらかの残滓をとどめていた時期に筆者は大学に入り，学んだのだ。小講座制がほぼ潰れるのは大学設置基準の大綱化以降であろう。

（3）小講座制時代の大学院（その2）―私的経験から

さて，筆者は大学院には通算5年在籍した。当時も今も標準的には修士2年，博士3年であるから，5年の在籍年数は全くノーマルである。ただ，筆者は修士に3年，博士に2年在籍したので，博士後期課程は中途退学ということになる。当時は少なくとも私の分野では売り手市場だったので「いい就職」があれば中途退学する人も多く，筆者の経歴は珍しくはない。博士後期課程は就職の待合室といった意味合いがあり，在学中に博士号を取ろうという者は珍しかった。

　ただ，あるポストに就くことを「いい就職」であるのかないのかを誰が判断するのかが問題である。小講座制ではそれは教授が判断するということになるわけで，逆らうことはできない。筆者の出身学部・大学院の場合は，博士後期課程に3年間在学しないと課程博士論文提出の権利を喪失するという規則であった。3年間在学すれば単位取得修了後3年以内に提出すればいいのだが，中途退学の場合は権利そのものを失うわけである。優秀な院生は2年間在学すれば提出できることになっているものの，2年次終了と同時に（猶予なく）提出せねばならず，それは不可能であった。1月末になってから就職の話をもらったからだ。筆者にとっては全くの寝耳に水であった。「あと1年在学してしっかり勉強して課程博士論文の資格を取得したいので，当面就職活動はしない」という旨のことを指導教官にも伝え，了承を得ていたから，一切公募にも応募していなかった。そういう事情であったから，「何とか3年間在学して課程博士論文を提出する権利を取得したいので，今回の話は見合わせてください」と指導教官に再三懇願したのだが，どうしても聞き入れられなかった。

　念のために言っておくと，就職がいやだったのではなく，助手になるのがいやだったのでもない。また就職先の格に不満を覚えたのでもない。奇矯（＝今で言うKY）な行動・発言ばかりしてスタッフ一同から蛇蝎のごとく嫌われていた同僚1名を除いて，就職先の教員・職員はいずれも人格面でも研究面でも尊敬できる立派な方ばかりで，ほとんど不満はなかった。

　ただ，十分な説明もなく，（空手形ではなく）確たる展望も示されないままに，不本意な進路を強いられることは，強烈なトラウマを残す。筆者の大学院生活は不本意極まりない形で，全く突然終わらされた。「強制終了」である。今，大学院時代をしきりに思い出す。もちろん，懐かしくてではなく，苦い思い出として，である。大学院博士後期課程3年次の1年在籍すれば，自動的に課程博士論文提出の権利が取得できるだけではなく，時間の関係でなかなか取りたくても取れなかった教員免許の取得（教育の世界で生きていくにはたとえ高等教育研究が専門であるにせよ必要と考えていた）や，就職したら読む時間がないであろう社会学の古典をじっくり読むこと（ずっと夢だったのだが，実際に読む時間はなくなってしまった）

もできただろうが，ことごとく吹っ飛んでしまった。

　小講座制の閉鎖的，封建的で陰湿な体質については，いろいろな逸話が
残っている。筆者が実際に見聞した範囲では，たとえば同一講座の教授と
助教授が同じ日，同じ時間に別の場所でコンパを開いて，学生が敵か味方
か判別するという話もあった。筆者はかつてそういった逸話をいくつかま
とめたことがあるので，以下に紹介しておく。

　事例一　…教授Cは選択必修の講義を担当しており，この講義に通常30
　分「は」遅れて来て10分早く終わるというのが通常のパターンだった。
　しかし，しばしば50分近く遅れてくることがあり，学生が呼びに行く
　とコーヒーを飲みながら女性秘書と談笑しているというのが常だった。
　そして，全く悪びれることなく講義室に現れ，「今日はいつもより遅刻
　して申し訳ない。お詫びにいつもより早く終わろう」と言って，いつも
　より10分早く（つまり終業時刻より20分早く）終わり，そそくさと研
　究室へ戻って，またくだんの女性秘書と談笑するのである。正味の講義
　時間は20分ほどに過ぎない。彼の授業を受けるために，学生は延々50
　分堅いイスに座って待ち続けたのに，である。ちなみに，この教授は当
　時の進歩的知識人の典型的タイプで，ソビエト連邦が大好き，「平等」
　が大好きという人であった。そのためか，この講義ではレポートも試験
　も課されることがなかった。上記の発言に基づいて，講義を真面目に聞
　いた者も，全く出席しなかった者も，全員が「平等」に「優」という評
　価を受けることとなったのである。

　事例二　私がとったある演習では，当該講座の教授・助教授・助手・院生
　のすべてが出席するのだが，教授と助教授との仲がかなり悪いらしく，
　どちらか一方が語ると，他方が噛みついて激論になることが頻繁にあっ
　た。しかも，演習室内には2人しかいないかのように延々とそれが続き，
　助手・院生はおろおろ，学生は唖然とするのが常であった。私自身はそ
　ういった激論を野次馬気分で楽しんだが，「一体この演習は何の演習な
　のか」とすっかり白けて足が遠のく友人がほとんどであった。この教授

と助教授にとって演習という場は，学生を教育する場ではなく，日頃苦々しく思っている論敵を叩きのめす場であったのだ。

事例三　私の知人がとった教養部のある講義では，担当教授が「研究が忙しい」という理由で休講を繰り返し，年25回の授業のうち10回しか開講しなかったそうだ。うち1回はイントロダクション，1回は試験の説明に費やされた。その教授が執筆した高価な教科書を買ったにもかかわらず，全体の10分の1しかない序論のさらに半分，つまり10頁ほど進んだだけで終わってしまったのである。しかも，試験の結果，大量に「不可」が出て，通った者も大半が「可」であった（この教授は「カフカ」とあだなをつけられていたが，「可」と「不可」ばかりつけるところに由来していた）。迷惑なことに，その教授は，彼の学部進学（3年次）と相前後して，教養部から彼の所属する学部へと籍を移した。講義を犠牲にして積み重ねてきた研究が評価されたわけである。かくして，彼はこの教授の講義（選択必修）を学部でもう一度受ける羽目になり，悲劇ももう一度繰り返されたのである。

（以上，拙著（2004）『現代大学教育論―学生・授業・実施組織―』東信堂より）

教育の場としてなら，現在の大学院の方が，いろいろな問題は抱えつつもよくなっているように個人的には感じるのだ。

④ 結　論

結論として言えることは，以下のとおりである。まず，第一に大学院vs学部という構図ではなく，学士課程＋修士課程vs博士課程という構図で大学をとらえることである。修士課程は文系・理系ともに今後も引き続き拡大していくであろうし，教授法・カリキュラムや管理・運営のあり方に関してもいわゆる学校化の傾向を強めていくであろう。修士課程に進学してくる学生の中にはもちろん，博士課程への進学を意図する者もいる。しかし，少なからぬ者が学部教育では不十分であると感じて補完的な教育，完成教育を修士課程に期待している。当然ながら，博士課程にはそのよう

な者は僅少である。大学院を5年一貫ととらえるのではなく，修士課程を学士課程とセットで考え，博士課程とは切り離すべきであろう。修士課程が学校化して，拡大するのに対して，博士課程は研究者（もちろん，大学教員とは限らない）養成機関として，修士課程よりももっと狭いミッションを背負った教育研究ユニットとして考える必要がある。研究者に対する需要には当然，限りがある。修士課程はこれまでどおり自由主義的な規制緩和路線で進めばいいだろうが，博士課程はもう少し厳しい規制を課していくべきではないだろうか。一部の文部科学官僚の間から仄聞される「大学院では実社会に進むための教育をほとんどしておらず，大学教員の養成ばかりを念頭に置いているから就職ができないのだ」という議論は，教育の世界によくある犯人探しであり，空疎だ。いくら教育を改善して社会のニーズに応えるようにしたとしても，需要がなければどうしようもない。むしろニーズに合った教育を提供したが故に，それでも就職がないということになればより大きな院生たちの不満を呼ぶことになるだろう。（社会ではなく）教育を改善すれば問題は解決するはずだ，という発想には明らかに限界がある。カリキュラムの標準化，国際化も修士課程ではかなりの程度なされていくだろうし，またそれが望ましいだろうが，博士課程ではいまだに単位制の敷かれていない大学院もあり，あるいは固有の授業が用意されていない大学院もあり，修士課程のような学校化は困難だろうし，する必要もない。

　もちろん，ある程度の学校化は必要だろう。入口は緩やかに，多くの者を受け入れるのも良いだろう。だが，その場合には必ずスクーリングを通じてふるい落として，博士号を取得する者を絞り込むことを通じて学位の質を保つということが重要であろう。入学者中の学位取得者率（それも3年間での）などを大学院の質的指標と考えるのではなく，修士とは違った教育機関として，異なる指標を開発することが必要であろう。確かに「学位の出し渋り」は大きな問題であろう。しかし「学位の叩き売り」も同様に問題である。質の高い学位をできるだけ発行できるように，教育機関は努力すべきであろうが，しかし個々の機関，教員がいかに努力しようとも，いかんともしがたい事情も多々ある。むしろ社会的責任を果たすという意

味では，博士の学位を在学年限内に取得できる見込みのうすい者には再考を促し，早期の進路変更を促す方が重要なのではないだろうか。

　以上，修士課程は，今，学士課程の＋α的な短期教育として連続的な位置を占めている。両者の間にはかつては大きな溝があった。しかしその溝は埋まり，その代わりに修士課程と博士課程の間に大きな溝が広がりつつある。こういう観点からすれば昨今一部の大学人が盛んに提唱している学士課程から大学院進学の際の大学間移動（要は学士課程を過ごした大学とは別の大学の大学院に進学すること）などは見当はずれという他ない。例えば，羽田貴史（2007）も指摘しているとおり，内部進学者が圧倒的に多いのは，旧帝大の学士課程を有する研究科であり，羽田の（当時在職していた）広島大学や神戸大学などは内部進学者の少なさが議論になることはあっても逆はない。

　とまれ，これまで大学院の研究は不足しているといわれてきた。しかし，修士・博士ひとまとめの大学院研究ではなく，修士課程と博士課程は別の課程として研究されていく必要がある。政策的にも，十把一絡げの「大学院政策」ではなく，修士課程，博士課程それぞれにかなり異なる政策が必要とされるであろう。

参考文献

- 朝日ニュース（1997）『フィルムに残されたあのころのにっぽん第 4 巻（昭和 43 年〜46 年）』文藝春秋（ビデオ）
- 朝日新聞「ロストジェネレーション」取材班（2007）『ロストジェネレーション—さまよう 2000 万人—』朝日新聞社
- 市川昭午・喜多村和之編（1995）『現代の大学院教育』玉川大学出版部
- 伊藤彰浩（2004）「大卒者の就職・採用のメカニズム—日本的移行過程の形成と変容—」寺田盛紀編『キャリア形成就職メカニズムの国際比較—日独米中の学校から職業への移行過程—』晃洋書房，pp. 58-82
- 稲井雅人（2007〜）『京大 M1 物語』（小学館『ビッグコミックスピリッツ』に連載中）
- 植村泰忠（研究代表者）（1981）『研究成果報告書　大学院問題に関する調査研究』

東京大学理学部

- 植村泰忠（研究代表者）（1981）『大学院問題所感（研究成果報告書　大学院問題に関する調査研究別冊）』東京大学理学部

- ウォルターズ, E.（木田宏監訳）（1969）『これからの大学院（大学問題シリーズ3）』東京大学出版会

- 潮木守一（1971）「高等教育の国際比較―高等教育卒業者の就業構造の比較研究―」日本教育社会学会編『教育社会学研究』第26集，東洋館出版社，pp. 2-16

- 潮木守一（1986）『キャンパスの生態誌―大学とは何だろう―』中央公論社

- 馬越徹（2007）『比較教育学―越境のレッスン―』東信堂

- 江原武一・馬越徹編（2004）『大学院の改革（講座「21世紀の大学・高等教育を考える」第4巻）』東信堂

- 尾崎盛光（1967）『日本就職史』文藝春秋

- 尾崎盛光（1967）『就職―商品としての学生―』中央公論社

- 尾崎盛光（1972）『人材の社会学―主流はどう変わってきたか―』実業之日本社

- 大沢勝他編『学術体制と大学（講座　日本の大学改革〔4〕）』青木書店

- OD問題の解決を目指す若手研究者団体連絡会（1980）『オーバードクター問題の解決を目指して―わが国の高等教育・学術研究体制のバランスのとれた発展を―』京都大学院生協議会

- OD問題の解決を目指す若手研究者団体連絡会（1981）『オーバードクター白書―全国一斉アンケート調査報告 1981.11.―』北斗プリント社

- 加藤尚文（1971）『大卒労働力―現場投入の時代―』日本経営出版会

- 加藤尚文（1980）『学歴信仰の崩壊―いま大卒に何が求められているか―』日本経営出版会

- 金子元久（1989）「石油危機以降の学卒労働力需給」日本教育社会学会『日本教育社会学会第41回大会発表要旨集録』pp. 372-373

- 苅谷剛彦・本田由紀編（2009）『大卒就職の社会学―データからみる変化』東京大学出版会

- 川嶋太津夫（1998）「大衆化する大学院」佐伯胖他編『変貌する高等教育（岩波講座10 現代の教育―危機と改革―）』岩波書店

- 川嶋太津夫（2003）「二一世紀は大学院の時代か」有本章・山本眞一編『大学改革

の現在（講座「21 世紀の大学・高等教育を考える」第 1 巻）』東信堂

- 菊池城司（1984）「高等教育卒業者の『非特権化』と『学歴閉鎖性』」『大学進学研究』No. 34，大学進学研究会，pp. 27-34
- 京都大学大学院生協議会（1962）『京都大学大学院白書』京都大学大学院生協議会中央委員会
- クラーク，B. R. 編（潮木守一監訳）（1999）『大学院教育の研究』東信堂
- クラーク，B. R.（有本章監訳）（2002）『大学院教育の国際比較』玉川大学出版部
- 経済産業省（2006）『社会人基礎力に関する研究会「中間とりまとめ」報告書』
- 厚生労働省（2004）『若年者就職基礎能力修得のための目安策定委員会報告書』
- 国立教育研究所（1978）『特別研究　大学院の研究─その 1─』国立教育研究所
- 国立教育研究所（1979）『特別研究　大学院の研究─その 2─』国立教育研究所
- 国立青少年教育振興機構（2017）『高校生の勉強と生活に関する意識調査報告書─日本・米国・中国・韓国の比較─』
- 国立大学協会旧設大学院問題検討小委員会（1985）『旧設大学院の改善について』国立大学協会
- 国立大学協会第 6 常置委員会（1978）『国立大学における助手の任用ならびに職務実態に関する調査報告書』国立大学協会
- 小谷野敦（2007）『悲望』幻冬舎
- 近藤博之（1987）「高学歴化と職業的地位の配分─就業構造の時点間比較分析─」日本教育社会学会編『教育社会学研究』第 42 集，東洋館出版社，pp. 137-149
- 日本青少年研究所（1980）『大学卒業生の追跡調査─日・米・独国際比較─』日本青少年研究所
- 日本青少年研究所（2002）『中学生の生活と意識に関する調査報告書─日本・米国・中国の 3 カ国の比較─』日本青少年研究所
- 柴田翔（1964）『されどわれらが日々─』文藝春秋
- 職業研究所・日本リクルートセンター（1978）『大卒労働市場の組織と機能に関する研究結果報告書』日本リクルートセンター
- 総理府青少年対策本部（1977）『卒業生調査（青少年問題研究調査報告書）』総理府
- 大学生協東京事業連合会編（1981）『データが語る東京の大学生』主婦の友社

- 大学職業指導研究会編（1979）『「大学職業指導研究会」10周年記念出版　大学と職業―大学教育における職業指導―』専修大学就職部
- 竹内洋（2003）『教養主義の没落―変わりゆくエリート学生文化―』中央公論新社
- 竹内洋（2012）「大学・インテリ・教養　第12回　ジャパニーズ・ドリームの大衆化　教養難民の系譜（12）」『NTT出版WEBマガジン―WEB nttpub―』(http://www.nttpub.co.jp/webnttpub/contents/university/012.html　2012年4月2日閲覧)
- 友田泰正（1974）「統計から見た日本の大学院―昭和35〜46年―」『大学論集』第2集，広島大学大学教育研究センター，pp. 31-44
- トロウ，M.（天野郁夫・喜多村和之訳）（1976）『高学歴社会の大学―エリートからマスへ―』東京大学出版会
- 西尾幹二（2008）『三島由紀夫の死と私』PHP研究所
- 日本学術会議学術体制委員会（1961）『大学院に関する調査報告書』日本学術会議
- 日本学術会議科学者の待遇問題委員会（1965）『大学助手・研究補助者の実態調査』日本学術会議
- 日本科学者会議編（1983）『オーバードクター問題―学術体制への警告―』青木書店
- 羽田貴史（2007）「大学における初年次少人数教育と『学びの転換』」東北大学高等教育開発推進センター編『大学における初年次少人数教育と「学びの転換」―特色ある大学教育支援プログラム（特色GP）東北大学シンポジウム―』東北大学出版会，pp. 100-109
- 濱中淳子（2007）「大学院は出たけれど―夢を追い続ける『高学歴就職難民』2万人―」『論座』2007年6月号，朝日新聞社，pp. 128-135
- 濱中淳子（2009）『大学院改革の社会学―工学系の教育機能を検証する―』東洋館出版社
- 広島大学大学院生協議会・広島大学教育社会学研究室（1966）『広島大学大学院白書―研究と生活―』広島大学
- 藤田英典（研究代表者）（1996）『大学院における教育カリキュラムの日米比較研究』東京大学教育学部
- フリーマン，R. B.（小黒昌一訳）（1977）『大学出の価値―教育過剰時代―』竹内

書店新社

- ホイチョイ・プロダクションズ（2007）『気まぐれコンセプトクロニクル』小学館
- 北海道大学大学院生協議会白書編集委員会（1965）『北海道大学大学院白書』北海道大学大学院生協議会全学幹事会
- 堀田あけみ（1989）『君は優しい心理学（サイコロジー）』集英社
- 本田顕彰（1956）『大学教授―知識人の地獄極楽―』光文社
- 本田由紀（2005）『多元化する「能力」と日本社会―ハイパー・メリトクラシー化のなかで―』NTT 出版
- 米谷淳（2010）「学生は高校でどんな科目を履修し，どんな科目で受験したか―新入生アンケート調査報告―」『大学教育研究』第 19 号，神戸大学大学教育推進機構，pp. 19-28
- 枡田隆治（1957）『学閥―日本を支配する赤門―』有紀書房
- 松下佳代（2006）「大学生と学力・リテラシー」『大学と教育』第 43 号，東海高等教育研究所，pp. 24-38
- 松下佳代編（2010）『〈新しい能力〉は教育を変えるか―学力・リテラシー・コンピテンシー―』ミネルヴァ書房
- 宮原将平・川村亮編（1980）『現代の大学院』早稲田大学出版部
- 文部省（1966）『大学院実態調査報告書　昭和 40 年度』文部省
- リクルート・カレッジマネジメント（1988）『大学院卒の採用と大学院の評価に関する調査報告書』リクルート
- 山内乾史（1989）『高学歴化と職業構成の変動―戦後日本における学歴と職業の対応関係についての考察―』大阪大学大学院人間科学研究科修士論文
- 山内乾史（1989）「新規学卒就職者における学歴と職業との対応関係に関する一考察」『大阪大学教育社会学・教育計画論研究集録』第 7 号，大阪大学人間科学部教育社会学・教育計画論研究室，pp. 25-39
- 山内乾史（1991）「学歴と職業との年齢段階別対応関係の考察」『大阪大学教育社会学・教育計画論研究集録』第 8 号，大阪大学人間科学部教育社会学・教育計画論研究室，pp. 1-13
- 山内乾史・原清治編（2010）『論集　日本の学力問題（上・下）』日本図書センター
- 吉本圭一（1996）「大学教育と職業―大衆化に伴う大卒者の職業における変化の研

究動向レビュー——」『九州大学教育学部紀要（教育学部門）』第 42 集，pp. 95-108

- 吉本圭一（1998）「学校から職業への移行の国際比較—移行システムの効率性と改革の方向—」『日本労働研究雑誌』No. 457，日本労働研究機構，pp. 41-51
- 「若き頭脳が埋もれている—さまようポスドク 1 万人—」『AERA』2001 年 5 月 21 日号，pp. 23-25
- 「博士になっても就職難？—ニュースがわからん！—」『朝日新聞』2007 年 8 月 23 日朝刊 2 面
- Gordon, M. S. (1974) 'The changing labor market for college graduates', in Gordon, M. S. (ed.) *Higher Education and Labor Market*, McGraw-Hill.
- Rumberger, R. W. (1984) 'The job market for college graduates, 1969-1990', *Journal of Higher Education*, vol. 55 no. 4, pp. 431-454.

 注

よく知られているとおり，『学校基本調査報告書』の就業状況をめぐる統計は多くの批判に晒されている。各学校の事務担当者の恣意的な就業分類をアグリゲートしたものに過ぎないとの批判もある。そのため，『国勢調査』や『就業構造基本調査報告』を用いる研究が多くみられる。ただ，大学院修了者の増加はごく近年の現象であり，『国勢調査』や『就業構造基本調査報告』には，ごく近年のものを除いて，独自のカテゴリーとして「大学院卒」は設けられていない。しかも，近年のものにしても修士と博士の区別はなされていない。したがって，本章では数々の制約はあるものの『学校基本調査報告書』を用いて分析した。

なお，新規中学卒業就職者の職業別就業状況については 1976（昭和 51）年度以降記載されていない。これは新規中学卒業就職者の数自体が激減したことと，職業構成がブルーカラー職に大きく偏っていることによるものと推察される。したがって，本章での 1978 年度以降の新規中学卒業就職者の職業構成については，1976 年度の職業構成が不変であると仮定した。明らかに無理のある仮定であるが，1978 年度，2005 年度，2008 年度，2011 年度，2014 年度，2017 年度，2020 年度の新規中学卒業就職者はそれぞれ 69,102 人，8,755 人，7,911 人，4,449 人，4,623 人，3,204 人，2,068 人で，それぞれ新規学卒就職者全体の 6.5%，1.3%，

1.1%，0.7%，0.7%，0.4%，0.3%に相当する。また職業構成を見ても，1976（昭和51）年度の時点で，専門・管理職は皆無，事務職は1.0%に過ぎないのに対し，ブルーカラーが67.3%を占めている。したがって，専門・管理職を中心とする大学院卒の就業を修士・博士別に検討することが主たる課題である本章の場合には，統計資料の不足している現在，以上のような荒っぽい仮定も許されるのではないかと考える。同様に，2008年度と2011年度の新規中等教育学校（前期課程）修了者中就職者が2名いる（2014年度，2017年度，2020年度には皆無）が，この2名の職業別内訳は不明である。ただ，新規中学卒業就職者のように過半がブルーカラー職であろうと推定し，2名ともブルーカラーとした。もちろん，誤った推定かもしれないが，数量的に大きな影響を引き起こすことはないものと考える。

参考映像資料

・NHK（2007）『クローズアップ現代　にっぽんの"頭脳"は生かせるか―苦悩する博士たち―』

課題

❶ 大学院修了者の過剰問題はどのようなメカニズムで起こっているのか，具体的に説明してください。

❷ 教育過剰の問題はどのようにして解消されると考えられるか。可能な選択肢を考えつく限り挙げてください。

❸ 日本の大学院博士後期課程修了者（ポストドクター）の就職難は，いかなる意味において構造的問題と言えるのか，また，この問題はどのような意味において日本社会にとって深刻であるのか，について具体的に説明してください。

❹ 日本において米国ほど産学連携が進まないのはなぜか，その理由を具体的に説明してください。

❺ 文科系の場合，そもそも学部卒業の人材と大学院修了の人材を比べて後者が優れていると言える根拠はあるのか，について具体的に説明してください。

❻ 大学院修了者の過剰問題はどのようにすれば解消するか？　具体的に説明してください。

❼ 日本では中国・米国ほど大学院進学率が高くないのはなぜか，具体的に説明してください。

男性の場合と女性の場合とでは教育過剰の問題が持つ意味は異なるのでしょうか？　考えてみよう。

〈MEMO〉

第 **7** 章

大学と学生文化の変遷

🔑 キーワード

クラーク＆トロウによる学生文化の4類型，金子元久による学生文化の4類型，学生運動

☞ 概要 ------------------------------------

　大学生の類型は時代によって大きく異なる。つまり，M. トロウの言うエリート段階，マス段階，ユニバーサル段階のいずれにあるかによって大学も大学生も社会的役割が大きく異なるのである。しかし，その一方でかつての学生類型が全く消滅するのではなく，どこかに痕跡をとどめつつ推移していくのであるが，今日では B. R. クラーク＆M. トロウの4類型のうち，「Non-Conformist」型は日本においてはほとんど見かけられない。

　しかし，1960年の安保条約改定をめぐって国論は二分され，激しい学生運動が起きた。また1960年代末には日本に限らず世界中で激しい学生運動が起きた。この運動は今日の我々には理解しがたい面も多々あるが，要因の一つが，学生は前衛である（べき）というエリート意識である。この時期にこの運動を主導したのが「Non-Conformist」型であった。

----

① 1960年代の学生の諸類型

本章では大学と学生文化の変遷を扱う。

　当然のことながら，大学と大学生が社会的に果たす役割は時代によって大きく異なる。それは時代背景によるということだけでなく，それ以上に数量的稀少性の程度による。すなわち，マーチン・トロウの言う「エリー

ト段階（高等教育への進学率が 15％未満）」「マス段階（高等教育への進学率が 15％以上 50％未満）」「ユニバーサル段階（高等教育への進学率が 50％以上）」の 3 段階のそれぞれにおいて，大学の担う社会的役割，大学生の担う社会的役割は大きく異なるわけである。

　高名な高等教育研究者であるバートン R. クラークとマーチン・トロウはアメリカ合衆国の学生を念頭に 1960 年代の学生の類型化を試みた（1966）。しかし，この 4 類型は日本にもかなり適用可能であると考える。ここでは田中国夫の解説（1983）を引用しながら各類型の特徴を述べておく。

　類型化を行うにあたって 2 つの軸が設定される。一つは Involved with Ideas，すなわち田中によれば「知識・知性への関心度」となる。言い換えれば「大学への機能的適応度」である。もう一つは Identify with Their College，すなわち田中によれば「大学への同一視」ということになる。言い換えれば「大学への構造的適応度」である。

　さて，この 2 軸によってまず図 7-1 における第 1 類型（第 II 象限）は学問型文化（Academic）となる。これは田中によると「学問型文化」となる。田中によれば「このタイプの学生は，大学生ならびに大学の教官に愛着をもち学問への探求心が強く，熱心な研究態度を持って真理の探究に励みます。つねに私淑する教官の研究室を訪ね，指導を受けるだけでなく自分の専攻以外の多くの講義にも積極的に接し，その知的好奇心を満たそうとする学生たち」ということである。総じて優秀で，大学院に進む学生もこのタイプから多く出てくる。ただ，田中によれば，このタイプの学生は「昨今（1980 年代初頭：筆者注）のわが国の大学では，特定大学の一部にみられる少数派の学生」になってしまったとのことである。過去の文化と階層に関する研究では，アッパークラスの文化であるという見解が多く

	機能への適応	
	（＋）	（－）
構造への適応 （＋）	学問型文化	遊び型文化
構造への適応 （－）	非順応型文化	職業型文化

図 7-1　学生文化の 4 つのタイプ（B. R. クラークと M. トロウ（1966））
出典：田中（1983）p. 228

表 7-1　主要国立大学における大学院進学率

	卒業者数	進学者数	進学率	年度
北海道大	2590	1361	52.5	2018
東北大	2548	1359	53.3	2018
筑波大	2283	970	42.5	2018
東京大	3140	1604	51.1	2017
一橋大	995	96	9.6	2018
東京工業大	1114	970	87.1	2018
お茶の水女子大	525	177	33.7	2018
名古屋大	2275	1148	50.5	2018
京都大	2929	1660	56.7	2018
大阪大	3429	1568	45.7	2018
神戸大	2596	964	37.1	2018
奈良女子大	510	171	33.5	2018
岡山大学	2285	688	30.1	2018
広島大	2458	838	34.1	2018
九州大	2659	1337	50.3	2018
長崎大	1374	364	26.5	2018

筆者作成

みられる。羽田貴史 (2007) によると旧帝大の進学率はおおむね 50％から 60％というところである。旧帝大は学士課程の学生数が理科系に大きく偏しており，進学率がかなり高めになっているのである。表 7-1 にみるとうり，神戸大学の場合，2018 年 3 月卒業生に関しては 2,596 名が卒業し 964 名が進学した。すなわち進学率は 37.1％である。社会科学系，人文・人間系の学生数が多いことを考慮すれば，旧帝大に並ぶか，少なくとも準ずる進学率である。すなわち，「研究型」の学生が一定数存在することをうかがえるのである。

　次に第 2 類型（第 I 象限）に移る。このタイプは Collegiate，田中によれば「遊び型文化」となる。田中の述べるところでは「このタイプは，自分の所属する大学に対し強い愛情や忠誠心を持っていますが，大学が本来追求してやまない学問や真理への探求などには関心を持つことの少ない学生です。アメリカにおいても，この種の学生は少なくありません。大学によっては，こうした学生がその大学の文化を支配し，スポーツやパーティ，デイトや社交に濃く彩られています」ということである。この類型は従来の文化と階層の研究によればミドルクラスの文化である。

　ちなみに，田中の勤務する関西学院大学における『学生生活実態調査報告書』(1977 年度版) の統計によると，大学生活の目的を「学生生活を通じて青春をエンジョイすること」と答えたものが一番多かった学部が社会学部 (24.3％)，ついで商学部 (22.3％) で少ないのは理学部 (14.3％)，神

表7-2　神戸大学生の一日当たり勉強時間【授業時間外】　　　　　(%)

	1990	1995	1998	2001	2004	2010	1 回生	2 回生以上
していない	—	58.9	34.5	27.8	20.5	13.7	10.5	15.3
1 時間未満	73.9	30.1	39.0	43.3	47.1	33.7	36.2	32.4
1〜2 時間	16.2	7.9	18.7	21.1	24.0	30.4	33.6	28.8
2〜3 時間	3.3	1.9	4.5	4.7	5.1	11.0	9.9	11.5
3 時間以上	1.8	0.8	0.4	2.1	2.2	8.1	6.6	8.8
不明	4.8	0.4	2.9	1.0	1.1	3.1	3.2	3.1

出典：『神戸大学学生生活実態調査報告書』各年度版をもとに筆者作成

学部（0.0 ％）であるということだ。また，全学生の 48.5 ％ が，課外活動（クラブ・サークル等）は正課（学部の授業）よりも重要，あるいは同じくらい重要と回答しているとのことである。

神戸大学においてはどうか？　神戸大学生の一日当たり勉強時間について『神戸大学学生生活実態調査報告書』による

表7-3　主要国立大学における女子学生の比率

	男子学生	女子学生	女子率	年度
北海道大	8378	3555	29.8	2018
東北大	8005	2876	26.4	2018
筑波大	5934	3795	39.0	2018
東京大	11351	2707	19.3	2019
東京工業大	4191	637	13.2	2018
一橋大	3172	1259	28.4	2018
名古屋大	6758	2966	30.5	2018
京都大	10171	2946	22.5	2018
大阪大	10042	5208	34.2	2018
神戸大	7377	4219	36.4	2018
岡山大	5801	4356	42.9	2018
広島大	6648	4047	37.8	2019
九州大	8260	3389	29.1	2019
長崎大	4542	2939	39.3	2017

筆者作成

と，表7-2 のように，1990 年代半ばには 6 割近くの者が授業時間外に全く学習していなかった（その多くは文系の学生）。神戸大学においても「遊び型文化」が主流であったことをうかがわせるデータである。ただ，2010 年には 1 割強になっている。なお，男女比についても大学間で大きな格差がある（表7-3）。

次に第 3 類型（第Ⅳ象限）に移る。これは Vocational，つまり田中によれば「職業型文化」である。田中によれば「この類の学生は自分の大学や

その教官に愛着を持たないばかりでなく，大学がめざす真理の探究などへの関心はさらさらない」のであり，「自分の就職のために必要な単位，またはそれに必要な技能の習熟に関心が向けられるばかり」である。クラーク＆トロウによれば，州立大学に多くみられる学生文化であるということであるが，日本における文化と階層研究ではワーキングクラスの文化とされてきたものである。

最後に第4類型（第Ⅲ象限）に移る。これは Non-Conformist，すなわち田中によれば「非順応型文化」である。田中によれば「大学への愛着は弱く，時に自分の大学に批判と敵意を持つ一方，大学外の集団や思想に傾倒し，行動する学生の持つ文化」ということである。1970年代以降，現在に至るまでこの類型の学生は少数だが，かつての学生運動においてはこういった類型の学生が中心になっていたと考えられる。

② 2000年代以降の学生の諸類型

このような図式は，20世紀末から徐々に様相が変わり始める。大学のユニバーサル化が現実のものとなり，大学のミッションが変化したからである。すなわち20世紀末には大学のミッションは「研究」から「教育」へシフトし，21世紀に入るとさらに「教育」から「学修支援」へとシフトした。この変化は学生の類型にも根本的変化をもたらす。金子元久(2007)は，「どのような学生の育成を目標とし，さらにその周囲のどの程度の幅の学生に積極的な影響を及ぼすことが意図され，また実現されているのか。これを大学教育の『射程』と呼んでおこう」とし，他方，「学生はそれまでの成長と経験によって，自分自身についての一定の認識をもち，またそれを基礎として将来の社会での自分の役割に一定の見込みを持っている。これを『自己・社会認識』と呼んでおこう」と述べる。

この2つの軸を交差させてできるのが図7-3であり，そこに4類型が示されている。第Ⅰ象限は「高同調型」であり，金子は「このタイプの学生は自分について自信を持ち，しかも将来への展望が明確である。そして大学教育の側の意図と学生の将来展望が一致している」と述べる。たとえば医学部など特定の職業と密接に結びついた部局で学ぶ学生，研究大学で学

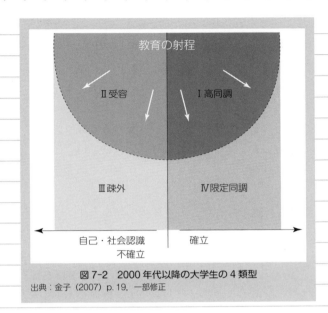

図 7-2　2000 年代以降の大学生の 4 類型
出典：金子（2007）p. 19，一部修正

ぶ研究者志向の学生などがそれに当てはまる。

　第Ⅳ象限は「限定同調型」である。金子によると「学生の自己・社会認識の確立度は高いが，そこから生じる『かまえ』と大学教育の意図が必ずしも一致してない場合がこれにあたる」ということである。つまり民間企業のサラリーマンになろうとする者にとって，「大学で習う専門的な知識はほとんどそのまま使わないことがわかっているから，勉強はほどほどにして，サークルやボランティア，アルバイトなどに時間を使う。あるいは自分のやり方で自己を確立する時間を確保することこそが大学時代の意味と考える」ということである。1960 年代の「遊び型」に近いようにも見える。

　第Ⅱ象限は「受容型」である。金子によれば「自己認識や将来への展望は必ずしも明らかではなく，したがって大学教育がめざすものが自分にとってどのような意味を持つかは不明確だが，むしろ不明確であるからこそ，とりあえず大学教育に期待し，その要求に進んで従おうとする。あるいはより積極的にみれば大学教育の射程に入ることによって，自己革新・将来

展望を形成しようとする」ということである。

　第Ⅲ象限は「疎外型」である。金子によれば「自己・社会認識が未確立で，しかも大学教育の意図との適合度も低い。したがって授業に興味を持てない。サークルや大学外の活動に逃避する場合もあるが，そういった活動にも行きどころを求めることのできない学生も少なくない。あるいは大学の側がなるべく多様な学生を受け入れるような試みをしても，それを表面的には受け入れるが，主体的に参加することはない。こうした学生は大学でのプレゼンスが薄いから，そもそも大学側がその実態を正確に把握していないこともある」ということである。

　以上，4類型の概観であるが，1960年代の類型と比べた場合，大きな特徴が2つある。1つ目は，類型化する際の軸自体が大きく変化していることである。1960年代の場合には「学問」や「研究」を軸とする類型であったのに対し，2000年代以降の場合には「教育」や「学修支援」を軸とする類型である。つまり，大学のユニバーサル化に伴うミッションの変化を反映しているということである。

　2つ目は，1960年代の類型においては，学生が自己・社会認識を比較的明瞭に持っていることを前提にして作られているのに対し，2000年代以降の類型においては，受容型や疎外型など明瞭でない学生が多数いることを前提にして作られていることである。1960年代には遊び型でさえ一定の自己・社会認識は持っていた。しかし，2000年代以降の大学教育においては，それが欠如している学生が相当数いることを前提にしないと成り立たないということである。

❸　結　論

　きわめて平凡な結論ではあるが，大学の社会的機能も大学生に期待される社会的役割も時代によって，進学率によって大きく変動する。かつてであれば大学は単なる教育機関ではない，単なる高等教育機関ではないといわれてきた。世界各国の大学が普遍的に担っている社会的役割，すなわち「国家の頭脳」としての役割は，いずれの高学歴社会においても，今日のユニバーサル段階においては一部の大学のみが担う役割であり，それに代

わって多様な学生の多様な要望に応える教育機関へ，さらには学修支援機関へと変貌したのである。

参考文献

- 金子元久（2007）『大学の教育力―何を教え，学ぶか―』筑摩書房
- 羽田貴史（2007）「大学における初年次少人数教育と『学びの転換』」東北大学高等教育開発推進センター編『大学における初年次少人数教育と「学びの転換」―特色ある大学教育支援プログラム（特色 GP）東北大学シンポジウム―』東北大学出版会，pp. 100-109
- 溝上慎一（2004）『現代大学生論―ユニバーシティ・ブルーの風に揺れる―』日本放送協会出版
- トロウ，M.（天野郁夫・喜多村和之訳）（1976）『高学歴社会の大学』東京大学出版会
- 田中国夫（1983）「学生文化と大学生―マンガ，ミュージック，ファッション―」関峋一・返田健編『大学生の心理―自立とモラトリアムの間にゆれる―』有斐閣，pp. 221-240
- Clark, B. R. & Trow, M. (1966) "The Organizational Context" in Newcomb, T. M. & Wilson, K. (eds.) *College Peer Groups*, NORC, pp. 17-70.

参考映像資料

- 文藝春秋（1997）『フィルムに残されたあのころのにっぽん（昭和43年～昭和46年）第4巻』文藝春秋
- TBS報道部（1999）『学生運動の軌跡（報道映像20世紀の日本6）』小学館
- 日本映画新社（2006）『昭和―「朝日ニュース映画」で見る―』コニープロダクション

課題

❶ 現代日本では，なぜ学生運動がかつてほど盛んではないのか，具体的に説明してください。

❷ 本章で説明した現代の大学生の類型について，あなたの見解を具体的に述べてください。

❸ 1960年代の大学生の類型について，現代の大学生の類型と根本的に異なる点は何か，具体的に説明してください。

❹ 学生運動にかかわった学生は，全学生の中でどのような特徴を持った学生なのか，具体的に説明してください。

❺ クラーク＆トロウの類型のなかで，日本において当てはまりにくい側面は何か，またその理由は何か，具体的に説明してください。

❻ 大学の「学風」はどのようにして作られるのか，あなたの考えを説明してください。

❼ 大学は，この半世紀の間にどのような社会的役割の変更をとげたのか，具体的に説明してください。

ディスカッション

もし自分が半世紀前の大学で学んでいたら何型になっていたと思いますか？　考えてみよう。

〈MEMO〉

第 **8** 章

学校教育制度の比較社会学

キーワード　学校教育制度，国際比較，中央集権主義，地域主権主義，学校主権主義

■☞ 概要 -

　本稿の目的は，比較社会学の観点から学校教育制度を類型化し，各類型の特徴を叙述することにある。いじめ問題への対処の仕方においても，あるいはそれ以外の様々な問題への対処の仕方においても，学校教育制度の類型によって差異が存在する。ここでは意思決定の主体が学校現場に遠いか近いかによって，①中央集権主義，②地域主権主義，③学校主権主義に分類する。中央集権主義においては，教育を所管する中央省庁の統制により学校間格差は抑制されるが，ともすれば画一的になりがちである。地域主権主義では，教育を所管する教育委員会等の統制により地域内では学校間格差は抑制されるが，地域間では格差が大きくなりがちである。しかし，逆に言えば，地域内では画一的になりがちであるものの，地域間では多様化する傾向がみられる。学校主権主義では，学校現場に意思決定の大きな権限が与えられるために，学校が多様化し，学校間格差も極大化する傾向がみられる。

- -

1 はじめに

　本稿の目的は，比較社会学の観点から学校教育制度を類型化し，各類型の特徴を叙述することにある。学校教育制度の類型を，意思決定の主体と現場との距離を中心に①中央集権主義，②地域主権主義，③学校主権主義と分ける。各論に入る前に国家ごとの人口と国土面積の広さがこの三類型

をどのように関係するのかを検討しよう。

　国連人口基金（UNFPA）が公表した 2022 年版の『世界人口白書』によると，独立国家のうち人口の多い上位 15 か国は表 1 のとおりである。地球の全人口は 79.54 億で 14 か国が 1 億人を超える人口を擁しており，日本は 11 位である。中国とインドの 2 か国が突出しており，中国は 3 位アメリカの 4.3 倍，日本の 11.5 倍，インドはアメリカの 4.2 倍，日本の 11.2 倍である。上位 15 か国で 51 億強の人口を有し，地球の全人口の 64.6% を占めることになる。

　また，人口が 16 位以下のため表 8-1 に掲載されていないけれども，国土面積の広さで上位 15 か国に入る国は表 8-2 のとおりである。ここで言う国土面積（「面積」と表示）とは陸域＋水域の総面積の順位である。ただし，具体的な数値については，係争地をどう扱うかなどをめぐって統計資料による差異が大きいので，順位のみを掲載した。コンゴを除く 8 か国では人口は 5000 万人以下である。ロシアが突出しており，2 位カナダの 1.7 倍，日本の 45.2 倍である。また，6 位オーストラリアは 7 位インドの 2.4 倍の面積を有し，6 位以上と 7 位以下の間に大きな断層がある。ちなみにオーストラリアは日本の 20.5 倍，インドは日本の 8.7 倍の国土面積を擁する。日本は，バングラデシュ，フィリピン，ベトナムと並んで，国土面積がさほど広くはないのに，多くの人口を抱えている国家である。

表 8-1　人口の多い上位 15 か国

国名	人口		面積順位
	人口	順位	
中国	14.49 億	1	4
インド	14.01 億	2	7
アメリカ	3.35 億	3	3
インドネシア	2.79 億	4	14
パキスタン	2.30 億	5	35
ナイジェリア	2.17 億	6	31
ブラジル	2.15 億	7	5
バングラデシュ	1.68 億	8	93
ロシア	1.46 億	9	1
メキシコ	1.32 億	10	13
日本	1.26 億	11	61
エチオピア	1.21 億	12	26
フィリピン	1.13 億	13	72
エジプト	1.06 億	14	29
ベトナム	0.99 億	15	65

（出典）UNFPA（2022）『世界人口白書（State of world Population 2022）』および国連の公表値をもとに筆者作成。

表8-2 国土面積の広い上位15か国に入る
国家で人口が16位以下の国家

| 国名 | 人口 | | 面積 |
	人口	順位	順位
カナダ	0.38 億	38	2
オーストラリア	0.26 億	54	6
アルゼンチン	0.46 億	32	8
カザフスタン	0.19 億	64	9
アルジェリア	0.45 億	34	10
コンゴ	0.95 億	16	11
サウジアラビア	0.36 億	41	12
スーダン	0.46 億	32	15

（出典）表8-1に同じ。

人口が多くなる，あるいは国土面積が広くなるということは，当然人口構成の多様化につながる。具体的には，民族的多様化，言語的多様化，宗教的多様化，文化的多様化などである。もちろん，人口が少ない，あるいは国土面積が狭いということが単純に人口構成の多様化をもたらさないということでは必ずしもなく，逆もそうである。ただ，一般論として述べているにすぎない。

学校教育は社会制度の一つであるから，社会における人口構成の多様化を反映して，学校教育の多様化も進行するし，中央集権的な体制ではこの多様化に十分に対応できず，多くの場合，地域の教育のことは地域に任せるという地方分権的な体制で対応するのが望ましいということになる。

もちろん，これは単純に「国家の終焉」などということではない。国際社会における窓口として，国家に変わるアクターは少数の例外（例えば広域の地域共同体）を除いてまだ登場していない。かつてほどの圧倒的な優越性はないにせよ，国家の重要性はそれほど損なわれているわけではない。ただ，一方では，先述の広域の（＝超国家的な）地域（regional）共同体（EU，ASEAN 等）が登場し，他方では国家内の下位集団である各地域（local）共同体が「地方の時代」との掛け声のもとにプレゼンスを高めているのも事実である。

❷ 学校教育制度の三類型

一般論として，地方分権化が進みやすい分野と進みにくい分野，あるいは進められない分野があると言われる。前者の代表例が教育と福祉の分野であり，後者の代表例が外交と軍事の分野である。20世紀の末から，開

発途上国を中心に「地方分権化」が世界の行政改革のトレンドになる。国際的に民主的な国家運営の手法として推奨されたからである。ただし，地方分権化にも諸形態がある。教育の領域に限定して述べると，中央集権主義を含めて少なくとも3形態を区別しなければならないと考える。すなわち，中央集権主義，地域主権主義，学校主権主義である。

（1）中央集権主義

　この類型の代表的な国家は表8-1に既出のインドネシア，日本に加えて，**トルコ，フランス，シンガポール**などである。**ポーランドやペルー**も中央集権主義の傾向の強い国家として語られることが多い。また**インドネシア，タイや韓国**も近年地方分権化が進んでいるけれども，まだ官僚による統制の風潮が強く残っている。さらに社会主義国家（ないしは社会主義を経験した国家の一部も），あるいは全体主義国家では民主主義的中央集権制（＝**民主集中制**）が敷かれていることが多い。例えば，**中国やベトナム，北朝鮮，キューバ，ラオス**は民主集中制の典型的な国家に数えられる。中国とベトナム，北朝鮮，ラオスにおいては憲法で民主集中制の原則が謳われている。また，広大な国土を要する**ロシア**もプーチン大統領の下で中央集権化を強めていると考えられる。州知事等の首長が直接選挙で選ばれる体制から大統領による任命制に変わったのはその証左である。

　広大な国土を擁する場合，自治区を設けて一定の自治を認めることを通じて，民族の多様なニーズにこたえるという手法が存在する。例えば中国には公式に56の民族が存在する。つまり，漢民族を除く55の少数民族が存在するということである。そしていくつかの自治区が存在する。チベット自治区，新疆ウイグル自治区，内モンゴル自治区，広西チワン族自治区，寧夏回族自治区がそれに相当する。また自治区ではなく，より下位領域の自治州，自治県，自治郷も存在する。少数民族の一つである朝鮮族の自治州である延辺朝鮮族自治州がその例である。当然，これらはクルド人自治区やパレスチナ自治区のような独立国家に準ずる扱いを受けるものではなく，一定の範囲で民族自治を認められる行政区分に過ぎない。これらの自治区では言語教育をはじめ少数民族への一定の配慮がみられる。

表 8-3　中央集権主義的な傾向の強い国家

国名	人口		面積順位
	人口	順位	
中国			
インドネシア			
ロシア	既出		
日本			
ベトナム			
トルコ	0.86 億	18	36
タイ	0.70 億	20	50
フランス	0.66 億	22	48
韓国	0.51 億	29	107
ポーランド	0.38 億	40	69
ペルー	0.34 億	44	19
北朝鮮	0.26 億	56	97
キューバ	0.11 億	83	104
ラオス	0.08 億	104	82
シンガポール	0.06 億	113	180

（出典）表 8-1 に同じ。

表 8-4　地域主権主義的な傾向の強い国家

国名	人口		面積順位
	人口	順位	
アメリカ			
カナダ	既出		
オーストラリア			
ドイツ	0.84 億	19	62
スイス	0.09 億	99	132

（出典）表 8-1 に同じ。

教育の領域に限定して中央集権主義の特徴を述べるならば，中央政府の教育を担当する省庁（日本の場合であれば文部科学省）の権限が強い。議論はあろうが，**日本**もこのタイプに当てはまると考えられる。とくに安倍晋三政権以降においては「官邸主導の政治」を目指し，中央集権化が進行したとの指摘が多くみられる。

（2）地域主権主義

　ドイツ文化論を専門とする藤野一夫を中心とした編者による『地域主権の国　ドイツの文化政策―人格の自由な発展と地方創生のために―』（美学出版，2017 年）という共編著書がある。まさに**ドイツ**は典型的な地域主権主義の国家である。日本においても，かつて鳩山由紀夫内閣の時に「地域主権国家」をめざすという政策が掲げられ，今日の岸田文雄内閣による「地域主権改革」につながっている。

　ただ，本章で言う地域主権主義については，単なる地方分権化という広い意味ではなく，もう少し限定された意味で「地域主権主義」を定義しておきたい。つまり，地方政府を中央政府と比較して，中央集権

主義とは逆に，地方政府（日本の場合であれば教育委員会）の権限が強い
ケースがこれに当てはまる。ドイツのように州，すなわち「地域」が固有
の主権を持つ国家がこの典型的なケースである。

　地域主権主義的な国家の典型的な例としては，**アメリカ，カナダ，オー
ストラリア**，ドイツ，**スイス**などがあげられる。いずれも政治学で言うと
ころの連邦制国家である。ちなみに，アメリカの場合には，アラスカ州，
カリフォルニア州，モンタナ州，テキサス州の 4 州が日本以上の面積を有
する。カナダも 10 州中 7 州，3 準州のすべてが日本以上の面積を有する。
オーストラリアも 6 州中 4 州，準州 1 州が日本以上の面積を有する。地域
と言っても，日本で言う都道府県などの単位ではないのである。

　地域主権主義の場合，中央集権主義とは国家観が異なり，大きな権限を
有する**広域自治体**の緩やかな連合体が国家であるということになる。アメ
リカやドイツの一つ一つの州はかなり強い権限と大きな財源を有している。
州ごとに教育政策も大きく異なる。日本では「道州制」をめぐる議論が展
開されたが，これが地域主権主義の体制に相当すると考えられる。注意す
べきことは，当該地域内ではかなり中央集権的な政策がとられることにな
る点である。

（3）学校主権主義

　これは相対的に学校現場が中央政府や地方政府よりも大きな権限を持つ
タイプである。このタイプに分類される国家は少ないが，**ニュージーラン
ド**と**イギリス**をあげることができる。ニュージーランドは 1989 年教育法
によって教育委員会制度を廃止した。そのため，学校現場の権限が非常に
大きくなっている。

　またイギリスは王室を擁す
ること，大陸のすぐ傍にある
島国であることなど，日本と
の共通点の多い国家である。
しかし，イングランド，ウ
エールズ，スコットランド，

表 8-5　学校主権主義的な傾向の強い国家

国名	人口		面積順位
	人口	順位	
イギリス	0.69 億	21	78
ニュージーランド	0.05 億	125	75

（出典）表 8-1 に同じ。

北アイルランドの４つの部分は，日本における北海道，本州，四国，九州の４つの部分とはかなり異なり，それぞれが独立した王国としての歴史を積み上げていた。

　周知のとおりスコットランドでは2014年に独立をめぐる住民投票が行われ，2023年に二度目の住民投票が予定されていたが，司法判断により英国政府の同意なく実施できないこととなった。スコットランドはイギリスの単なる一地域ではなく，独自の内政権を有し，エディンバラのスコットランド議会に一院制の立法府を有する。ウエールズもカーディフにウエールズ議会を有する。北アイルランドはベルファストに北アイルランド政府を有している。これらの３地域はかなりの権限移譲を受けた上で，内政に関する様々な決定権を有している。

　また，イギリスではサッチャー政権下の1988年教育法に基づきナショナル・カリキュラムとナショナル・テストが導入されたが，これは中央政府の統制力を強めたというよりもむしろ，地方教育当局（LEA＝Local Education Authority）の統制力を弱めて学校現場の権限と責任を強める方向に働いたと考えられている。

　他方，ニュージーランドでは先述のように1989年教育法によって教育委員会制度が廃止され，学校理事会が設置された。また外部の学校評価機構もあわせて設置された。これもイギリス同様に地方政府・教育委員会の統制を排し，学校現場の自律性を高める改革であると見ることができる。

　なお，イギリスやニュージーランドには日本のように定められた教科書はない。そもそも，学習指導要領や教科書とは，中央政府や地方政府による学校現場に対する規制，統制であると見ることができるのである。学校主権主義ではこれらの規制，統制が排されているのである。

❸　学校教育制度の各類型の特徴

　さて，これら三つのタイプのいずれであるかによって，学校教育のあり方は大きく変化する。一般論として，仮に表8-6のようにまとめておく。

　学校間格差を小さくしようと考えるならば，中央集権主義は効果的な制度である。つまり，形式的な機会の平等を図るうえでは効果的な制度であ

表8-6　三つのタイプの比較

	中央政府の権力	地方政府の権力	学校現場の権力	全国レベルの学校格差	地域レベルの学校格差
中央集権主義	大	中	小	小	小
地域主権主義	中	大	小	中	大
学校主権主義	小	小	大	大	大

(出典) 筆者作成。

る。中央政府はリソースの豊かなところからリソースを吸い上げ，それを乏しいところに配分することが可能であり，この再配分の仕組みによって学校間格差，地域間格差を意図的に抑えることが可能である。しかし，中央政府のコントロールが効けば効くほど，学校が個性を失い，画一化する傾向もみられることになる。また，首都や大都市部の状況は学校づくりに反映されても，個々の地方の事情はなかなか反映されにくくなる。国土面積が広大化し，人口が多様化すればするほどこの問題は大きくなってくる。

　地域主権主義は地域の事情を反映するための仕組みではあるが，地域内では中央集権化が進んでいるため，学校間格差は当該地域内では小さくなるけれども，地域間では大きくなる。地域と言っても，先述のように，日本の国土面積を超える州も含むわけであり，例えばアメリカのアラスカ州は日本の国土面積の 4.02 倍，テキサス州は 1.84 倍である。したがって，中央集権主義の国家同様に，地域主権主義においても，広域自治体である地域の隅々に至るまで，その事情を反映した学校づくりを実行することは難しいケースもあり得る。したがって，地域内での標準化，画一化，地域間での多様化，個性化，格差拡大が進行しやすい類型ということになる。

　学校主権主義は学校現場，ことに校長，あるいは学校理事会に絶大な権限が与えられる仕組みである。この場合，学校ごとにかなり異なる学校づくりが可能になる。そのため，学校現場に一定の能力があれば，地域の実情に合った学校づくりが可能になり，中央集権主義，地域主権主義にみられる問題は解消する可能性がある。その代わりに，全国レベルだけではなく同一地域内でも学校間格差は極大化することになる。

もう少し意思決定の仕組みについて考察しておこう。

　中央集権主義の場合には，中央政府（多くは教育を担当する省庁）のもとに審議会が設置される。日本の場合であれば文部科学省に中央教育審議会が設置されている。これは常置の審議会である。これとは別に，首相の諮問機関として常置ではない，つまり，臨時の審議会が設置されることがある。中曾根康弘政権下の臨時教育審議会はその最たる例である。近年では，第二次安倍晋三内閣における教育再生実行会議，現在の岸田文雄内閣における教育未来創造会議がそれにあたる。いずれにせよ，現場を離れたところで教育をめぐる様々な問題が議論されるのである。中央集権主義であれば中央政府の教育を所管する省庁，地域主権主義であれば地方政府の教育委員会が中心となって，対応を考えるのである。

　教育の世界においては絶えずなにがしかの問題が発生している。常置の審議会はそれらの問題に対応するために設置されているのではあるが，省庁に設置されているために法令，省令等の既存の法制を大きく踏み出すことなく問題に取り組む傾向がある。しかし，場合によっては，既存の法制それ自体を変更する必要が生じることもあろう。臨時に設置される首相の諮問機関はしばしば既存法制の大胆な改廃に踏み出している。そのことと関係するのだが，常置審議会には教育関係者が多く含まれるのに対して，臨時審議会には教育関係者の関与が抑制される傾向にある。

　常置にせよ臨時にせよ，偏りがあるとはいえ，審議会の委員にはそれぞれの領域で大きな成果を上げた人物が任命されるのであるから，一定の有効性を持つ議論がなされ，答申が出される。しかし，国土の隅々に至るまで，多様な学校の事情を理解し，それに合った改革案を出すには委員の数も質も限定されすぎている。中央から遠く離れた地方の教育事情をよく理解しないまま，中央の教育事情のアナロジーで地方の教育事情を捉えがちであるという問題はしばしば指摘されるところである。

　原則として，意思決定者と子どもたちとの距離が近くなれば，意思決定者は子どもたちの抱える問題をより**現実論的**に認識できるであろう。そして実態に合った，より現実的な方策（理想論ではなく）を講じることもできるであろう。学校主権主義では，子どもたちとの距離が近いところに大

きな力を持った意思決定者（学校，校長）がいることになる。教育には現場があり，そこにはリアルな問題があり，リアルな解決策が求められているわけであるから，一般論としては，学校主権主義は，この点で望ましいと言えよう。

しかし，問題も起こり得る。現場が現実論的な方策を講じる必要があるという理由で，現場に大きな権限を与えると，素晴らしい改革ができるだろうという考え方は，原則論としては間違っていないが陥穽がある。「素晴らしい改革ができるだろう」という考え方が成り立つのは，「現場が有能であれば」という条件のもとにおいてである。

すなわち，こういうことである。有能な現場が，中央政府や地方政府の統制を受けずに—その能力をいかんなく発揮して—対応できるならば最善の対応を期待できる。しかし，数ある現場の校長や教員がすべて有能であるとは限らない。能力・資質を欠く人に大きな権限を与えると，組織に取り返しのつかないダメージを与えることになりかねない。もし，地域主権主義であれば地域レベルで，地方政府が現場をコントロールし，校長・教員の能力・資質の差異により生じる学校間格差を抑制するだろう。中央集権主義であれば全国レベルで，中央政府が現場をコントロールし，学校間格差を抑制するだろう。すなわち，能力・資質を欠く校長・教員がいたとしても，それを補う仕組みがあるというわけである。ところが，学校主権主義では，校長・教員の能力・資質の差が，カムフラージュされることなくダイレクトに表れるのである。

例えばイギリスでは 1998 年に学校水準体制法が成立し，公立学校において Home School Agreement を各家庭と学校の間で交わすことになっている。この Agreement は基本的な生活習慣から学習スタイルまで様々な事項について家庭と学校とが合意するものであり，この合意内容に基づいて学校での学習が展開される。

イギリスは学校主権主義の典型的な国家である。しかし中央政府や地方政府も何もしないわけではなく，すべての公立学校において Agreement を成立させることを求める。しかし，中央集権主義，地域主権主義の国家と異なるところは，「Agreement」を成立させることを求めるだけで，そ

の具体的な中身については現場に委ねるのである。したがって、校長が有能であれば、地域の教育NPOや住民を巻き込む形で、リーダーシップをとって見事なAgreementを成立させ、教職員、保護者、生徒にそれを守らせることもできるであろう。しかし、校長が能力・資質を欠いていれば、質の低いAgreementになり、また教職員、保護者、生徒にそれを十分に守らせることもできないかもしれない。

　家庭と学校との間でどのようなAgreementを交わすことが必要かについては、学校現場から離れた中央政府や地方政府よりも学校現場の方がより適切な判断をできるはずだという前提に基づく制度であるが、現場が一定の能力・資質を有する場合にのみこの前提は成立する。

　あるいは同じくイギリスでは1990年代にいじめ問題が社会問題化した。その結果1998年にいじめ問題への対応策を各学校で講じることとなった。これについても中央政府や地方政府は何もしないわけではなく、対応策を作成することを現場に求めるのである。ただし、具体的な対応策の中身は現場に任せるということになるのである。

　イギリスのいじめ問題には人種問題が絡む場合が多くみられる。古くからあるアングロ＝サクソン系とケルト系の対立の問題、ユダヤ人の問題に加えて、南アジア系の人々の問題、カリブ海系・アフリカ系の人々の問題など多様である。あるいは宗教問題が絡む場合も多くみられる。イスラム教、ユダヤ教、シーク教などの信者は多く、軋轢も頻発している。これらの諸問題のうちどのような問題がどの程度発生するのかによって、当該学校が必要とする対応策は異なるであろう。そしてこのことについて最も的確な判断が可能なのは現場である、という判断が学校主権主義には込められている。しかし、上述のように、現場が一定の能力・資質を有する場合にのみこの前提は成立する。

　また、転校に関しても、中央集権主義では中央政府が統制しているため、全国レベルで転校がスムースにできるようになっているであろうが、地域主権主義では地域レベルでスムースな転校が保証されても、地域間では保証されないであろう。学校主権主義のもとでは各学校の個性が強く、中央集権主義のようにはスムースにいかないだろう。

イメージで述べるならば，中央集権主義や地域主権主義の社会における校長は，自身の上部に司令塔を抱える，巨大組織の中間管理職的なものであり「現場のトップ」であるのに対し，学校主権主義の社会における校長は自らが司令塔となって切り盛りする中小企業の「ワンマン経営者」である。経営を行うと同時に，現場に出て同僚と汗を流すのである。もちろん，中央集権主義や地域主権主義の社会における学校においても，校長がどのような人物であるのかによって，校風が大きく異なるのはもちろんである。しかし，学校主権主義の社会ではどの校長が着任するかによって全く異なる学校になる。校長の権力は絶大であるからだ。その権力の根底には予算と人事の権限がある。

　葛西（2011）によれば，「校長のほとんど全般にわたる（学校経営への：山内注）関与が想定され，理事会には校長から独立しての単独での判断は，…（中略）…法制度上は想定されていない」ということであり，予算案の作成，予算の執行，教職員の配置計画など広範囲に校長の権限が認められている。学校主権主義社会における校長の権力の大きさは，予算と人事を握っていることにあるのだ。

　以上の概観を経て理解できることは，この三つの学校教育制度のうち，どの類型を取るのが望ましいかは，その国家の政治体制，人口の多様性や，国土面積の広さに依存するところが大きいことである。

❹　おわりに

　最後にまとめとして一言述べておく。評論家の立花隆は『日本共産党の研究（上）』において，「聖人君子が権力の座につけば極楽になるが，悪人が権力を取れば地獄になるという政治システムがあるとすれば（実際，独裁制ならそうなるのだが），それは政治システムとして悪いシステムである。良い政治システムはその運営者の人格と離れて政治悪が生じないように制度的に保証されたシステムでなければならない。これは人類が数千年にわたる政治史の中で学んだ，政治に関する最も基本的な格率ではなかったろうか」と述べた。政治システムアナロジーで学校教育の在り方を安易に論じるのは慎まねばならないだろうが，立花の考え方を敷衍すると，学校教

育制度に関しては中央集権主義や地域主権主義のような体制が望ましいということになるのであろう。

　しかし，他方には，一定の期間，リーダーの人間に大きな権限を与えて，存分に腕を振るわせて，その成果を見て再任するかどうかを判断するという考え方もある。この場合，リーダーの人間が大きな権限を有するのであるから，暴走しないように，やはり大きな権限を有する監視機関を設けることになる。アメリカ政治においては大統領に対する議会，イギリス政治においては政府に対する政権担当可能な野党，学校主権主義社会の学校長においては学校理事会ということになる。この大きな権限を有するリーダーと監視機関，両者の緊張関係の中で，よいガバナンス，マネジメントが実現するという考え方もあるのであって，学校主権主義はそれを体現するものであろう。

　このように考えてくると，各国の学校教育制度の在り方の差異は，各国の国家・社会観，リーダー観，人間観によるのであり，表層的な問題ではないのだということになる。良い悪いは別として，歴史や伝統を踏まえた国家・社会観，リーダー観，人間観に裏打ちされた制度として学校教育制度を捉えるべきなのであり，より深い比較社会学的考察が求められるのである。

参考文献

・葛西耕介（2011）「イギリスの学校経営における学校理事会の機能と役割」『東京大学大学院教育学研究科紀要』第51号，pp. 397-407

・立花隆（1978）『日本共産党の研究（上）』講談社

・藤野一夫他編（2017）『地域主権の国　ドイツの文化政策―人格の自由な発展と地方創生のために―』美学出版

・山内乾史（2013）「ガバナンスと教育計画―地域の再編と教育行政―」石戸教嗣編『新版　教育社会学を学ぶ人のために』世界思想社，pp. 93-118

課題

❶ 中央集権主義的な傾向の強い国家のメリット・デメリットは何か，具体的に説明してください。
❷ 地域主権主義的な傾向の強い国家のメリット・デメリットは何か，具体的に説明してください。
❸ 学校主権主義的な傾向の強い国家のメリット・デメリットは何か，具体的に説明してください。

ディスカッション

中央集権主義的，地域主権主義的，学校主権主義的の3つの学校教育制度の中で，これからの日本に最も必要とされる制度はどれでしょうか。考えてみよう。

〈MEMO〉

第 **9** 章

幼児保育教育における子どもの「主体」の視点に関する比較分析

子どもの人権，子どもの権利条約，権利ある主体としての子ども，幼稚園教育要領，保育所保育指針

☞ 概要 -

　本章では幼稚園教育要領と保育所保育指針における子どもの「主体」に関する相違について比較分析を行うことを目的とする。これまでの先行研究においても，幼保教育間における「主体」の違いが検討されてきた。本章では，「主体」「主体性」「主体的行動」をキーワードにして文書から抽出を行い，それぞれのねらい，行動内容，目的について考察する。

　考察の結果，幼稚園では，他者との関係性を重視しながら協調性を構築するという「他者目線への配慮」が求められているのに対して，保育園ではまずは子ども一人一人の気持ちや意見を受け止めて子ども同士の関係性を築いていくという「自己目線の尊重」が重視されていることを明らかにしている。「他者目線への配慮」によって，集団生活の中で他者との関わりを学び，協同しながらも自発的に行動できるようになることが目指されている。「自己目線の尊重」を重視する保育園教育では，まずは自分の気持ちが保育士等によって受け止められることで自信や安心感につながり自己肯定感の養成につなげることが目指されている。

- -

① はじめに

本章は，子どもの権利条約において重視されている子どもの主体性が，

日本の幼児保育教育においていかに遵守されているのかを考察することを目的としている。より具体的には，子どもの権利条約における「権利主体としての子ども」が，幼稚園教育要領および保育園保育所指針においていかに確保されているのかを分析する。

　子どもの権利条約（UN Convention on the Rights of the Child：国連児童の権利条約，以下，子どもの権利条約とする）は，1989年国連によって採択され，1990年に国際条約として発効した。日本は1994年4月に批准し，同年5月に発効した。それ以降，文部科学省や各市町村において，子どもの基本的人権を尊重した教育施策を提唱している。しかし実際には，依然として子どもの権利が侵害されている状況が続いている。国際的にみれば，貧困状態にある子どもは約700万人おり，うち約352万人が衣食住にも困窮している絶対的貧困状態にあるという（ユニセフ，2023）。また，多次元的貧困指数においては，10億人の子どもが教育，住居，栄養，衛生などの多岐にわたる分野で不十分な環境におかれているという（ユニセフ，2023）。日本国内の子どもの状況についても，まだまだ改善の余地があり，子どもの貧困，家庭や教育施設での虐待，死亡事故が相次いでいる。例えば，2019年度の厚生労働省による国民生活基礎調査によると，日本における子どもの貧困率は，15.7％となっており，1985（昭和60）年からの統計の中で最も数値が高い（厚生労働省，2019）。また，厚生労働省が2021年に公表した虐待数は207,660件で，前年よりも2,616件増加している（厚生労働省，2021）。幼稚園や保育園においても，送迎バス内への置き去り事件，子どもへの虐待など，大人が子どもの生命や尊厳を脅かす事件も起こっている。

　子どもの貧困率の増加，虐待を受けている子どもの数の増加などから，子どもの置かれている状況が深刻化していることを受けて，2024年に児童福祉法が改正されることが閣議決定された。また，2018年に制定された子ども・子育て新支援制度では，幼児期における教育や保育の充実のための制度や枠組みが構築されている。たとえば，バスの置き去り事故を防ぐ方法や，幼稚園や保育園の質を向上するための情報集積のプラットフォームが構築されている（内閣府，2018）。

では，こうした状況において，幼児保育教育の基本理念や枠組のなかで
いかに権利主体としての子どもが捉えられているのであろうか。本章では，
幼稚園教育要領および保育所保育指針に焦点を当て，権利主体としての子
どもが両者によっていかに捉えられているのか，また子どもの主体性およ
び主体的行動を育成するための教育，ねらいがいかに設定されているのか
を考察する。これらを知ることで，改めて子どもの人権を尊重した幼児保
育教育の在り方を再確認することが可能と考える。

　本章の構成は次の通りである。まず，子どもの権利条約の歴史とそれに
対する日本における取り組みについて整理する。第２項では，子どもの権
利条約の内容を把握するために，権利主体としての子どもについて，これ
までの幼稚園教育要領および保育所保育指針においていかに言及されてき
たのかを整理する。第３項と第４項では，幼稚園教育要領および保育所保
育指針において権利主体としての子どものための教育がいかに確保されて
いるのか（もしくは否か）を考察する。最後に，幼稚園教育要領および保
育所保育指針の比較分析を行うことで，子どもの人権尊重にむけた幼児保
育教育の在り方について考究する。

　なお，本章では文部科学省や外務省の翻訳による「児童権利条約」にお
ける「児童」や，幼稚園教育要領における「幼児」の記載について，すべ
て「子ども」の表記で統一する。一方で，「児童労働」については，その
まま「児童」という用語を使用する。これは，子どもが労働に従事してい
ることを指す用語として，すでに「児童労働」の用語が定着しているから
である。

❷　子どもの権利条約と日本における取組

　子どもの権利条約は，1989年に国連に採択され，1990年にその効力を
発行した国際条約である。国際条約に批准もしくは締結している国は，条
約内容を遵守しなければならない。子どもの権利条約では，子どもを大人
との従属的な関係において捉えるのではなく，権利主体として捉えること
を定めている。現在の締約国は，196か国となっている。条約の締約国と
は，条約に批准，加入あるいは継承している国を指している。条約の締約

国は，条約内容を実行すること，また条約内容の進捗状況について国連子どもの人権委員会への報告の義務がある。

　同条約では，18 歳未満を子どもとして，権利主体として次の 4 つの権利の行使を唱えている；(1) 生きる権利，(2) 育つ権利，(3) 守られる権利，(4) 参加する権利。(1) 生きる権利とは，すべての子どもが安心して生活でき，教育，医療，福祉を受ける権利を有していることを意味している。(2) 育つ権利とは，すべての子どもが発達段階に応じて必要な養育を受けて育つことで，子ども達の才能や能力が十分に発揮できる機会を受ける権利のことを指している。また，子どものもつ能力を最大限に発揮できる機会を有する権利も含まれている。少数民族などマイノリティは，自身の文化や言語の保持が尊重されている。(3) 守られる権利とは，紛争，経済的，性的搾取や暴力，虐待等から守られる権利をもつことを意味している。(4) 参加する権利とは，子どもは自分の意見を自由に表明する権利をもち，団体をつくったり自由に活動できたりする権利のことである。このように，子どもの権利条約では，子どもは養育を受けることだけでなく，子ども自身が自らの能力や才能を発揮できる環境や教育を受けること，そして，意見を表明することを認めているのである。

　なぜ，こうした子どもの生命，安全，成長を守るための条約の内容を遵守する必要があるのか。子どもは貧困や環境，紛争などによる被害を受けやすい。日本においては意識されることは少ないけれども，世界において児童労働の問題はいまだに深刻である。2020 年の時点で世界の子どもたちのうち 1 億 6000 万人の子どもが児童労働に従事していると推計されている（ILO and UNICEF2021）。実は児童労働に従事する子どもの数は減り続けていたのだが，この報告書によると 2016 年以降 2020 年にかけて世界で 840 万人増加しているのである。さらに同報告書では 2020 年以降のパンデミックの影響でさらに増加すると予測されている。

　いわゆる「最悪の形態の児童労働」を禁ずる「最悪の形態の児童労働の禁止及び撤廃のための即時の行動に関する条約」は ILO（国際労働機関）第 87 回総会（1999 年 6 月 17 日）において採択され，2000 年 11 月 19 日より発効した。同条約では下記の児童労働が禁止されている。

(1) 子どもの人身売買，武力紛争への強制的徴集を含む強制労働，債務奴隷などのあらゆる形態の奴隷労働またはそれに類似した行為

(2) 売春，ポルノ製造，わいせつな演技のための児童の使用，斡旋，提供

(3) 薬物の生産・取引など，不正な活動に児童を使用，斡旋または提供すること

(4) 子どもの健康，安全，道徳を害するおそれのある労働

　同条約は ILO 総会では稀な，棄権なしの満場一致で採択された。しかし，「最悪の児童労働」が禁止されたにとどまり，危険有害な児童労働に従事する児童は 2020 年時点で 7900 万人もいると言われている。同条約の発効は子どもの権利をめぐる諸問題に立ち向かうスタート地点に過ぎなかったのである。

　日本においてよく知られる「青少年保護育成条例」あるいは「青少年健全育成条例」等は，都道府県によって条例の名称は異なり，対象となる年齢も異なる。1950 年代から北海道，神奈川県，大阪府，兵庫県などで制定され始め，1983 年に埼玉県で制定されて，長野県を除くすべての都道府県で制定された。長野県では，いくつかの市町村レベルでの条例は制定されていたものの，県としてはようやく 2016 年に制定された。「児童買春，児童ポルノに係る行為等の規制及び処罰並びに児童の保護等に関する法律」（いわゆる「児童ポルノ禁止法」）は 1999 年にようやく成立し，「教育職員等による児童生徒性暴力等の防止等に関する法律」（いわゆる「わいせつ教員対策新法」）も 2021 年に成立した。「子ども基本法」に至っては議員立法として 2022 年に成立し，2023 年 4 月から施行され始めたところである。この「子ども基本法」は子どもの権利条約と日本国憲法の精神に則ったものである。子ども基本法では，①子どもの最善の利益を考え，②子どもの基本的人権が尊重されること，③子どもが適切に養育され，成長できること，④子どもの自身に関する事項について意見を表明し，社会的活動に参画できる機会を確保すること，⑤子どもの養育が困難な家庭への養育環境の整備，などが示されている。すなわち「子ども権利条約」は，ようやく

日本において精神論ではなく法の形態をとるようになったのである。

　次節では，日本が子どもの権利条約に締結した後に，どのように国内の教育の場，とりわけ幼児保育の分野にその内容を取り入れたのかを検討しよう。

❸　子どもの権利条約と日本の幼児保育教育

　日本は，1994 年 4 月 22 日に子どもの権利条約に批准[1]し，同年 5 月 22 日より効力が生じている。文部科学省は，1994 年 5 月 20 日に，全国の教育委員会に宛てて，管轄下のすべての教育機関（小学校，中学校，高等学校，高等専門学校，特別支援学校，養護学校，幼稚園，大学等）に対して，子どもの権利条約に定められる内容を踏まえた教育指導の徹底を求めた（文部科学省，1994）。日本国憲法の定める基本的人権の尊重とともに，子どもが権利と義務を理解できるように教育の機会を設けることの重要性を述べている。また，いじめや校内暴力，体罰に対しても厳格に対応することを求めている。子どもの権利条約第 12 条から 16 条において，子どもの意見を表明する権利や表現の自由に関する権利が定められていることについてもふれ，「教育目的を達成するために必要な合理的範囲内」で指導を行うように，としている。文部科学省による通達の通り，国内のすべての教育機関は，子どもの権利条約の内容を取り入れて教育活動を進めなければいけない。

　保育に関しては，厚生労働省の保育所保育指針解説において，児童福祉法第 39 条「子どもの最善の利益」を考慮して，子どもの発達にとって必要な生活の場を整えることを定めている。この「子どもの最善の利益」は，子どもの権利条約においても定められており，保護者と保育者が子どもの人権を尊重して「子どもの最善の利益」を実現することを提唱している（厚生労働省，2008）。

　日本が子どもの権利条約に批准して以降，幼児保育教育における子どもの権利主体性や子ども観などについて研究がなされてきた。例えば，黒川久美（1995）は，関連の先行研究を取り上げながら，乳幼児は生まれながらに主体性をもっていることに言及し，それを周囲の保護者や保育者が認

識することで，子どもの権利主体性が確保されると主張する。主体性をもつ子どもとは，すべての年齢の子どもに当てはまり，また，障害の有無による違いもないという。年齢や特性に応じて，主体性を表現する方法が異なるのである。子どもの権利主体性が確保された幼児保育教育の現場とは，「保育者等周囲の大人は，乳幼児の気持ち（感じ方・とらえ方）に注意深く耳を傾け，ていねいに応答することが求められる」ことだという（黒川，1995，p. 33）。

長谷範子（2019）は，幼稚園教育指導要領および保育所保育指針における子どもの権利と保育について検討した。これによると，2018年の改訂版では，子どもの感情に寄り添う保育環境，子どもが自由に気持ちを伝えられる保育者との関係および環境の整備，子どもの年齢や発達に応じた関わり方などを重視していることから，子どもの権利が保障された内容であるという（長谷，2019）。一方で，待機児童の問題，虐待や貧困などの問題によって，子どもを取り巻く社会的環境の改善が，子どもの権利保障に向けた課題であることも指摘している。

また，幼児教育における「主体性」について考察した荒川志津代と吉村智恵子（2017）は，幼児教育における「主体的な活動」がいかに解釈され，教育現場での実施の問題点について考察している。「主体的活動」が多様に実践される背景として，主体的活動の帰結が様々に解釈されている所以だとする。主体性を育むための教育なのか，主体性を生かした教育なのか，どちらの帰結を目指した主体的活動なのかによって，手法や視点が異なってくるというわけである。こうした議論について検討し，主体的活動とは自発的活動でなければならないと主張する。つまり，こどもが自発的に活動できるような環境をつくりだし，そのための声掛けや契機を意識することが必要だと言及している。一方で，こうした自発的な活動を促すための幼児教育環境が，誘導や教え込みに陥ることがないように警鐘を鳴らしている（荒川・吉村，2017）。

幼児教育と保育教育における主体性の違いについて検討した大元千種（2020）によると，教育観のベクトルが子ども重視か教育指導重視かの違いがあるという。保育は元来子どもの権利を重視してきており，子どもの

「今」に目を向けた「下意上達」であるという。一方の幼児教育は，小学校入学に向けた準備教育として，到達点として掲げられている教育目標の達成に向けて子どもの教育がなされる「上意下達」であるという。大元は，2008年の保育所指針には「子どもの最善の利益」について記載はある一方で，幼児教育の共通化に向けた政策によって2017年改訂版には「子どもの最善の利益」に関する記述がないことに触れている（大元，2020）。さらに，幼稚園教育要領における「幼児期の終わりまでに育ってほしい姿」は，保育所，幼保連携型認定こども園でも共通項目として設定されたことから，保育園における子ども目線の教育観とは矛盾しながらも保育における教育的視点が規定されたという（大元，2020）。こうした教育目標の視点の違いが，幼稚園と保育園における「子どもの主体性」の捉え方の違いと表れている。教員が設定した環境において子どもが主体的に行動することを求める幼稚園と，子どもの「今」と「未来」をみすえて子どもの活動を見守る保育園というように，主体性や主体的活動が異なっているのである（大元，2020）。

　上述の通り，子どもの権利条約において重視されている子どもの権利主体性については，幼児教育と保育教育の間に差異がある。それでは，この「主体」が各教育指針のなかで捉えられているのであろうか。まずは幼稚園教育要領から確認していこう。

❹　幼稚園教育要領における子どもの「主体」

　現行の幼稚園教育要領では，幼稚園での教育を通じて「育成を目指す資質・能力の明確化」，「主体的・対話的で深い学び」の実現に向けた授業改善の推進，カリキュラム・マネジメントの明確化，言語能力，伝統や文化に関する教育活動の充実化を掲げている。「幼児期の終わりまでに育ってほしい姿」を成果として掲げ，成果を達成するために教育編成の役割を明確にすることを促している。

　幼稚園の役割は，子どもの主体的な行動によって自発的な活動としての遊びに結び付けることで，「生きる力の基礎」を育むことだという。

　幼稚園教育要領における「幼児期の終わりまでに育ってほしい姿」とし

て，「健康な心と体」，「自立心」，「協同性」，「道徳性・規範意識の芽生え」，「社会生活との関わり」，「思考力の芽生え」，「自然との関わり・生命尊重」，「数量・図形，標識や文字などへの関心・感覚」「言葉による伝え合い」「豊かな感性と表現」を明確にして，小学校教育との接続を図ることを示している。

　幼稚園での教育課程のねらいは，5つの領域において提示されている；心身の健康に関する領域「健康」，人との関わりに関する領域「人間関係」，身近な環境との関わりに関する領域「環境」，言葉の獲得に関する領域「言葉」，感性と表現に関する領域「表現」である。子どもの発達段階に応じて，情緒の安定を形成しながら周囲の環境に興味関心をもって行動できること，クラスメイトとの交流を通じて協調性を育み，自身の意見を表し，他者の意見も受け入れることが掲げられている。

　幼児教育の指導計画および評価では，幼児の発達に応じて主体的・対話的な活動を行い，子ども一人一人を理解した指導につなげることを示している。幼稚園教育要領における主体的な活動が育まれる環境は，同年代の子ども達との集団生活の場，教師との関係性のなかでつくられる場，幼稚園以外の適切な施設等での場を提示している。

（1）自立心と協働性を形成するための主体的行動

　幼稚園教育要領における自立心とは，日々の活動の中でやらなければいけない行動を自覚し，目標を達成するための工夫や諦めずにやりきることを自ら考えることを指している。この自立心は，教師や友達との人間関係や教育活動全体を通じて育まれることを意図している。自立心を形成するために，教師は子どもが「自分で活動を選びながら幼稚園生活を主体的に送れるように」工夫する必要があるという（文部科学省，2018，p.52）。子どもの発達段階に応じて，子どもが自分で考えて行動できるような教育活動に配慮することで，子どもの自信を形成することにつながる。

　協働性については，他の子どもと活動をするなかでお互いの良さを認め合って，交流することを意味している。子どもの得意なことを生かし，それを他の子どもが認めて同じ目標に向かって活動をすることで，協働性が

育まれるという。学級の共通目標に対して，他の子ども達とどのような行動をとることができるのかを考え，実際に行動していくことで協働性が身につくと考えられている。

(2) 安心感の形成による主体的行動

　子どもが「意欲をもって積極的に周囲の環境に関わること」（文部科学省，2018，p. 36）が主体的行動であるとし，この主体的行動に結び付けるのが幼児教育における前提であるという。主体的活動の際に必要なのは，安心感を形成した環境が整えられていることである。信頼感のある人間関係，興味や関心のある事柄や体験が設定されていることで，子どもは安心感をもって主体的に行動できるという。子どもが主体的行動を発揮できるように，子どもが興味関心を抱くであろう物事（例えば，「生き物，他者，自然事象・社会事象」（文部科学省，2018，p.37））を教師が把握し，子どもの発達段階に応じた環境を設定することが求められている。

　子どもが主体的行動をとれるようにするには，教師が子どもをよく理解することによってその環境を構成することができるという。幼稚園教育要領における「主体的に関わる」とは，「幼児なりに思いや願いを持ち続け，関わっていくこと」（文部科学省，2018，p.38）を指している。子どもの興味関心，発達段階に応じて，教師は子どもが主体的行動をとれるように工夫を続けなければいけない。

　子どもが主体的行動をとれるように，教師は子どもの一緒に行動し，様々な学びや体験を通じて，安心感を形成するようになる。安心感が形成されると，子どもは，自分から様々な体験を積むことに意欲的になるという。また，屋外・屋内でも活動ができるように，教員は個々の環境整備を意識しながら，子どもの興味関心を引き出し，自ら行動をおこせるような状況を創り出さなければいけない。

(3) 多様な体験による主体的行動

　子どもが多様な体験を培うことで，主体的・対話的な学習につながるという。子どもが周囲の環境に積極的に関わり，主体的・対話的な学習が実

現するように，教師が教育計画を構成することが求められている。幼稚園教育要領における多様な体験とは，「様々な人とのかかわり，自然との関わり，ものとの関わり，生き物との関わりなど，様々な環境と関わること」を指す。体験的な活動では，子どもの内面性がより豊かになるように，子どもの自身が「自分で考え，判断し，納得し，行動すること」ができるように，内面との対話や，教師や他の子ども達と対話を継続することで，主体的な学びが実現するという。

　多様な体験は，子どもの興味関心や発達段階によって異なる。個々の状況に応じて，教師は子どもにとって適切な多様な体験を構築しなければならない。

❺　保育所保育指針における子どもの「主体性」

　全国の保育所において，保育所保育指針に基づいた環境や保育内容の構成に努めなければならない。その対象となるのは，公立，私立の保育園のみならず，家庭的保育施設，小規模保育施設，地域型保育事業施設，認可外保育施設においても，保育所保育指針の内容に沿って保育を行うことが定められている。

　保育所保育指針は，2018年に改定された。主な要点は，（1）乳児，1歳以上3歳未満児の保育指針の明確化，（2）保育教育と幼児教育との関係性の明記，（3）食育の推進や安全な保育環境の構築，（4）保護者，家庭，地域との連携に基づいた子育て支援の構築，（5）保育士等の資質・専門性の向上，である。保育所は，児童福祉法に基づいて，「入所する子どもの最善の利益を考慮し，その福祉を積極的に増進する」（厚生労働省，2018，p. 12）ことを役割としている。2016（平成28）年に改正された児童福祉法において子どもは権利主体として位置づけられており，この理念に則って子どもの成長に応じた生活の場を構築することを掲げている。

　保育所保育指針では，生命の保持と情緒の安定の分野において「ねらい」として定められている。特に情緒の安定を確保するために，一人一人の子どもが①安定感をもって過ごせるようにすること，②自分の気持ちを安心して表すことができること，③周囲から主体として受け止められ，主体と

して育ち，自分を肯定する気持ちをもてること，④子どもが心身の疲れを
いやし，安心して生活できるようにすること，である。これらは，子ども
の権利条約における4つの権利（生きる権利，育つ権利，守られる権利，
参加する権利）が反映されているといえる。

　保育所から小学校への移行も重視されている。「子どもなりに好奇心や
探求心をもち，問題を見出したり，解決したりする力」（厚生労働省，
2018，p.297）や「興味や関心が広がり，疑問をもってそれを解決しようと
試みる」（厚生労働省，2018，p.298）ための主体的行動の養成を保育所保育
の基本としており，これらが小学校以降の教育の基盤になることを目的に
している。

　「幼児期の終わりに育ってほしい姿」は，幼稚園教育要領と同じ内容を
掲げている。これは，幼保教育一体に向けた改革によるものである。しか
し，その方法や内容は，上記の生命の保持と情緒の安定の分野に則って進
められるものである。また，そもそもすべての子どもが「幼児期の終わり
に育ってほしい姿」を身につけるわけではなく，そのための方法やタイミ
ングは子どもの特性や発達段階によって多様であることについても留意し
ている。違いを前提とした立場から，子どもの個性を受け止め認めること
で，子どもの主体性や自己肯定感を育むことにつながるという。

（1）主体としての子どもの尊重および自己肯定感の育成

　保育所保育指針において，「子どもは1人の独立した人間である」（厚生
労働省，2018，p.21）とし，「子どもをそれぞれに思いや願をもって育ちゆ
く一人の人間として捉え，受け止めることによって，子どもは安心感や信
頼感をもって活動できるようになる」（厚生労働省，2018，p.21）と言及す
る。このように「子どもの主体性を尊重し，子どもの自己肯定感が育まれ
るように対応」（厚生労働省，2018，p.21）する保育の方法を掲げている。
生活の場としての保育の現場において，子どもの健康や安全に配慮しなが
ら，子どもの安心感を育みながら活動を展開することを目的にしている。

　主体としての子どもに着目したときに，子どもの発達の特性や段階が多
様であることに基づいている。「同じ月齢・年齢の子どもであっても，環

境の受け止め方や環境へのかかわり方，興味や関心の対象は異なる」し，子どもの発達過程の早さやその道筋もまた多様であることを指摘している。主体としての子どもにとっての最善の利益を考えた場合，それぞれの状況を尊重した保育の場を提供することを掲げている。

　さらに子どもの発達や特性だけでなく，国籍や文化の違いを受け止め，尊重することの重要性についてもふれている。子どもの権利条約に沿って，保育士が「子どもの人格を尊重するとともに，子どもが権利の主体であるという認識」（厚生労働省，2018，p.29）をもって，子どもの人権に関する理解を深めることも求められている。

　子どもが主体として尊重されることは，保育所での活動を円滑に進めるうえで重要な位置づけにある。子どもが1人の主体として尊重されることで，子どもは安心感をもって保育所での生活を過ごすことができ，保育士との信頼関係も築くことができる。そのため，子どもの感情を受け止め，共感することで，子どもの安心感や信頼感を形成することにつながるという。子どもが安定感や信頼感をもつためには，子どもの主体性を尊重することが重要な位置づけにある。

（2）主体的行動

　保育所保育指針における主体的行動について，乳児から2歳児までは，「生活や遊びの様々な場面で主体的に周囲の人やものに興味をもち，直接関わっていこうとする姿」（厚生労働省，2018，p.4）としている。また，「子どもの自発性や探索意欲」にそって子ども自身による自発的な行動を周囲の保育士等の大人が認めることで，保育士等との信頼関係を形成することにもつながる。特に3歳以上の子どもの場合は，子ども一人一人の主体性を重視することが集団生活で安心して生活するうえで重要になるという。「個を大切にする保育を基盤として，一人一人の子どもは集団において安心して自己を発揮する」（厚生労働省，2018，p.50）ことにつながるのである。

　集団の保育では，子どもの特性や発達段階を認識して，それぞれの個性を受け止めながら活動を進めることが重要だという。集団生活において，周囲に合わせることや同じであることを求めるのではなく，まずは子ども

それぞれの興味や関心に目を向けて認めることで，子どもの自己肯定感を育み，安定感の養成につながるという。また，こうした活動は，遊びや生活を通して総合的に保育することが求められている。

（3）環境を通じて行う保育

　子どもにとって，保育所は家庭の次の生活の場となる。そのため，子どもの状況や発達過程に応じて保育の環境を保育士等が構成することが重要になる。例えば乳幼児期は，「生活の中で興味や欲求に基づいて自ら周囲の環境に関わるという直接的な体験を通して，心身が大きく育っていく時期」（厚生労働省，2018，p. 14）であるとし，「好奇心や自分から関わろうとする意欲をもってより主体的に環境と関わるようになる」という。乳児期の子どもにも，主体的に行動する視点を持ち合わせている。

　また，「保育において子どもの主体性を子どものしたいようにさせて保育士等は何も働きかけないようにするということではない」（厚生労働省，2018，p. 43）と明言する。「子ども自らが興味や関心をもって環境に関わりながら多様な経験を重ねていけるようにするためには，保育士等が乳幼児期の発達の特性と一人一人の子どもの実態を踏まえ，保育の環境を計画的に構成すること」（厚生労働省，2018，p. 43）が重要だという。

　環境を通じて行う保育は，計画的に進められる部分と，偶発的な部分とがあるという。「人・物・自然現象・時間・空間等を総合的に捉えて環境を構成」し，子どもが好奇心や興味関心をもって行動できるような環境を構成する必要がある。さらに，偶発的な部分とは，子どもが環境に関わるなかで発見した子どもの「気付き・発想・工夫を大切」にしながら環境を再構成して保育を行うことを掲げている。こうした再構成を繰り返すことで，保育がより豊かになると指摘する。

⑥　比較分析

　幼稚園教育要領と保育所保育指針における子どもの「主体」の捉え方を考察するために，「主体」「主体性」「主体的行動」をキーワードに各文書から抜き出してまとめたものが表9-1である。まず，幼稚園教育要領およ

び保育所保育指針における「幼児期の終わりまでに育成したい資質」は，共通項目として設定されている。「幼児期の終わりまでに育成したい資質」を達成するためのねらいや内容は，それぞれ異なる。幼稚園教育要領では，健康，人間関係，環境，言葉，表現の5分野におけるねらいが設定されている。保育所保育指針では，身体的発達，社会的発達，精神的発達の3分野におけるねらいが設定されている。どちらとも，心身の健康的な発達と身近な人や環境と関係を構築できる能力の育成が目指されている。ただし，幼稚園では教育課程のなかで子どもの協調性を構築し，自身だけでなく他者との関係性をとらえたうえで自主的に行動できるように視点を向けられている。一方の保育園では，子どもの情緒の安定と生命の保持を前提にした養育を掲げ，まずは子ども一人一人の気持ちを尊重し寄り添うことで，自己肯定感を育んでいくことが目指されている。子どもの主体性を尊重することが，わがままに育てることを意味しているのではなく，まずは子どもの安心感や自己肯定感を育てることが，子どもの主体性の涵養につながると主張する。このことは，大元（2020）の指摘する教育課程重視（幼稚園）と子ども重視（保育園）の違いとして表れているだけでなく，さらに自己と他者との関係性の捉え方にも関連している。すなわち，幼稚園では，自分だけでなく他者（同年代の子ども）との関係を構築し協調性をもちながらお互いの意見を交流して行動することが求められるのに対して，保育園では，他者とのやり取りをしながらも自分はどう思うか，自分は何に興味をもつかというやり取りを保育士等が受け止めながらそれぞれの主体性を尊重しつつ行動につなげていく。他者目線か自己目線かの違いとしても表出している。

　幼稚園教育要領や保育所保育指針では，「主体」「主体性」「主体的行動」の用語が多用されている。とりわけ「主体的行動」や「主体性」については，荒川・吉村（2017）が指摘するように，「自発的」な行動を意味して用いられている。たとえば，「子どもの自発性や探索意識」（保育所保育指針）や「自分で考え，判断し，納得し，行動すること」（幼稚園教育要領）にように，子どもが興味関心をもち，自ら考えて行動することを意味している。この「主体的行動」に対する視点について，両者の間で相違

がある。幼稚園教育要領では，子どもが主体的行動をとれるように教員が環境を設定し，学びの場をつくらなければならない。保育所保育指針もまた，保育士等が子どもの主体的行動を促すための環境を設定しなければならない。しかし，保育所保育指針では，子どもの興味関心がその場の環境によって移り変わる可能性のあること，その偶発性を尊重して子どもの興味関心のある方向にも目を向けることも求められている。集団生活における主体的活動を尊重するには，子どもの発達や特性に寄り添い，子どもと

表 9-1　幼稚園教育要領および保育所保育指針における子どもの「主体」

	幼稚園教育要領	保育所保育指針
幼児期の終わりまでに育成したい資質	「健康な心と体」，「自立心」，「協同性」，「道徳性・規範意識の芽生え」，「社会生活との関わり」，「思考力の芽生え」，「自然との関わり・生命尊重」，「数量・図形，標識や文字などへの関心・感覚」「言葉による伝え合い」「豊かな感性と表現」	
ねらい	・心身の健康に関する領域「健康」 ・人との関わりに関する領域「人間関係」 ・身近な環境との関わりに関する領域「環境」 ・言葉の獲得に関する領域「言葉」 ・感性と表現に関する領域「表現」	・心身の健康に関する領域「健康」 ・人との関わりに関する領域「人間関係」 ・身近な環境との関わりに関する領域「環境」 ・言葉の獲得に関する領域「言葉」 ・感性と表現に関する領域「表現」 【3歳児】 ・身体的発達に関する視点「健やかに伸び伸びと育つ」 ・社会的発達に関する視点「身近な人と気持ちが通じ合う」 ・精神的発達に関する視点「身近なものと関わり感性が育つ」
主体的行動の内容	・自立心と協働性を形成するための主体的行動 ・安心感の形成による主体的行動 ・多様な体験による主体的行動	・主体としての子どもの尊重および自己肯定感の育成 ・主体的行動 ・環境を通じて行う保育
主体的行動による子どものねらい	・社会に出てからも主体的に取り組み，自ら考え，様々な課題に取り組むことができる ・物事に積極的に取り組み，自律的な生活を送ることができる ・自分を向上させようとする意識を形成する	・主体としての自我をもつこと ・自分の思いを共有し，適切な方法で自己主張をすることができる ・自信や自己肯定感を育む

出典：筆者作成

保育士等との安心感や信頼感を醸成することで子どもの自己肯定感を育むことが重要だという。自己肯定感の養成を尊重することが，権利ある主体としての子どもの存在をより明確にするといえる。

❼ おわりに

以上，本章では幼稚園教育要領と保育所保育指針における子どもの「主体」に関する相違について考察した。これまでの先行研究においても，両文書間における「主体」の違いが検討されてきた。本章では，「主体」「主体性」「主体的行動」をキーワードにして文書から抽出を行い，それぞれのねらい，行動内容，目的について考察した。

幼稚園教育要領において，「主体」とは，主体的行動，つまり自発的な学びや行動のことを指している。子どもが主体的行動をとれるように教員が環境を設定し，教員が学びの場をつくらなければならない。その際，子どもは教員によって設定された環境や教育計画のなかで自分の興味関心に応じて行動を進め，また，他者との協調性を意識しながら自発的に行動するようになることが求められている。保育所保育指針では，子どもの主体性を尊重することで自己肯定感を育むことにつなげることが求められている。そもそも，子どもの特性や発達段階が多様であることを前提にしている。そうしたうえで，子ども一人一人の気持ちを尊重し，情緒の安定と生命の保持につなげることを掲げている。

これまでの先行研究で指摘されてきたように，同じ「主体」という用語でも，幼稚園教育と保育園教育とでは教育課程重視と子ども重視（大元，2020）という違いがある。さらに，幼稚園では，他者との関係性を重視しながら協調性を構築するという「他者目線への配慮」が求められているのに対して，保育園ではまずは子ども一人一人の気持ちや意見を受け止めて子ども同士の関係性を築いていくという「自己目線の尊重」が重視されている。「他者目線への配慮」によって，集団生活の中で他者との関わりを学び，協同しながらも自発的に行動できるようになることが目指されている。「自己目線の尊重」を重視する保育園教育では，自分の気持ちが保育士等によって受け止められることで自信や安心感につながり自己肯定感の

養成につなげることが目指されている。

　両者は「幼児期の終わりまでに育成したい資質」として共通の項目を掲げながらも，異なる視点にたったねらいや教育内容を形成している。これにはそれぞれの所轄する組織が異なること，また展開の経緯も異なるために至極当然のことといえよう。しかし，子どもの貧困や虐待，幼稚園や保育園などの施設における子どもの事故の状況に鑑みると，幼保教育の従事者は改めて，権利主体としての子どもの存在を捉え直し，子どもの権利条約を尊重した幼保教育のあり方を継続的に考察する必要があるといえる。

参考文献

- ILO and UNICEF（2021）*Child labour: Global estimates 2020, trends and the road forward.*
- 荒川志津代，吉村智恵子（2017）「幼児教育における子どもの主体性についての一考察」『名古屋女子大学　紀要』第 63 巻，pp. 217-225
- 大元千種（2020）「幼児教育・保育における子どもの主体性についての考察」『別府大学短期大学部紀要』第 39 号，pp. 43-55
- 黒川久美（2005）「乳幼児期の子どもの権利と保育・療育の今日的課題」『南九州大学人間発達研究』第 5 巻，pp. 27-34
- 厚生労働省（2021）「令和 3 年度　児童相談所での児童虐待相談対応件数」
- 厚生労働省（2019）「2019 年　国民生活基礎調査」
- 厚生労働省（2018）「保育所保育指針解説」
- 長谷範子（2019）「子どもの権利と保育─保育要領，幼稚園教育要領，保育所保育指針の検討」『四條畷学園短期大学紀要』第 52 号，pp. 69-76
- 文部科学省（2018）『幼稚園教育要領解説』
- ユニセフ（2023）『世界子ども白書』

注

1）日本は，同条約には 1990 年に署名した。

- 日本ユニセフ協会による You Tube では，子どもの権利に関する解説および様々な国における子どもの権利が侵害されている状況について視聴することができます。

  https://www.youtube.com/@UNICEFJapanNatCom/featured

  また，子どもの虐待や子どもの貧困について，ドキュメンタリー資料を視聴することができます。

- NHK［ハートネット TV］「『子どもと向き合うのが苦しい』虐待の"後遺症"に苦しむ」

  (https://www.youtube.com/watch?v=zSCNXWIQ0Js)（2023 年 8 月 27 日確認）

- 石川テレビ公式チャンネル『【守る】「虐待を経験した女性」（2018 年 5 月 24 日放送）』

  (https://www.youtube.com/watch?v=bZzn6uufiOc)（2023 年 8 月 27 日確認）

- TBS NEWS DIG Powered by JNN『世帯年収 300 万円未満家庭 3 人に 1 人「学校以外の活動を 1 年間に一度も行っていない」子どもの「体験格差」民間団体が調査』

  (https://www.youtube.com/watch?v=fO9LjLm7MyI)（2023 年 8 月 27 日確認）

など多数

課題

❶ 子どもの権利条約が，幼稚園教育要領および保育所保育指針に与えた影響について，説明してください。

❷ 子どもの権利条約が発効して以降，自治体における子ども（青年）への取り組みとしてどのようなことがあるのか，本章以外の事例について調べて，説明してください。

❸ 幼稚園教育要領および保育所保育指針における共通点について整理して，説明してください。

ディスカッション

あなたは，ある保育園（幼稚園）の保育士（教員）をしています。子どもが，給食（お弁当）をすべて食べきれていません。この場合，子どもの気持ちに寄り添った形で言葉がけをするにはどのような方法が考えられますか。

〈MEMO〉

第**10**章

日本プロ野球界における学歴の
意味についての予備的考察
—「球歴」の教育社会学—

> キーワード　職業野球，プロ野球，東京六大学，球歴

☞ 概　要 -

　学歴の意味を探ろうとするときに，音楽界，美術界，芸能界，スポーツ界などは実力の世界であり，学歴との関係は薄いというのが教育社会学においては常識とされてきた。なるほど，これらの世界で求められる能力には，学校教育の中で身につけられるとは考えにくいものが多く含まれることは事実である。しかし，学歴を旧来の機能主義的解釈で理解するならば，知識・技術・スキルを身につけることが中心概念となるが，学歴の持つ意味をより広く，ネットワーク形成機能，あるいは社会関係資本形成機能をも持ち合わせるものと考えるならば，スポーツ界なども無縁ではないと考える。本章ではプロ野球界を例にとり，「球歴」の意味を広義に解釈し，「学歴は無関係」どころか，極めて重要な役割を果たしてきたことを明らかにするための仮説の提示を行う。いわばプロ野球というスポーツ文化の担い手の形成に学歴が持つ意味について予備的考察を行うというわけである。

- -

1 はじめに

　2011年に制定されたスポーツ基本法では「スポーツは，世界共通の人類の文化である」と謳われている。また文部科学省のホームページにおいて，競技スポーツについて下記のように記されている。

スポーツは文化である（*https://www.mext.go.jp/a_menu/sports/athletic/070817/001.htm*，*2023年9月19日閲覧*）。

1.　競技スポーツは人類の創造的な文化活動の一つである
競技スポーツ振興の意義

　スポーツは，人間の体を動かすという本源的な欲求に応えるとともに，爽快感，達成感，他者との連帯感等の精神的充足や，楽しさ，喜びを与えるなど，人類の創造的な文化活動の一つです。

　心身の両面に影響を与える文化としてのスポーツは，健康の保持増進，体力の向上に資するとともに，明るく豊かで活力に満ちた社会の形成や，とりわけ青少年にとっては，スポーツが人間形成に多大な影響を与えるなど，心身の両面にわたる健全な発達に不可欠なものとなっています。

　一方，スポーツには，人間の可能性の極限を追求するという側面があり，このような競技スポーツは，自らの能力と技術の限界に挑む活動であると同時に，その優れた成果は，国民に夢と感動を与えるなど，人々のスポーツへの関心を高め，スポーツの振興に資するとともに，活力ある健全な社会の形成にも貢献するものといえます。

　また，グローバル化している現代社会において，スポーツの振興は，世界共通の文化として，我が国はもとより世界のスポーツの発展に寄与するとともに，スポーツを通じた交流により，世界の人々との相互の理解や認識を一層深めるなど，国際的な友好と親善のためにも有意義なものです。

　まさにその通りであり，競技スポーツは「人類の創造的な文化」である。わが国の場合には，ことに野球は明治初期にもたらされ，高校野球，大学野球，社会人野球，プロ野球が盛んにおこなわれ国民の耳目を集める国民的スポーツとなっている。

　ただし，日本の場合，アメリカ合衆国とは異なり高校野球，大学野球は地域主体ではなく，学校主体で行われるため「教育の一環」として位置づけられてきた。例えば，「学生野球界の憲法」ともいわれる「日本学生野球憲章」においては，次のように述べられている。

国民が等しく教育を受ける権利をもつことは憲法が保障するところであり，学生野球は，この権利を実現すべき学校教育の一環として位置づけられる。この意味で，学生野球は経済的な対価を求めず，心と身体を鍛える場である。

　もちろん，地域主体で行われる少年野球の活動においても，学齢期の子どもを対象とするわけであるから「教育の一環」という性質は強調されている。ただ，学校の教育活動においてなされるということになると，「教育の一環」という性格はよりいっそう強調されることになる。

　他方，プロ野球に関しては，無報酬で（社会人野球の場合は異なるが）純粋性が強調されるアマチュア野球に対して，後述のように，長きにわたり一段低くみられ，蔑まれる傾向があった。

　しかし，現在ではプロ野球も含めて，スポーツとしての野球は国民的人気を博している。国家的承認も得ており，読売ジャイアンツのカリスマ的スターだった三塁手の長嶋茂雄は 2005 年に文化功労者，2013 年に国民栄誉賞，2021 年には球界初の文化勲章を受章している。また，同じく読売ジャイアンツの草創期以来の中軸打者で日本初の 2000 本安打達成者であり，かつ監督として日本シリーズ九連覇の偉業を成し遂げた川上哲治は 1992 年に文化功労者を受章している。さらに，長嶋茂雄とほぼ同時代のスーパースターで，本塁打数の日本記録を持つ王貞治は 1977 年に国民栄誉賞，2010 年に文化功労者を受章している。ちなみに，文化勲章を受章したプロ野球選手は長嶋のみ，文化功労者を受章したのは川上，長嶋，王の三名のみである。国民栄誉賞については長嶋，王のほかに 1987 年に広島東洋カープの中心打者で連続試合出場記録保持者の衣笠祥雄，2013 年に読売ジャイアンツとメジャーリーグで中軸打者として活躍した松井秀喜が受賞している。さらにこの川上，長嶋，王の三名が現役時代に着けていた背番号は，読売ジャイアンツにおいて永久欠番となっている。川上が監督で長嶋，王が主力選手だった時代 1960 年代から 1970 年代半ばにかけての，いわゆる「V9（「日本シリーズ九連覇」時代）」に，プロ野球は競技スポーツ文化として国家的承認を得たということになるのであろう。

　ただ，その一方で，過去にプロ野球がアマチュア野球と比べて数段低くみられていた風潮は忘れ去られようとしている。

　本章の目的は次のとおりである。すなわち，①スポーツ文化としてのプロ野球が，誕生から社会的承認を取り付ける過程で，東京六大学野球の人脈に深く依存したことを確認すること，そして，②「プロ野球界は実力の世界であり，学歴，すなわち球歴は無関係である」とは単純に断定できないことを示すこと，さらにはプロ野球界における学歴の意味に関して，仮説を示すことである。本章では紙幅の関係上，あくまでも予備的考察を行い，仮説を提示するレベルにとどまる。

② プロ野球選手の業績と球歴の関係
―矢野眞和の研究をめぐって―

　プロ野球と学歴の関係については，教育社会学の領域では矢野眞和（1991）の研究で詳しく述べられている。矢野は 1965 年の第 1 回ドラフト会議から 1985 年の第 21 回ドラフト会議までにプロ野球界に入った 1743 名すべてを対象として，以下のような分析を行った。

　矢野の問題意識は，人間の能力を判断することがいかに難しいことであるのかを深く考察するというところにあり，当時盛んであった「学歴主義か実力主義か」という論争に一石を投じようという意図があったのである。プロ球界はアマチュア球界とほぼ同様のルールで行われ，しかも，チームレベルだけではなく，個人レベルで打率とか防御率とか個人の能力を数値化して示すことが可能である。そのため，アマチュア時代の実績をもとにプロに入ってからの実績を予測することが，個人の入職前に身につける能力と入職後に求められる能力の関係性が明瞭ではないとか，入植前の実績を数値化できない領域よりもはるかに容易なはずではないかという仮説が背景にある。しかし，実際にはこれだけ条件が整っていても，予測するのは難しいという結論になるわけである。これは現場でも実感を持たれているところであり，渡辺元智監督とともに横浜高校を強豪校に育て上げた小倉清一郎・同校野球部長（2015）によれば，

プロだと 8 人獲っても使える選手が 1, 2 人と確率は低いが, 高校野球
は 10 人獲ってきたら 7 人は使える。

とのことで, アマチュア時代の実績が優れていても, プロで成功する確率
は低いという見解がみられる。まずは矢野の見解に耳を傾けよう。
　表 10-1 はプロ野球選手としての成長段階を打者, 投手それぞれ 4 段階
に分け, どれぐらいの確率で選手が到達するのか, その確率を示したもの
である。第 1 段階とはプロ野球の世界に入る段階で, 当然 100％となる。
第 2 段階とは, 代打・代走であれ, 守備固めであれ, 敗戦処理であれ, と
にもかくにも一軍の試合に出場した経験を持つ段階である。この段階です
でに三分の一以上の選手が到達できていないことがわかる。第 3 段階とは
レギュラー・ポジション（投手であればローテーション入り）を獲得する
段階で, 具体的には規定打席数（試合数×3.1 打席）, 規定投球回数（試合
数）をクリアしたシーズンがあるかどうかが基準になる。この段階になる
と, 打者は 7 人に 1 人, 投手は 6 人に 1 人となる。先の小倉の経験則はこ
の段階にまさに当てはまるのである。第 4 段階はリーグを代表する選手に
なる段階で, 具体的にはベストナイン賞を受賞した経験があるかどうかが
基準になる。この表を見ると, プロ野球の世界がいかに厳しい社会である
かがよく理解できる。
　つづいて表 10-2 である。ドラフトの順位は期待の度合いを示すと考え
られるだろう。ちなみに「ドラフト外」とは, ドラフト会議において指名
されなかった選手がテスト等を経て入団する「テスト生（現在で言えば育成選手)」などであり, 一般的には入団前の時点の評価が低い選手を指す。

表 10-1　到達者数と到達確率

	全体		打者		投手	
	実数	％	実数	％	実数	％
第 1 段階	1743	100.0	884	100.0	819	100.0
第 2 段階	1099	63.1	570	64.5	485	59.8
第 3 段階	280	16.1	123	13.9	150	18.3
第 4 段階	87	5.0	64	7.2	20	2.4

出典：矢野（1991）をもとに筆者加筆。

表 10-2 からわか

表10-2　ドラフト順位と到達確率　（単位：人，カッコ内は%）

	1位		2位		3位		4位		5位		6位		7位		4～7位合計		ドラフト外	
	実数	%	実数	%	実数	%	実数	%	実数	%	実数	%	実数	%	実数	%	実数	%
第1段階	223	100	214	100	184	100	169	100	136	100	117	100	144	100	566	100	516	100
第2段階	201	90	184	86	146	79	111	66	87	64	70	56	79	55	347	61	178	34
第3段階	91	41	58	29	35	19	21	12	15	11	11	9	19	13	66	12	23	5
第4段階	32	14	21	10	12	7	5	3	4	3	3	2	5	4	17	3	2	1

出典：矢野（1991）をもとに筆者加筆。

ることは矢野自身によれば次のとおりである。

（1）「四位以下についてそれほど差がない」ことがわかる。これについては4～7位の各順位の欄と「4～7位合計」の欄を比較参照されたい。つまり，「**特別に目立つ有能な選手以外は，入団前にその実力を判断するのはかなり難しいのではないか**」ということになる。

（2）第3段階に到達したものは総計273名である。「1位指名は91名でその3分の1を占めるにすぎない…2位と3位をあわせて，93名…残りの3分の1が4位以下という構成になっている。…（中略）…2位以下の活躍が目立つというべきだろう。」

（3）「ドラフト外の活躍者もかなりいるということである。確率はかなり低い。しかし，ドラフト外の入団者が516名で，他と比較して採用数が非常に多いからである。…（中略）…ドラフトの外の一軍出場経験者178名というのはかなり多い数字と言える。数からすれば，2位指名者に匹敵し，3位以下よりも多い。ドラフト外のレギュラー経験者も23名。これは，3位につぐ数である」ということである。例えば，この表の示す1965年から1985年の時期であればドラフト外入団で活躍した選手としては（社会人としての球歴は省略），読売ジャイアンツの新浦壽夫投手（静岡商高），西鉄ライオンズ（現，埼玉西武ライオンズ）の基満男（報徳学園高→駒澤大），加藤初（吉良商高→亜大），加藤博一（多久工高），東映フライヤーズ（現，北海道日本ハムファイターズ）の江本孟紀（高知商高→法大）などがいる。

　つまり，矢野の指摘する通り，「**ドラフト順位が実力をよく表現してい**

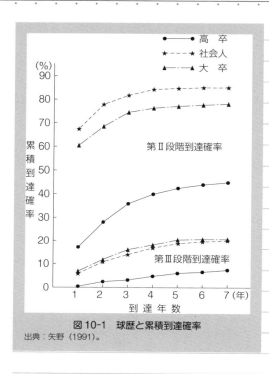

図10-1 球歴と累積到達確率
出典：矢野（1991）。

るというよりも，特別優れた人材を別にすれば，その後の活躍を予想するのはむずかしいというのが適切」ということになる。

次に図 10-1 である。矢野は球歴と各段階への到達確率との関係を検討している。第1段階への到達確率は当然ながらすべて 100％であり，逆に第4段階への到達確率は僅少なので，ここでは第2段階と第3段階への到達確率を分析対象にしている。

第2段階に関しては，「社会人は即戦力採用で，出場機会を獲得するチャンスは，大卒よりも若干早い。それに対して，高卒はかなり厳しい。7年たっても出場できるのは5割に満たない」ということである。

第3段階の到達確率である「レギュラーの到達確率を見ても，社会人と大卒はほとんど差がないが，高卒はかなり低い。レギュラーになれるのは1割にとどまる。しかし，1位指名の高卒者に限定すれば，大学並みの昇進（？）が可能である。高卒での実力判定は，特別目立った人材でも大卒と同じ程度であり，かなり不確実だといえる」ということである。

すなわち，一見，アマチュア球界の（数量化された）実績をもとに，プロ野球界に入った場合の業績を高い確率で予測することが可能なように見えるのだが，プロ野球界においても，飛び抜けた人材と即戦力以外においては，相当な「読み間違い＝期待外れ」が生じ得るのであって，まして，プロ野球界以外の実社会においては人の能力を予測して採否を決めること

はかなり難しいということになる。

　このようにみると，球歴なるものは選手の実力と無関係ではないが，さまざまな要因の一つにすぎない，ということになる。しかし，プロ野球界は選手だけで構成されているのではない。監督・コーチやフロントも存在する。そこで次節では監督の球歴を分析してみよう。

❸　プロ野球監督の球歴と業績—橘木俊詔の研究をめぐって—

　筆者自身が日本のプロ野球界（NPB）において，1936年度（日本職業野球連盟が設立され，初めてのリーグ戦が行われた年度）から2023年度までの87シーズン（1945年度は第二次世界大戦のため不開催）の成績をもとに，名監督，名打者，名投手を選出し，その球歴を調べた。それが表10-3である。ただし，メジャーリーグでの実績との合算はしていない。また，ここでは社会人野球の球歴は省略している。さらに，中退者も卒業者と同様に扱った。

　まず，名監督については通算勝利数が上位32位までの者とした。ちなみに，32位の広岡達朗が498勝である。1936年度から1949年度までの一リーグ時代においては，優勝15回のうち12回（80％），1950年度から2023年度までの74シーズンにおいては，セ・パ両リーグのリーグ優勝（ペナントレースで一位）合計148回のうち125回（84.5％），日本シリーズ74回のうち60回（81.1％）にわたって，この32名の名監督が栄冠を勝ち取っている。

　名打者については通算2000安打以上の者55名に加えて，通算2000安

表10-3　NPB名監督，名打者，名投手の球歴（1936年度～2023年度）

	高等教育卒業者・中退者		中等教育卒業者・中退者		外国人	合計
	東京六大学	他大学	旧制中学	新制高校		
名監督	16	6	2	8	0	32
名打者	7	10	1	39	2	59
名投手	6	18	7	28	2	61

出典：筆者作成。

打未満ではあるが通算 400 本塁打以上の者 4 名を加えた。

　名投手については，通算勝利数 170 勝以上 41 名に加えて，通算セーブ数 150 セーブ以上の者 18 名，通算ホールド数 170 ホールド以上の者 3 名とした。江夏豊投手は 206 勝かつ 193 セーブで重複するので，総計 61 名である。

　なお，外国人選手については日本で教育を受けたヴィクトル・スタルヒン投手を除いて「外国人」に入れている。名監督中には外国人はいない。以上の名監督，名打者，名投手の定義には異論もあろう（例えば盗塁や守備は指標として取り上げていない）が，この定義に従って分析する。

　この集計表のもとになったデータを検討すると，名投手で名監督になったものは 1 名（工藤公康），名打者で名監督になったものは 6 名（野村克也，王貞治，川上哲治，長嶋茂雄，山本浩二，落合博満）に過ぎない。まさしく「名選手必ずしも名監督ならず」というわけである。名打者，名投手においては合計 120 名，外国人を除く 116 名のうち，高等教育卒業者・中退者は 41 名と約 3 分の 1 であるが，監督については 32 名中 22 名が大卒で約 3 分の 2 に達する。特に東京六大学出身者が 16 名と半数を占める。東京六大学出身者は名打者では 7 名，名投手では 6 名に過ぎず，**名監督と名打者・名投手では球歴がかなり異なる**ことがわかる。

　では，なぜ名監督に東京六大学出身者が多くなっているのであろうか？この問題について検討するために，まず 1936 年度，つまり日本のプロ野球初年度の各チームの監督と主将の球歴を調べた結果が表 10-4 である。

　日本職業野球連盟（1936 年から 1944 年まで，つまり一リーグ時代に存在した連盟で，現在の日本野球機構）が創設されたとき，7 球団があり，東京巨人軍は現在の読売ジャイアンツ，大阪タイガースは現在の阪神タイガース，名古屋軍は名古屋金鯱軍と合併し，現在の中日ドラゴンズになっている。これら 3 球団については，親会社も変わっていない。東京セネタースの場合，貴族院議員の有馬頼寧が 60%，西武鉄道は 40% という関係であり，西武鉄道は親会社というよりも後援者の位置にあった（菊（1993）を参照）。ただ，西武鉄道が日本職業野球連盟創設時にもプロ野球界に関わっていたことは，今日ほとんど知られていないようである。阪急軍は戦

表10-4　1936年度のプロ野球各チームの監督と主将の球歴（太字が東京六大学）

チーム名	監督			主将			資本関係
	氏名	出身地	学歴	氏名	出身地	学歴	
東京巨人軍	浅沼誉夫	東京	立教中→**早大**	津田四郎	兵庫	関西中	読売新聞社
	藤本定義	愛媛	松山商→**早大**				
大阪タイガース	森茂雄	愛媛	松山商→**早大**	松木謙治郎	福井	敦賀商→**明大**	阪神電鉄
	石本秀一	広島	広島商→関西学院高等部				
名古屋軍	池田豊	東京	早稲田中→**早大**	桝嘉一	京都	同志社高商→**明大**	新愛知新聞社
東京セネタース	横沢三郎	台湾	荏原中→**明大**	大貫賢	東京	荏原中	西武電鉄
阪急軍	三宅大輔	東京	慶大普通部→**慶大**	宮武三郎	香川	県立工芸学校→高松商→**慶大**	阪急電鉄
大東京軍	永井武雄	兵庫	第一神港商→**慶大**	水谷則一	愛知	愛知商→**慶大**	国民新聞社
	伊藤勝三	秋田	秋田中→**慶大**				
	小西得郎	東京	日本中→**明大**				
名古屋金鯱軍	岡田源三郎	東京	高千穂中→早稲田実業→中大→**明大**	黒田健吾	岡山	関西中	名古屋新聞社
	二出川延明	兵庫	第一神港商→**明大**	中村輝夫	愛媛	松山商→**明大**	
	島秀之助	兵庫	第一神港商→**法大**				

出典：馬立（1961），菊（1993）を参考にして，筆者作成。

後阪急ブレーブスと改称し，現在はオリックス・バファローズとなっている。大東京軍は戦後松竹ロビンスとなり，さらにその後，実質的に大洋ホエールズに吸収合併された。つまり，親会社（資本関係にある企業）が新聞社のものが4球団，鉄道会社のものが3球団存在したわけである。

　大阪タイガース，大東京軍，名古屋金鯱軍では1936年のシーズン内に監督交代が行われている。この時期，専任コーチはなく，監督が指導者のすべてであった。監督の学歴を見ると，大阪タイガース二代目監督の石本秀一を除き，すべて東京六大学出身者である。この時期の監督には後に審判に転じたものが多く，池田豊，横沢三郎，二出川延明，島秀之助は名審判と謳われ，審判としての実績が評価されて野球殿堂入りしている。また

表10-5 2023年度のセ・リーグ各チームの監督と主将の球歴（太字が東京六大学）

チーム名	監督			主将			
	氏名	出身地	学歴	氏名	出身地	学歴	備考
読売ジャイアンツ	原辰徳	神奈川	東海大相模高→東海大	岡本和真	奈良	智辯学園高	主将
				吉川尚輝	岐阜	中京高→中京学院大	副将
				戸郷翔征	宮崎	聖心ウルスラ学園高	投手主将
阪神タイガース	岡田彰布	大阪	北陽高→**早大**	なし			
中日ドラゴンズ	立浪和義	大阪	PL学園高	大島洋平	愛知	享栄高→駒大	野手主将
				大野雄大	京都	京都外大西高→佛教大	投手主将
東京ヤクルトスワローズ	高津臣吾	広島	広島工高→亜大	山田哲人	兵庫	履正社高	主将
横浜DeNAベイスターズ	三浦大輔	奈良	高田商高	佐野恵太	岡山	広陵高→**明大**	主将
				山﨑康晃	東京	帝京高→亜細亜大	投手主将
広島東洋カープ	新井貴浩	広島	広島工高→駒大	なし			

出典：筆者作成。

唯一東京六大学出身者でない石本秀一は戦後，広島カープの初代監督となる人物である。また，主将に関しても8名（名古屋金鯱軍は途中で主将が交代しているため8名になる）中5名が東京六大学の出身者である。

　ちなみに，2023年度のプロ野球各チームの監督と主将の学歴を調べた結果が表10-5（セ・リーグ），表10-6（パ・リーグ）である。ただし，キャプテン制を布かないチームもいくつかある。現在では阪神，オリックス，日本ハムがそれに該当する。まず，表10-5を見ると，セ・リーグでは東京六大学出身者が阪神タイガースの岡田彰布監督のみであることに気づく。主将については，横浜DeNAベイスターズの佐野恵太選手が明大出身であるが，他に東京六大学出身者はいない。

　表10-6をみると，パ・リーグの監督はすべて高卒者になっている。1936年度の状況と対照的である。主将についてはソフトバンクホークスの副将である栗原陵矢をのぞき，全員大卒であるが，東京六大学出身者は千葉ロッテマリーンズの中村奨吾のみである。

　日本職業野球連盟創設時と今日とを比べると，監督（あるいは主将も）において，東京六大学出身者が激減している（ように見える）のはなぜか？

表10-6　2023年度のパ・リーグ各チームの監督と主将の球歴

チーム名	監督			主将			
	氏名	出身地	学歴	氏名	出身地	学歴	備考
オリックス・バファローズ	中嶋聡	秋田	鷹巣農林高	なし			
北海道日本ハムファイターズ	新庄剛志	福岡	西日本短期大学附属高	なし			
埼玉西武ライオンズ	松井稼頭央	大阪	PL学園高	源田壮亮	大分	大分商高→愛知学院大	主将
				外崎修汰	青森	弘前実高→富士大	副将
千葉ロッテマリーンズ	吉井理人	和歌山	箕島高	中村奨吾	兵庫	天理高→早大	主将
福岡ソフトバンクホークス	藤本敏史	大阪	天理高	柳田悠岐	広島	広島商高→広島経済大	主将
				栗原陵矢	福井	春江工高	副将
東北楽天ゴールデンイーグルス	石井一久	千葉	東京学館浦安高	則本昂大	滋賀	八幡商高→三重中京大	主将

出典：筆者作成。

表10-7　プロ野球選手中の出身大学別人数と順位

大学名	1965-2010年度		2011年度		2021年度	
	人数	順位	人数	順位	人数	順位
法政大	78	1	12	8	12	5
早稲田大	62	2	22	1	14	3
明治大	47	4	11	9	22	1
慶應義塾大	20	15	5	20	11	7
立教大	20	15	4名以下	24位以下	8	17
全体	3158					

出典：橘木・齋藤（2012），橘木（2022）をもとに筆者作成。

本当に激減したのか？もう少し検討してみよう。この点に関してデータをもとに労働経済学者の橘木俊詔が貴重な一連の研究をしている。表10-7は橘木・齋藤（2012）および橘木（2022）が選手に限定して調べたものである。

　この表を見ると，東京六大学出身の選手の数はそれほど，激減しているようには見えない。なお，2023年度シーズンまでに東大出身の選手は累

計で 6 名である。

次に歴代監督の球歴を調べてみよう。

表 10-8 によれば 2011 年度までにプロ野球監督（代行を含む）を経験した **208 名中 98 名（47.1％）が東京六大学出身の監督**であるということになる。この表は 2011 年までのものであるから，その後，状況に変化がみられることは予想されるが，それにしてもかなり高い比率である。

表 10-8　プロ野球監督（1936-2011）
中の出身大学別人数と順位

大学名	人数	順位
明治大	26	1
早稲田大	25	2
慶應義塾大	21	3
法政大	17	4
立教大	9	5
駒澤大	5	6
中央大	4	7
全体	208	

出典：橘木・齋藤（2012）をもとに筆者作成。

そこで，もう少し詳細に検討してみよう。ここでは 1936 年度の日本職業野球連盟創設時から加盟している，現在の読売ジャイアンツ，阪神タイガース，中日ドラゴンズに加えて，これら老舗三球団とは異なる発展を遂げた「市民球団」である広島東洋カープを例に 2022 年度までの歴代監督の球歴等を検討する。

(1) 読売ジャイアンツ

ジャイアンツの場合，1936 年のリーグ戦開始時の監督は藤本定義であったが，その前に二代の監督が存在する。初代は三宅大輔で，リーグ戦開始時には阪急軍の監督になっている。三宅は慶應義塾大の出身である。ちなみに橘木・齋藤（2012）では次のように述べられている。

巨人は伝統的に慶應閥と言われ，慶應出身者を好むということである。水原が慶應卒であるし，巨人のオーナーを長いあいだ務めた正力亨（巨人の初代オーナーであった正力松太郎の長男）も慶應卒であることが関係しているのだろう。

たしかに，正力亨は 32 年にわたりオーナーの地位にあった。表 10-9 か

表10-9　読売巨人軍の歴代監督の出身地と球歴

監督名	出身地	学歴
三宅大輔	東京	慶大普通部→慶大
浅沼誉夫	東京	立教中→早大
藤本定義	愛媛	松山商→早大
中島治康	長野	松本商→早大
藤本英雄	山口	下関商→明大
三原脩	香川	高松中→早大
水原茂	香川	高松商→慶大
川上哲治	熊本	熊本工
長嶋茂雄	千葉	佐倉一高→立大
藤田元司	愛媛	新居浜中→西条高→慶大
王貞治	東京	早実高
原辰徳	神奈川	東海大相模高→東海大
堀内恒夫	山梨	甲府商高
高橋由伸	千葉	桐蔭学園高→慶大

出典：筆者作成。

表10-10　1970年度の一軍スタッフ

	氏名	出身校
一軍監督	川上哲治	熊本工
一軍コーチ	牧野茂	明大
	荒川博	早大
	白石勝巳	日大
	福田昌久	専大
	鈴木章介	早大
	藤田元司	慶大

出典：ベースボール・マガジン編集部編
　　　（2022）をもとに筆者作成

　ら見る限り，慶應義塾大出身で監督を務めたのは，歴代14名のうち初代の三宅大輔に加えて，水原茂，藤田元司，高橋由伸の4名である。他方，早稲田大出身の監督は浅沼誉夫，藤本定義，中島治康，三原脩と4名存在する。歴代14名中，11名が大卒，10名が東京六大学の関係者であり，早慶両校だけで8名を占めるというわけである。特に川上哲治が監督になるまで，7代の監督すべてが東京六大学出身というのは特筆されるべきことであろう。川上哲治監督時代においても一軍コーチは，ヘッドコーチの牧野茂，荒川博など，全員が東京六大学出身者を含む大卒であった（表10-10）。二軍監督と二軍コーチは6名すべて高卒（実績のある元選手）という見事な対照をなす。

（2）阪神タイガース

　次に阪神タイガースのケースを見よう。読売ジャイアンツとほぼ同じ歴

表10-11　阪神タイガースの歴代監督の出身地と球歴

監督名	出身地	学歴
森茂雄	愛媛	松山商→早大
石本秀一	広島	広島商→関学高等部
松木謙治郎	福井	敦賀商→明大
若林忠志	アメリカ	マッキンレー高→法大
藤村富美男	広島	呉港中
岸一郎	福井	早稲田中→早大
田中義雄	アメリカ	マッキンレー高→ハワイ大
藤本定義	愛媛	松山商→早大
杉下茂	東京	帝京商→明大
金田正泰	京都	平安中
後藤次男	熊本	熊本工→法大
村山実	兵庫	住友工高→関大
吉田義男	京都	山城高→立命館大
ドン・ブレイザー	アメリカ	
中西太	香川	高松一高
安藤統男	兵庫	土浦一高→慶大
中村勝広	千葉	成東高→早大
藤田平	和歌山	和歌山商高
野村克也	京都	峰山高
星野仙一	岡山	倉敷商高→明大
岡田彰布	大阪	北陽高→早大
真弓明信	熊本	柳川商高
和田豊	千葉	我孫子高→日大
金本知憲	広島	広陵高→東北福祉大
矢野燿大	大阪	桜宮高→東北福祉大

出典：筆者作成。

史を誇るタイガースだが，監督の交代が頻繁であるため，表10-11にみるとおり，監督経験者は25名とジャイアンツよりもかなり多い。アメリカ合衆国出身かつアメリカ合衆国で教育を受けた田中義雄とドン・ブレイザーを除く23名中，東京六大学出身者は早稲田大5名，慶應義塾大1名，明治大3名，法政大2名と合計11名，それを含めて大卒は18名である。他方，後述するように，阪神タイガースの親会社である阪神電鉄は，京都大と神戸大，早稲田大の出身者が多いと言われている。

　ちなみに，歴代オーナーの学歴は表10-12のとおりである。阪神タイガースは，親会社の阪神電鉄ともジャイアンツとも異なり，早大出身者が強いと言われてきた。確かに表10-9を見ると，現在の岡田彰布監督をはじめ，早大の出身者が目立つ。ただ，監督に加えて，選手も含めて考えれば，伝

統的に，地元である関西大学の出身者も多い。表10-13は1959年6月25日19時より行われた天覧試合の全出場選手であるが，大阪タイガース（1960年より阪神タイガースと改称）の出場選手（途中出場も含む）中に3名の関大出身選手が存在することが確認できる。

イエール大学教授で社会人類学者のウィリアム・W・ケリーは，甲子園球場場内外で阪神タイガースを中心と

表10-12　歴代オーナーの出身地と学歴

オーナー名	出身地	学歴
松方正雄	鹿児島	東大，ペンシルベニア大
小曽根貞松	兵庫	神戸高商
野田誠三	兵庫	八高→京都帝大
野田忠二郎	大阪	大阪高→京都帝大
田中隆造	香川	六高→京都帝大
久万俊二郎	兵庫	高知高→東京帝大
手塚昌利	徳島	四高→京大
宮崎恒彰	兵庫	神戸大
坂井信也	兵庫	神戸大
藤原崇起	兵庫	大阪府立大
杉山健博	兵庫	東大

出典：筆者作成。

表10-13　1959年6月25日に後楽園球場で行われた天覧試合の出場選手

打順	大阪タイガース				読売ジャイアンツ			
	守備位置	選手名	出身地	学歴	守備位置	選手名	出身地	学歴
1	遊	吉田義男	京都	立命館大	左	与那嶺要	アメリカ	
2	二	鎌田実	兵庫	洲本高	遊	広岡達朗	広島	早大
3	三	三宅秀史	岡山	南海高	中	藤尾茂	兵庫	鳴尾高
4	一	藤本勝巳	和歌山	南部高	三	長嶋茂雄	千葉	立大
5	左・中	大津淳	兵庫	関大	右	坂崎一彦	大阪	浪華商高
6	右	横山光次	大阪	扇町商高	一	王貞治	東京	早実高
7	中	並木輝男	東京	日大三高	二	土屋正孝	長野	松本深志高
	打	遠井吾郎	山口	柳井高				
	左	西山和良	和歌山	関大				
8	捕	山本哲也	熊本	熊本工高	捕	森昌彦	岐阜	岐阜高
9	投	小山正明	兵庫	高砂高投	投	藤田元司	愛媛	慶大
	投	村山実	兵庫	関大				

出典：筆者作成。

し，それをとりまく「スポーツワールド」のフィールドワークを丹念に行い，その成果を 2019 年刊行の『虎とバット』にまとめている。その中で大卒の監督が好まれる理由として「フロントが言うには，大卒が好まれるのはそちらのほうが見栄えがするからではなく，フロントや親会社の幹部の覚えがいいからだという」と記述している。また別の箇所では，社内の学閥として「神戸大学と早稲田大学がとりわけ巨大」と述べている。もともと，運輸系の企業は官公庁とのかかわりも深く，旧七帝大や旧三商大の出身者が多くなっており，逆に新聞社では早稲田大をはじめ有力私大の出身者が多くなっている。次項で見る中日ドラゴンズのオーナーに早稲田大出身者が 11 名中 4 名と多いのはそういう企業風土・業界風土と関係があるのだろう（表 10-15）。

　なお，阪神タイガースは一リーグ時代を含めると 10 度にわたりリーグ優勝を果たしているが，そのうち 7 回は東京六大学出身の監督によりもたらされ，残る 3 回は旧関西六大学出身の監督によってもたらされたものである。

(3) 中日ドラゴンズ

　表 10-14 によれば中日ドラゴンズは阪神タイガースよりもさらに監督の交代が頻繁で 27 名になる。このうちアメリカ合衆国で教育を受けた与那嶺要を除く 26 名についてみると，早稲田大 3 名，慶應義塾大 3 名，明治大 7 名，法政大 1 名，立教大 1 名と東京六大学関係者が 15 名となる。大卒は 19 名，旧制中学・新制高校卒は 7 名である。つまり，ジャイアンツやタイガースとは異なり，明治大の出身者が多くなっているのである。

　しかも明治大出身の監督はいずれも中日ドラゴンズ史の中でも重要な監督である。桝嘉一（初代主将），小西徳郎（のちに名解説者になり，野球殿堂入り），杉浦清（1931 年〜1933 年の中京商の甲子園夏三連覇の立役者の一人），天知俊一（明治大監督時代に杉下茂らを育て，1954 年に中日ドラゴンズを初の日本一に導いたことで知られ，野球殿堂入り），野口明（中京商の甲子園夏三連覇に貢献し，明大を経て職業野球の草創期から活躍した），杉下茂（戦後の中日ドラゴンズの大エースで，通算 215 勝をあげ，

表 10-14　中日ドラゴンズの歴代監督の出身地と球歴

監督名	出身	地学歴
池田豊	東京	早稲田中→早大
桝嘉一	京都	同志社高商→明大
根本行都	東京	早稲田中→竜ヶ崎中→早大
小西徳郎	東京	日本中→明大
本田親喜	アメリカ	平安中→慶大
三宅大輔	東京	慶大普通部→慶大
竹内愛一	京都	京都一商→早大
杉浦清	愛知	中京商→明大
天知俊一	兵庫	甲陽中→明大
坪内道典	愛媛	松山商→天王寺商→立大
野口明	愛知	中京商→明大
杉下茂	東京	帝京商→明大
濃人渉	広島	広陵中
西沢道夫	東京	鹿児島総合中→日大
水原茂	香川	高松商→慶大
与那嶺要	アメリカ	
山内一弘	愛知	起工高
星野仙一	岡山	倉敷商高→明大
高木守道	岐阜	岐阜商高
山田久志	秋田	能代高
落合博満	秋田	秋田工高→東洋大
谷繁元信	広島	江の川高
森繁和	千葉	科学技術工高→駒澤大
与田剛	千葉	木更津総合高→亜大
立浪和義	大阪	PL 学園高

出典：筆者作成。

表 10-15　歴代オーナーの出身地と学歴

オーナー名	出身地	学歴
大島一郎	愛知	早大
松根宗一	愛媛	東京高商
杉山虎之助	愛知	開成中
千田憲三	愛知	高松中→早大
小山龍三	長野	松江高→東京帝大
与良ヱ	愛知	名古屋高商
小山武夫	静岡	沼津中→法大
加藤巳一郎	愛知	愛知一中→早大
大島宏彦	愛知	旭丘高→東大
白井文吾	愛知	旧制静岡高
大島宇一郎	愛知	旭丘高→早大

出典：筆者作成。

1954 年の日本一の時の MVP，野球殿堂入り），星野仙一（中日ドラゴンズ一筋に選手として 14 年間プレーしたのちにドラゴンズの監督を二期にわたって務め，その後阪神タイガース，楽天イーグルスでも監督を務め通算 1181 勝を挙げ，野球殿堂入り）と 7 名中 4 名が野球殿堂入りした。

なお，表10-15にみるとおり，先述のようにドラゴンズのオーナーは歴代11名中4名が早稲田大（政治経済学部）出身であり，直近の4名のうち3名が旭丘高（旧制愛知一中）出身である。

　また，東京大出身の井手峻はドラゴンズ一筋で現役を終えた後，一軍コーチや二軍監督を務めた。新治伸治や小林至，遠藤良平など，東大出身のプロ野球選手は引退後にフロント入りするケースが多くみられるが，コーチになったのは井手が唯一の例である。

（4）広島東洋カープ

　広島東洋カープの場合は，上記の老舗3球団とは異なり，広島県，中国

表10-16　広島東洋カープの歴代監督の出身地と球歴

監督名	出身地	学歴
石本秀一	広島	広島商→関学高等部
白石勝巳	広島	広陵中→日大
門前眞佐人	広島	広陵中
長谷川良平	愛知	半田商工
根本陸夫	茨城	日大三中→法大
別当薫	兵庫	甲陽中→慶大
森永勝也	山口	柳井商工高→専修大
ジョー・ルーツ	アメリカ	
古葉竹識	熊本	濟々黌高→専修大
阿南準郎	大分	佐伯鶴城高
山本浩二	広島	廿日市高→法大
三村敏之	広島	広島商高
達川光男	広島	広島商高→東洋大
マーティ・ブラウン	アメリカ	
野村謙二郎	大分	佐伯鶴城高→駒澤大
緒方孝市	佐賀	鳥栖高
佐々岡真司	島根	浜田商高
新井貴浩	広島	広島工高→駒澤大

出典：筆者作成。

表10-17　1970年度の一・二軍スタッフ

	氏名	出身校
監督	根本陸夫	法大
コーチ	広岡達朗	早大
	池田英俊	明大
	備前喜夫	尾道西高
	関根潤三	法大
	深見安博	中大
	小森光生	早大
	岡田悦哉	明大
	野崎泰一	専大

出典：ベースボール・マガジン編集部編（2022）をもとに筆者作成。

地方出身者の監督が多くなっている。表10-16によれば歴代18名の監督のうち，ジョー・ルーツ監督とマーティ・ブラウン監督を除く16名についてみると，広島県出身者が7名，それを含めて中国地方出身者が9名である。東京六大学出身者については法政大が2名，慶應義塾大が1名のみである。大卒はこれを含めて10名である。老舗3球団とは大きく異なる傾向を示している。

　また，広島県の強豪校である広陵高（戦前は旧制広陵中）出身者が2名，広島商業高（戦前は旧制広島商業）が3名存在する。ただ1970年度の一・二軍スタッフ（表10-17）にみるとおり，東京六大学との縁が薄いとも限らない。1968年度〜1972年度に監督を務める根本は後に西武ライオンズ，ダイエーホークスの監督を務めるほか，西武ライオンズの球団管理部長，ダイエーホークスの社長など，フロントとして能力を発揮した。

　初代監督の石本秀一は既述のように，大阪タイガースの第二代監督を務めるが，母校である広島商業を1924年夏，1929年夏，1930年夏，1931年春と4度優勝に導いた中等野球界の名将として全国に広く知られていた。当時の教え子には南海ホークスで長く監督を務め，NPB歴代最多勝利監督である鶴岡一人がいる。

　以上，実力主義の典型とされるプロ野球界においても，日本職業野球連盟の草創期において，東京六大学出身者であることが非常に大きな意味を持ったこと，そして現在でも，草創期ほどではないにせよ，一定の影響力を持ち続けている―つまり絶対的優位ではなくなったにせよ，相対的に優位である―のはなぜなのであろうか？この点を最後に考察して仮説を提示したい。

❹　職業野球からプロ野球へ，興行からスポーツへ

　山室寛之の書籍（2014）はプロ野球が蔑まれていた時代から国民的スポーツへと成長する過程を丹念に調べ上げ検討した労作であるが，その著書の帯に王貞治が推薦の辞を寄せている。以下のとおりである。

80年の歴史のなか，プロ野球が国民的スポーツになった時代を，これ

ほど忠実に語った本はない。プロアマ問わず，多くの野球を愛する人に読ませたい。

　つまり，**プロ野球は最初から国民的スポーツであったのではないのだ**。まず，プロ野球が国民的スポーツになる前の時代の状況を確認しておこう。文芸春秋社が1977年に刊行した『人物・日本プロ野球（文藝春秋デラックス No. 37，第4巻第5号）』には，一リーグ時代から戦後早々に大活躍したプロ野球界の大スター5名による座談会が収録されている。5名とは藤村富美男，千葉茂，小鶴誠，大下弘，青田昇（司会は岡田実）である。その中に次の一節が出てくる。

藤村　私が入団したころのタイガースは，全部で18名ぐらいでした（山内註：結成時は17名，1936年度シーズン途中に2名が加入し19名になる。監督以外にコーチはいない）。なにしろ，二チーム出来るなあなんて言っていたんですから。
千葉　ジャイアンツは23人ぐらいいた（山内註：千葉の入団時は24名）。
大下　ぼくらもそれぐらいでしたよ。
岡田　今の一軍のメンバーより少ないわけですね。
小鶴　あの当時，ぼくなんか田舎にいたもんだから，プロ野球に入るって言うと，何かサーカスにでも売られるような気持ちだったですよ。田舎の人はプロ野球なんて知らなかったからね。
藤村　ファンに会っても，「何や，野球屋か」ってな目で見られとったものね。電車に乗ってもそんな雰囲気を感じましたよ。

　ここで小鶴誠が「プロ野球に入るって言うと，何かサーカスにでも売られるような気持ちだったですよ」と発言しているのが象徴的である。ちなみに小鶴は1942年から1958年にかけて足掛け15年にわたって名古屋，松竹，広島等で主軸打者として活躍し続けた戦前期からの大スターである。また，藤村富美男はタイガース創設からの選手で，初代ミスター・タイガースと呼ばれている。広島の呉港中時代に夏の甲子園大会で優勝投手となり，

大阪タイガース創設時に入団した。球団創設時から引退までつけた背番号10は永久欠番になり，タイガースでは他に誰も付けたことのないという，日本球界唯一の背番号になっている。

　当時，職業野球選手は藤村の言うように「野球屋」，「男芸者」とか「野球芸人」と蔑まれたという経験談は多くの選手の伝記や自伝にみられる。職業野球だけではなく，プロ・スポーツ全体について，「スポーツ」であるよりも「興行」あるいは「ショー」であるという考え方がみられたわけである。これには，純粋なアマチュア野球，教育の一環であるアマチュア野球と比して，汚い駆け引きを含むという含意がある。実際に1970年代初頭までは八百長事件も数多く告発されている。

　さて，大阪タイガース結成時の二刀流の中心選手，景浦将が大阪タイガースに入団する際のいざこざについて，大阪タイガース初代主将の松木謙治郎（1973）は次のように記している。

　ちなみに，「坪内」とは職業野球草創期のスター，坪内道典のことで，松山商から天王寺中に転校し，立大に進学した。そして大東京軍の創設時メンバーとなって，実働15年の名選手となり，ドラゴンズ等の監督も務めて，野球殿堂入りを果たしている。

　こうしてタイガースに入団したが，当時学生野球とプロ野球との対立がはげしく，しかも，景浦は立大のスターだけに，合宿を夜逃げのように脱出して大阪についた。彼の脱出の後，同室の坪内（元中日）が，フトンや身の回り品を甲子園に送るのに苦労したものである。これが野球部に知れて坪内も立大におれなくなり，昭和十一年（一九三六年）七月に大東京に入団することになった。（松木（1973））

　橘木（2016）は，日本では「野球の普及に一役買ったのは，国立の旧制学校，特に第一高等学校（のちの東大教養学部）というエリート校だったことを記憶しておきたい。一高・東大卒業という学歴は日本の学歴社会を象徴するものだったことは言うまでもない」とし，「勉強・学問を重視する一高の野球部がなぜ強かったのか，いろいろな理由が指摘できる」とし，

三つの理由を挙げる。その三つの理由とは、「第1に、学校の体育施設で
は伝統的な柔道や剣道が盛んな時代だったので、他の学校では野球がマイ
ナーなスポーツであり、まわりに強い野球部がなかった」こと、「第2に、
エリート校の一高には外人教師が多く、アメリカ人教師が熱心に野球を生
徒に教えたことの効果である」こと、「第3に、『東京大学野球部90年史』
でも書かれていることであるが、1890（明治23）年における明治学院との
試合で『インブリー事件（一高生が明治学院の講師・インブリーに投石し
た事件）』が起こり、一高側が責任をとる事態になった。これを理由に一
高野球部はもっと強くならねばと反省し、猛練習に励んだので以前より強
くなったこと」である。

　筆者はこのうち、特に第2の外国人教師の存在が大きな要因であると考
える。早大の前身である東京専門学校、慶大の前身である慶應義塾、明大
の前身である明治法律学校、法大の前身である東京法学社（東京法学校）、
立大の前身である立教学校はもともと社会科学系の学校として創立され、
イギリスやフランス、アメリカ合衆国に範をとり、外国人教師を多く擁し
ていた。また、第一高等学校も文科甲類、理科甲類は英語を第一外国語と
する課程であり、英米人教師を多く擁していた。彼らが日本人生徒に野球
を教えたため、学力の高い学校から野球が広がっていくことになるのだ。
「旧制中学の中で野球が強い学校が、当初は各地で学力の高い名門中学と
いわれたことを、指摘しておこう。こういう中学校から一高に進学する生
徒が多かったのである。中学校の教師として、一高・東大卒がそれらの旧
制中学に赴任しただろうし、その中学校で生徒が野球をすることを支援し
た可能性がある」と橘木は述べる。橘木・齋藤（2012）の指摘によれば「私
立大学をメンバーとする大学団体である日本私立大学連盟は、戦前からこ
れまで早稲田か慶應の学長が会長になることがほとんどであった。ついで
ながら国立大学協会の会長には東大の学長がつくことが多く、そのことが
東京六大学野球リーグから東大を退出させられない事情の一つでもある」
ということである。つまり「教育の一環」として行われる学生野球におい
ては、「職業野球」とは異なり、勉学と野球の両立こそが望ましく、学業
重視の姿勢を打ち出すためにも、これらの名門大学がリーグを結成し、弱

くとも入れ替え制など導入しないというわけである。

　いずれにせよ，日本職業野球連盟が創設された時点で，東京六大学が日本で最も実力があり，人気もあるリーグだったのである。しかも，歴史があるため，野球界の重要なネットワークはこれらの大学によって作られていた。日本職業野球連盟に加盟した各球団は，選手を集めるために，様々な手を使ってこの人的ネットワークに手を伸ばそうとし，その戦略の一環として監督や中心選手に六大学出身者を据えるのである。

　例えば，東京巨人軍の藤本定義と大阪タイガースの森茂雄はいずれも松山商から早大に進んでいるが，藤本のもとには千葉茂，森のもとには景浦将と伊賀上良平という松山商の後輩が，これらの先輩との縁故で入団している。昭和初期の段階において，中等学校野球（現在の高等学校野球）界で最も実績を上げていたのは松山商と広島商である。そのOBでかつ東京六大学出身者であれば監督の人選として申し分なかったのである。

　さて，先に述べたようにドラフト制は1965年から（1966年シーズンに

表 10-18　戦前期より存在する 5 チームの 2023 年度までの優勝回数

	年度	ジャイアンツ	タイガース	ドラゴンズ	ホークス	ブレーブス／ブルーウェーブ／バファローズ
一リーグ時代	1936-1949	9	4	0	2	0
水原監督時代	1950-1960	8(4)	0(0)	1(1)	5(1)	0(0)
川上監督時代	1961-1974	11(11)	2(0)	1(0)	5(1)	5(0)
ポスト川上監督時代	1975-2003	11(5)	2(1)	3(0)	3(2)	7(4)
PO/CS 制導入後	2004-2023	6(2)	3(1)	5(1)	7(7)	3(1)
リーグ戦優勝＆PO/CSで敗退		CS2	CS0	CS0	PO2, CS1	PO0, CS0
リーグ戦 2 位以下＆PO/CS 優勝		CS0	CS1	CS1	PO0, CS2	PO0, CS0
二リーグ制以後合計						
リーグ優勝回数		38	6	9	19	15
日本シリーズ出場回数		36	7	10	20	15
日本シリーズ優勝回数		22	2	2	11	5

註：（　）内は日本シリーズ優勝回数。PO＝プレイオフ，CS＝クライマックス・シリーズの略。セ・リーグは 2007 年度から，パ・リーグは 2004 年度から導入（2004 年度～2006 年度はプレイオフ。2007 年度からはクライマックス・シリーズ）。「PO/CS 制導入後」については，日本シリーズ出場チームをリーグ 1 位チームとみなした。
出典：筆者作成。

初年度を迎える選手から）始まったが，その趣旨は戦力の均等化，契約金高騰の抑制ということであった。

表 10-18 にみるとおり，一リーグ時代は 3 球団しか優勝を経験せず，しかも過半数は読売ジャイアンツの優勝である。特に藤本定義監督時代に 7 回の優勝を経験している。二リーグに分裂して水原茂監督時代には 11 年間で 8 回のリーグ優勝，4 度の日本一となっているが，白眉は川上哲治監督時代であり，14 年間で 11 回のリーグ優勝，そしてすべて日本一になっている。ここに日本シリーズ九連覇の偉業も含まれている。読売ジャイアンツは二リーグ制移行後 74 年間で 22 回日本一になっているが，そのうち半分の 11 回が川上監督時代である。川上監督退任後は 49 年間で 7 回に過ぎない。1974 年にドラゴンズが 20 年ぶりにリーグ優勝し，1975 年にカープが初優勝，1978 年にスワローズが初優勝し，ジャイアンツの絶対的優位は相対的優位に変わったのである。つまり，ドラフト制の導入による戦力の均等化については，課題（完全ウェーバー制ではないなど）はあるものの，ある程度功を奏したということであろう。契約金は 1000 万円，年棒は 180 万円と定められ，果てしない契約金高騰にも歯止めがかかった。

ただ，もう一つの効果があった。新人選手獲得をめぐる自由競争の時代には，プロ野球側の強引な獲得がしばしばみられ，甲子園や神宮で活躍した有力選手は大学や高校を中退してしばしば入団している。例えば 1961 年夏の甲子園大会の優勝投手である尾崎行雄投手（浪商高）はその顕著な例である。もちろん，勉学が不十分で単位をそろえられなかったとか，本人が強い意志をもって主体的な自己選択で中退したとかなどのケースも相当数存在する。しかし，「教育の一環」として行われている学生野球に，プロ野球界が札束を積んで，学業を中途で断念させて入団させるという事態は学生野球界とプロ野球界との関係をかなり険悪にしてきた。そして，そこまで強行に入団したのに，芽が出ずに解雇という例も多かった。

少し変わった例を挙げよう。例えば，藤村富美男に次ぐ第二代ミスター・タイガース，村山実は 1955 年に住友工高を卒業して関西大学に進学するが，2 年上の左腕投手，法元英明が中日ドラゴンズへ，1 年上の右腕投手，中西勝己が毎日オリオンズへと，それぞれ入団のため，関大を中退したこ

とにより，２回生でエースとなり，1956年秋の旧関西六大学野球リーグで優勝，さらに全日本大学野球選手権大会でも全試合に先発完投し，東京六大学以外の大学として初の大学日本一になり「村山旋風」をおこした。法元も中西もプロの世界で一定の活躍は見せたが，この二人が関西大学を中退せずに残っていたら，村山の運命も変わっていたであろう。

　関西大学では村山の卒業後に「村瀬問題」という大きな問題が生じる。関大のエース，村瀬広基投手が２回生次で中退して読売ジャイアンツに入団する。関大は退学を了承したのだが，旧関西六大学野球連盟が退学も巨人入団も認めず，学生野球側が態度を硬化させる一因となる。結局，その後村瀬投手は1961年の新人のシーズンには目覚ましい成果を上げるが，あとは鳴かず飛ばずのままプロ生活は３年で終わりを迎え，退団する。このような「中退→プロ入団」というケースが，ドラフト制導入後に少なくなった（なくなりはしないが）のもその効用の一つであろう。

　それと同時に橘木（2022）が指摘するように，1970年代から1980年代にかけて東京六大学とついで旧関西六大学（現関西学生野球連盟）の独占に近い状態から，分散化が進行するのである。つまり，東都大学リーグや首都大学リーグなどで中央大，日本大，駒澤大，亜細亜大，青山学院大など有力大学が東京六大学，旧関西六大学以外から続々と登場し，東京六大学の絶対的優位は相対的優位に変化する。

　ちなみに，旧関西六大学は，1925年に結成された東京六大学の盛況に刺激を受けて，1931年に関関同立４校に加えて京都帝大，神戸商業大（現在の神戸大）の六大学で結成され，1962年までは入れ替え制のないリーグ戦を行っていた。現在の関西学生野球連盟では，神戸大が外れ，かわって近畿大が加盟している。ほかに難関国立大学では，東北大学（仙台六大学），広島大学（広島六大学），九州大学（九州六大学）が入れ替え制のないリーグに所属している。

　さて，ここで予備的考察として，矢野も橘木も提示していないけれども，提示しておかねばならない仮説は，以下のとおりである。つまり，東京六大学が日本職業野球連盟の草創期から少なくとも30年近く絶対的優位を保ち，さらにその後も相対的な優位を維持しているように見える理由の一

つは，もちろん人気・実力の高さもあるだろうが，**濃密で強固な人的ネットワークが形成されている**ことにあるという仮説である。大学体育会系の有力なクラブは寮制度を布いている。誰でも入寮できるわけではなく，一定の基準があるが，寮制度の下，寝食を共にし，部活動に励んだ関係は，その後も長く財産となるであろう。東京六大学所属の各大学は当然寮を有するし，首都大学リーグ，東都大学リーグ，関西学生野球連盟でも寮を有する大学がほとんどである。多くの有力高校でも寮制度を持っている。ただ，歴史のある大学野球部は高齢のOBから現役選手までが一堂に会して総会を定例で盛大に開くなどして離れた期の先輩後輩との親睦を深める機会を持ち，監督になった場合，財界に進出したOB/OG（硬式野球部のOB/OGとは限らない）がスポンサーとして支えるなど，様々な効用をもたらすのではないだろうか。

　また東京六大学（あるいは現在の関西学生野球連盟も）のような，**入れ替え制のないリーグは卒業後も大学の壁を越えて交友が続くのである**。アメリカンフットボールやサッカー，ラグビーなどの団体競技でも同様であるが，大学を卒業した後も，様々な機会に交流を深め，支え合う関係になるのだ。そして**東京六大学には東大，関西学生野球連盟には京大が加盟していることの効用は，ここでも発揮される**のではないだろうか。

　橘木（2016）も指摘する通り，ドラフト制の導入，そしてプロ野球史上最大の不祥事である「黒い霧事件」，読売ジャイアンツV9などの時期である1965年度〜1970年代半ばにかけての時期は，さまざまな意味でプロ野球界にとって大きな転機であった。ドラフト制の導入は戦力の均衡化，年棒の高騰抑制に貢献したことは先述した。「黒い霧事件」とは1969年10月に西鉄ライオンズのN投手の八百長行為＝敗退行為が表面化し，さらにN投手の告白とオートレース八百長に絡む警察の捜査によって，プロ野球界全体で6名の永久追放者など，謹慎も含めると阪急，広島以外の10球団から多くの処分者を出した大事件である。当時も今も，この事件への球界上層部の対応には賛否両論があるようだが，プロ野球が職業野球から「真の」プロ野球へ，興行から「真の」スポーツへと進化していくうえで乗り越えねばならない壁であったと考える。

　なお，本章では「球歴」を扱うとしながらも，社会人野球の経歴を扱っていない。高校を出て社会人に進む者，大学を出て社会人に進む者など，既存の学歴の中にどう位置づけるべきか，先行研究も筆者自身もしっかり検討できていないからである。これについては他日を期したい。

　以上仮説の提示をもって本章を閉じるが，近年，大学体育会系クラブの寮で不祥事が相次ぎ，社会問題化している。しかし，負の部分も含めて寮の効用，教育的効果を見直す必要があるのではないだろうか。

参考文献

- 石坂友司（2002）「学歴エリートの誕生とスポーツ—帝国大学ボート部の歴史社会学的研究から—」日本スポーツ社会学会編『スポーツ社会学研究』第 10 巻，pp. 60-71

- 宇佐美徹也（1993）『プロ野球記録大鑑［昭和 11 年—平成 4 年］』講談社

- 蕪木和夫（1992）『幻の 300 勝投手—永久追放は正しかったか—』銀星出版社

- 菊幸一（1993）『「近代プロ・スポーツ」の歴史社会学—日本プロ野球の成立を中心に—』不昧堂出版

- ケリー，ウィリアム・W.（高崎拓哉訳）（2019）『虎とバット—阪神タイガースの社会人類学—』ダイヤモンド社

- 恒文社（1983）『新版日本プロ野球　歴代名選手名鑑』

- 小倉清一郎（2015）『小倉ノート—甲子園の名参謀が明かす「トップチーム」の創り方—』竹書房

- 小林至（2022）『野球の経済学—サクッとわかる　ビジネス教養—』新星出版社

- 佐藤文明（2003）『六大学野球—六大学はなぜ六大学なのか…—（For Beginners94　イラスト版オリジナル）』現代書館

- 鈴木武樹・高松圭（1970）『プロ野球エッセイ　黒い霧は晴れたか』新書館

- 橘木俊詔・齋藤隆志（2012）『スポーツの世界は学歴社会』PHP 研究所

- 橘木俊詔（2016）『プロ野球の経済学—労働経済学の視点で捉えた選手，球団経営，リーグ運営—』東洋経済新報社

- 橘木俊詔（2022）「スポーツ，文学賞　②プロ野球」橘木俊詔・小林哲夫『日本の「学歴」—偏差値では見えない大学の姿—』朝日新聞出版，pp. 150-160

- 玉木正之・ホワイティング, ロバート（1991）『ベースボールと野球道—日米間の誤解を示す四〇〇の事実—』講談社
- 日本野球機構セントラル野球連盟記録部パシフィック野球連盟記録部 BIS データ本部編（2004）『The Official Baseball Encyclopedia 2004 日本プロ野球記録大百科 [第四版]』ベースボール・マガジン社
- 藤村富美男・千葉茂・小鶴誠・大下弘・青田昇・（司会）岡田実（1977）「われら野球のサムライたち」『人物・日本プロ野球（文藝春秋デラックス No. 37，第 4 巻第 5 号）』文芸春秋社，pp. 138-145
- ベースボール・マガジン編集部編（2022）『別冊ベースボール夏祭号 1970 年編（[シリーズ] よみがえる 1970 年代のプロ野球　Part.7）』ベースボール・マガジン社
- 毎日新聞社編（1980）『日本プロ野球史—沢村栄治から掛布雅之まで—（別冊 1 億人の昭和史）』毎日新聞社
- 馬立龍雄編（1961）『プロ野球二十五年史』報知新聞社
- 松木謙治郎（1973）『阪神球団史　タイガースの生い立ち』恒文社
- 松木謙治郎（1982）『阪神球団史　タイガースの生い立ち　1982 年度版』恒文社
- 松木謙治郎（1986）『大阪タイガース球団史　1985 年度版』恒文社
- 松木謙治郎・奥井成一（1992）『大阪タイガース球団史　1992 年度版』恒文社
- 南博編（1982）『「日本人とプロ野球」研究—人を動かすメカニズム—』ブレーン出版
- ホワイティング, ロバート（鈴木武樹訳）（1977）『菊とバット—プロ野球にみるニッポンスタイル—』サイマル出版会
- ホワイティング, ロバート（松井みどり訳）（2005）『菊とバット【完全版】』早川書房
- 森岡浩（2003）『プロ野球人名事典』日外アソシエーツ
- 矢野眞和（1991）『試験の時代の終焉—選抜社会から育成社会へ—』有信堂高文社
- 山際康之（2018）『八百長リーグ—戦時下最大の野球賭博事件—』角川書店
- 山室寛之（2014）『巨人 V9 とその時代』中央公論新社

課題

❶ 音楽，美術，スポーツ等の一件，「真の実力社会」と考えられる領域において，学歴はどのような意味を持つのか？具体的に説明してください。

❷ 大学の野球リーグにとって入れ替え制があるリーグとないリーグとでは何が違うのか？具体的に説明してください。

❸ 大学の体育会系クラブの寮はどのような「教育的意義」を有するのか？具体的に説明してください。

ディスカッション

大学生のキャリアにとって，大学のクラブ・サークル活動を通じて作られるネットワークは，学部や学科，ゼミで作られるネットワークと，どう異なるのでしょうか？自分のケースに当てはめて考えてみよう。

〈MEMO〉

カリキュラムの構成原理
について

■☞ 概要 -

　学校や大学のカリキュラムについて，さらに一言，言及しておく。学校や大学のカリキュラムは概して，三つのタイプに分けられる。田中義郎（1997），溝上慎一（2006）の分類をもとに述べれば，定食型，カフェテリア型，中華料理型となる。

- -

定食型

　この型は，例えば小学校のように，全員が全教科必修であるという場合に典型的にみられる。とんかつ定食を例に挙げれば，メインのとんかつにご飯，みそ汁，香の物，刻みキャベツなど，全員が一律に同じものを提供されるということになる。もちろん，みそ汁とスープなど，若干の選択はあろうけれども，あくまでもマイナーな選択であって，メインの部分については選択の余地はないというものである。個人の好みは反映されない。

　大学の場合であれば医療系学部や工学部化学系の学科では，必修科目が多く提供され，専門科目においては選択の余地が少なく，定食型にかなり近い構成になる。すなわち，カリキュラムはかなり細部に至るまで，国家

図補-1　定食型

出典：後記。

（関係省庁），大学側が決め，学生の自由度は少ないのである。概して国家試験や資格・免許が関係する場合，タイトになる傾向がみられる。

カフェテリア型

　この型の料理はスウェーデンに起源をもち，スモーガスボード（smörgåsbord）とか，バイキング，ビュッフェなどとも呼ばれる。選択科目が多く提供される一方で必修科目は僅少であり，学生の自由度が高いカリキュラムである。日本の大学の社会科学系学部の多くはこの型に属すると考えられる。もちろん，この型では学生間のばらつきも大きくなる。カリキュラムをタイトに構成し，空コマがほとんどないようにする学生もいる一方，最低限しか履修せず，空コマの多い時間割になる学生も存在する。学生が自分のニーズや好みに応じてカスタマイズすることが可能なのである。

図補-2　カフェテリア型
出典：後記。

　学生が資格・免許の取得や国家試験の受験を志望する場合，この科目を履修しなければならないなど，必修科目が増え，自由度が低下することになる。後述する学生のように，大学での学びと就職とを全く切り離して考える学生にとっては，自由度は極めて高くなる。

中華料理型

　この型は定食型とカフェテリア型の中間に位置する。下記図補-3のような中央に回転テーブル（レイジースーザン）が取り付けられている円卓を数名で囲んで食事をする場合，料理は個別に注文する場合もあろうが，コース化されていて，店側が料理の内容と運ぶ順番を決めている場合も多い。したがって，カフェテリア型のように学生の自由度が高いということではない。

図補-3　中華料理型

出典：後記。

　しかし，定食型のように，融通が利かないわけでもなく，例えばエビチリが出された場合には甲殻類アレルギーの方は食することはできない。ただ，この場合，この方はエビチリを食さないが，しかしその代わりに他の料理，例えば青椒肉絲（チンジャオロース）を多めにとるなど，特定の料理を忌避するとか，特定の料理の量を好みに応じて調整するとかいった，ある程度の自由は認められる。また自分だけこっそりとコースに含まれない炒飯を注文する自由もあろう。

　つまり，基本は国家（関係省庁）や大学によって決められているのであって，生徒・学生が主体的にカリキュラムを決定するカフェテリア型とは異なるが，定食型のようにガチガチに決定されているわけでもなく，学生のニーズや好みに応じて，ある程度は柔軟に対応することが可能なのである。

　さて，大学の社会科学系の場合は，例えば国家公務員試験，地方公務員試験の受験，あるいは教員，公認会計士や税理士，ファイナンシャル・プランナー，社会労務保険士を目指す場合など，いくつかの場合を除いてカリキュラムの自由度はかなり高い。つまり，定食型ではないのはもちろんであり，一部の学生は中華料理型であるが，多くの学生はカフェテリア型であるのだ。本章で扱う社会学部系の場合であれば，社会調査士の資格取得を志望する学生は中華料理型に近くなるけれども，他の大多数の学生にとってはカフェテリア型に近いと言えよう。

参考文献

- 田中義郎（1997）「カリキュラム改革―理念と現実―」清水畏三・井門富二夫編『大学カリキュラムの再編成―これからの学士教育―』玉川大学出版部，pp. 26-63
- 溝上慎一（2006）「カリキュラム概念の整理とカリキュラムを見る視点：アクティブ・ラーニングの検討に向けて」『京都大学高等教育研究』第 12 号，京都大学高等教育研究開発推進センター，pp. 153-162

後記：図補-1 ～図補-3 については，武寛子氏（名古屋大学大学院／日本学術振興会 R.P.D.）のご協力を得た。記して感謝したい。

第1章　第2章　第3章　第4章　第5章　第6章　第7章　補論

附録図表

図附-1　初等教育就学率の推移（1873-2020）

図附-2　幼稚園就園率（1948-2020）・認定こども園就園率（2016-2020）・高
　　　　等学校進学率（1950-2020）の推移

図附-3　高等教育・中等後教育進学率（1954-2020），大学院進学率（1965-
　　　　2020），専修学校（専門課程）進学率（1999-2020）の推移

図附-4　学校教育の量的拡大（1890-1995）

表附-1　日本野球機構（NPB）各種記録ランキング（2021年シーズン終
　　　　了時）

表附-2　旧制官立大学一覧

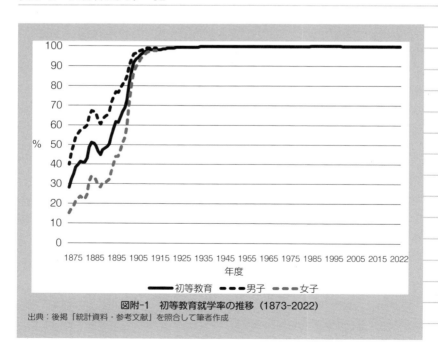

図附-1　初等教育就学率の推移（1873-2022）

出典：後掲「統計資料・参考文献」を照合して筆者作成

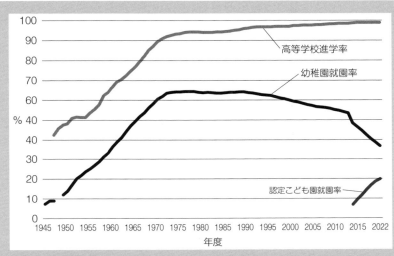

図附-2　幼稚園就園率（1948-2022）・認定こども園就園率（2016-2022）・高等学校進学率（1950-2022）の推移

注：幼稚園就園率の1951年分は不明。
出典：後掲「統計資料・参考文献」を照合して筆者作成

表附-1　日本野球機構（NPB）各種記録ランキング（2021年シーズン終了時）

順位	選手								監督					
	出場試合数		安打数		本塁打数		打点		勝利数		リーグ優勝		日本シリーズ優勝	
1	谷繁元信	3021	張本勲	3085	王貞治	868	王貞治	2170	鶴岡一人	1773	鶴岡一人	11	川上哲治	11
2	野村克也	3017	野村克也	2901	野村克也	657	野村克也	1988	三原脩	1687	川上哲治		藤本定義	7
3	王貞治	2831	王貞治	2786	門田博光	567	門田博光	1678	藤本定義	1657	藤本定義		森祇晶	6
4	張本勲	2752	門田博光	2566	山本浩二	536	張本勲	1676	水原茂	1585	水原茂	9	水原茂	
5	衣笠祥雄	2677	衣笠祥雄	2543	清原和博	525	落合博満	1564	野村克也	1565	原辰徳		三原脩	5
6	大島康徳	2638	福本豊		落合博満	510	清原和博	1530	西本幸雄	1384	西本幸雄	8	工藤公康	
7	立浪和義	2586	金本知憲	2539	張本勲	504	長嶋茂雄	1522	上田利治	1323	森祇晶		鶴岡一人	4
8	金本知憲	2578	立浪和義	2480	衣笠祥雄		金本知憲	1521	王貞治	1315	三原脩	6	野村克也	
9	門田博光	2571	長嶋茂雄	2471	大杉勝男	486	大杉勝男	1507	原辰徳	1291	野村克也		原辰徳	
10	土井正博	2449	土井正博	2452	金本知憲	476	山本浩二	1475	別当薫	1237	上田利治	5	上田利治	3
11	石井琢朗	2413	石井琢朗	2432	田淵幸一	474	衣笠祥雄	1448	星野仙一	1182	長嶋茂雄		古葉竹識	
12	福本豊	2401	落合博満	2371	土井正博	465	土井正博	1400	川上哲治	1066			広岡達朗	

注：「日本シリーズ」優勝には一リーグ時代の優勝も含める。（藤本定義7回，三原脩1回，鶴岡一人2回）

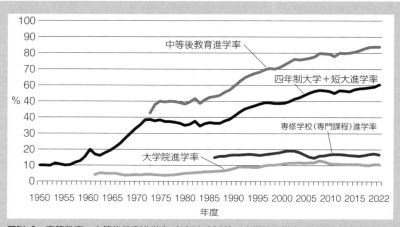

図附-3 高等教育・中等後教育進学率（1954-2022），大学院進学率（1965-2022），専修
学校（専門課程）進学率（1989-2022）の推移

注：ここでいう中等後教育とは四年制大学，短期大学に加えて高等専門学校，専修学校（専門課程）を指す。
出典：後掲「統計資料・参考文献」を照合して筆者作成

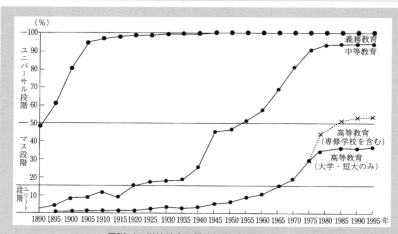

図附-4 学校教育の量的拡大（1890-1995）

注：義務教育：義務教育学齢人口に対する就学者数の比率（就学率）。
　　中等教育：1947 年以前は，小学校卒業者のうち，旧制中学校，高等女学校，実業学校（甲種）およ
　　　　　　　び師範学校（第 1 部）の各本科へ進学したものの割合。
　　　　　　　1948 年以降は，新制中学校卒業者のうち高校へ進学した者の割合（進学率）。
　　高等教育：該当年齢人口のうち在学者の占める割合（在学率）。
出典：天野郁夫・藤田英典・苅谷剛彦（1998）『改訂版　教育社会学』放送大学教育振興会，p. 44

表附-2　旧制官立大学一覧

◎旧制七帝国大学	創立年	◎旧制五官立大学	創立年
東京帝国大学→東京大学	1877	東京商科大学→東京産業大学→一橋大学	1920
京都帝国大学→京都大学	1897	神戸商業大学→神戸経済大学→神戸大学	1929
東北帝国大学→東北大学	1907	東京文理科大学→東京教育大学→筑波大学	1929
九州帝国大学→九州大学	1911	広島文理科大学→広島大学	1929
北海道帝国大学→北海道大学	1918	東京工業大学	1929
大阪帝国大学→大阪大学	1931		
名古屋帝国大学→名古屋大学	1939	◎旧制六医科大学	
		新潟医科大学→新潟大学	1922
		岡山医科大学→岡山大学	1922
(参考)		千葉医科大学→千葉大学	1923
京城帝国大学	1924	金沢医科大学→金沢大学	1923
(現，国立ソウル大学校)		長崎医科大学→長崎大学	1923
台北帝国大学	1928	熊本医科大学→熊本大学	1929
(現，台湾大学)			
出典：筆者作成		◎内務省所管の大学	
		神宮皇学館大学→皇学館大学	1940
		(参考)	
		旅順工科大学	1922
		(大戦終結後，廃校)	

＊現在の皇学館大学は私立大学

● 初出一覧

下記の初出一覧には少し長めの部分的な引用をしたケースを含めている。いずれも新たなデータに書き換えるなど，補綴作業を大幅に行っている。

第1章	山内乾史（2015）「私的経験に基づくアクティブラーニング論」山内乾史編『学修支援と高等教育の質保証（Ⅰ）』学文社，pp. 1-40
第2章	山内乾史（2011）『「共通一次世代」は教育をどう語るのか』ミネルヴァ書房
	山内乾史（2009）「学力と教育」原清治・山内乾史『「使い捨てられる若者たち」は格差社会の象徴か―低賃金で働き続ける若者たちの学力と構造―』ミネルヴァ書房，pp. 83-108
第3章	山内乾史（2006）「教育計画の思想と展開」山内乾史・杉本均編『現代アジアの教育計画（上）』学文社，pp. 2-104
第4章	山内乾史（2005）「大衆教育社会におけるエリート形成と学校教育」『児童生徒の潜在的能力開発プログラムとカリキュラム文化に関する国際比較研究（江原武一教授退職記念論文集）』京都大学大学院教育学研究科比較教育学研究室，pp. 288-301
	山内乾史（2012）「才能教育について（概説）―日本における状況―」日本比較教育学会編『比較教育学研究』第45号，東信堂，pp. 3-21
	山内乾史（2015）「日本における才能教育の歴史と現況」教育と医学の会『教育と医学』慶應義塾大学出版会，pp. 20-27
	山内乾史（2011）「エリート教育はタブーなのか―大衆教育社会とエリート教育―」山内乾史『「共通一次世代」は教育をどう語るのか』ミネルヴァ書房，pp. 85-111
第5章	書き下ろし
第6章	山内乾史（2008）「『教育過剰論』再考―大学院について―」山内乾史編『教育から職業へのトランジション―若者の就労と進路職業選択の教育社会学―』東信堂，pp. 45-72
	山内乾史（2011）「大学院とは何をするところか―『教育過剰論』再考」

	山内乾史『「共通一次世代」は教育をどう語るのか』ミネルヴァ書房，pp. 37-83
	山内乾史（2014）「大学生の学力と進路職業選択」溝上慎一・松下佳代編『高校・大学から仕事へのトランジション―変容する能力・アイデンティティと教育―』ナカニシヤ出版，pp. 63-90
第7章	書き下ろし
第8章	山内乾史（2023）「学校教育制度の比較社会学」『佛教大学教育学部論集』第34号，pp. 93-104
第9章	武寛子・山内乾史（2023）「幼児保育教育における子どもの『主体』の視点に関する比較分析」『佛教大学教育学部学会紀要』第23号，pp. 163-174
第10章	山内乾史（2024）「日本プロ野球界における学歴の意味についての予備的考察―「球歴」の教育社会学―」『佛教大学教育学部論集』第35号，pp. 201-223
補　論	書き下ろし

●統計資料・参考文献一覧

- 文部省（1962）『日本の成長と教育―教育の展開と経済の発達―』
- 文部省（文部科学省）『学校基本調査報告書』各年度版
- 文部省（文部科学省）『文部統計要覧（文部科学統計要覧）』各年度版
- 市川昭午編集代表（1980）『図説統計学校教育三十年史（教育学講座別巻）』学習研究社
- 細谷俊夫・奥田真丈・河野重男・今野喜清編者代表（1990）『統計・年表・索引（新教育学大事典第 8 巻）』第一法規
- 内閣府（2021）『経済財政白書（令和 3 年版）』
- 広島大学高等教育研究開発センター（2006）『高等教育データ集［第三版］』

第1章

第2章

第3章

第4章

第5章

第6章

第7章

附録

人 名 索 引

● あ 行

麻生誠　65

安倍晋三　166,170

天野郁夫　35,232

池井望　104

池田勇人　64

石渡嶺司　67

石原慎太郎　29

磯繁雄　52

稲井雅人　113

岩永雅也　62,64

植木庚子郎　75

潮木守一　112,127,128

馬越徹　117,118

江夏豊　204

扇谷正造　103,104

王貞治　18,198,204

小倉清一郎　199

尾崎盛光　120,121

大平正芳　21,74,75

落合博満　204

乙竹岩造　62,65

● か 行

加藤尚文　127

金子元久　152,156,157

鎌田勝太郎　75

賀屋興宣　75

苅谷剛彦　85,101,103,232

川上哲治　18,198,204,209,220

川嶋太津夫　117

衣笠祥雄　198

岸田文雄　170

工藤公康　204

クラーク，B. R.　152,153,156,160

小林哲夫　106,108

小谷野敦　113,145

● さ 行

齋藤隆志　207

塩野七生　69,70

七田眞　63

柴田翔　110

清水義弘　64,65

シュルツ，T. W.　46

鈴木鎮一　63

スペンス，M.　50

● た 行

竹内洋　43

太宰治　28

立花隆　68,173

ターナー，R.　30-32,37

田中国夫　153-156

谷繁元信	18	フリーマン，R. B.	127
鶴岡一人	18	ベッカー，G. S.	46
友田泰正	115	堀田あけみ	112
トロウ，M.	152,153,156,160	本田顕彰	117

● な 行

永井柳太郎	74		
長嶋茂雄	18,198,204		
中曽根康弘	76,170		
西尾幹二	138		
西川史子	118		
西川富雄	104		
野村克也	18,204		

● ま 行

松井秀喜	198
丸山文裕	23
水原茂	18,208,209,220
三原脩	18,209
向坊隆	64,65
百瀬恵夫	52

● や 行

矢野眞和	15,82,83,199-202
山崎豊子	136
山内太地	67
山本浩二	204
ヤング，M.	32

● は 行

羽田貴史	143,154
浜渦哲雄	33
濱中淳子	22,132,135
原口一博	118
張本勲	18
広岡達朗	203
広田照幸	62
藤田英典	232
伏見猛弥	63
藤本定義	18,208,209,219,220
ブラウン，P.	34

● ら 行

ラッシュ，C.	69
ランバーガー，R. W.	128

● わ 行

渡辺元智	199

事 項 索 引

●あ 行

ASEAN　164

EU　164

Home School Agreement　171

愛国心　42

会津大学　65

アクセレレーション　56,62,64

アクティブ・ラーニング　14,22,23,
　26

遊び型　157,158

遊び型文化　153-155

アッパークラス　153

アドミッションポリシー（AP）　23

アルバイト　74,103-105

家の連続性　39

一億総中流社会　28,32,49

一条校　17

医療モデル　14,23,24,26

インテリジェンス　105

運営費交付金　48

英語コース　66

穎才教育　62

英才教育　61-66,70,72

英才教育研究所　63

エリート教育　36,37,56-60,63-
　67,69,72

エリート形成　29,36,37,40-42,56,

57,59,60,68,69

エリート段階　57,58,111,152

エリザベト音楽大学　65

エンリッチメント　56,62,64

オイルショック　123,127,128

大蔵省（現在の財務省）　74,75

大阪大学　84,85,90,99-102,105,
　108,115

オーバードクター　112

オックスブリッジ　33

●か 行

課題解決型　20

外部性　48

香川県育英会　75

学位授与　136

核家族化　17

格差社会　28,34

格差社会化　34

学士力　54

学生運動　152,156,160

学生文化　152

学問型文化　153

学歴的特権　128

学歴閉鎖性　127-132

課題発見型　20

学校教育法　137

学校教育法第一条　　17

学校群制度　　85

学校主権主義　　162,167-174

加熱　　28,43

鎌田共済会　　75

カリキュラム　　33,35,114,142

カリキュラムポリシー（CP）　　23

川崎医科大学　　78

関関同立　　105

関西学院大学　　105,154

関西大学　　105

完全競争性　　50

完全情報性　　50,52

企業内ニート　　135

貴族制廃止　　28

ギフテッド教育　　56,63

ギムナジウム　　36

九州大学　　100

旧制官立大学　　84

旧制高校　　35

旧制中学校　　35

旧帝大　　84,117,143,154

教育アスピレーション　　28,43

教育過剰論　　110

教育基本法　　61

教育再生実行会議　　170

教育上の「例外措置」　　65

教育投資論　　46-51,55

教育の射程　　157

教育バウチャー　　40

教育未来創造会議　　170

教育ローン　　74,77

業績主義　　38,57

競争移動　　28,30,31,38

競争移動社会　　28-30,34,35,43-45

京都大学　　58,65,84,85,88,99-
　　102,105,107,154

京都ブラックバイト対策協議会　　105

教養部　　141

均質な教育ニーズ　　20,24

近代化論　　57

クリーミング　　40

グローバル人材　　67

訓練可能性　　49-51,53

慶應義塾大学　　104

経済企画庁　　29

経済産業省　　53

経済的，社会的及び文化的権利に関する
　　国際規約（A 規約）　　82

経済白書　　29

研究型　　154

研究室教育　　22

限定同調　　157

限定同調型　　157

高学歴ニート　　135

工場モデル　　14,23,24,26

公職追放　　28

厚生労働省　　53,54

高等小学校　　35

高等専門学校　　35

高同調　　157

高同調型　　156

高度経済成長　　29,64,103

神戸大学　　21,22,84,85,86,99-102,
　　103,105,107,114,143,154,155

コーチング　　14,19

国民一人当たりGNP　　29

国民一人当たりGDP　　47

国立大学一期校　　84

国連人口基金（UNFPA）　　163

五修　　62

子どもの権利条約　　177-181

●さ 行

才能教育　　56,60-67,69,71,72

才能教育研究会　　63

財閥解体　　28

三分岐システム　　56

ジェントルマン　　33,34

ジェントルマン階級　　33

ジェントルマン教育　　33

ジェントルマンシップ　　33

ジェントルマンリー・ルーラー　　33

シグナリング理論　　46,50

自己・社会認識　　156-158

自己認識　　157

四修　　62

四書五経　　33,35

七田チャイルドアカデミー　　63

七年制高校　　62

実業学校　　35

実習費　　78

私的収益率　　46-48,80

社会関係資本　　196

社会人基礎力　　53

社会的収益率　　46-48,80

斜陽族　　29

習熟度別学級編成　　60,66

習熟度別グループ編成　　66

就職基礎能力　　53,54

受益者負担論　　78

授業料　　48,74,76-78,80,136

授業料政策　　109

受験料　　78

朱子学　　35

受容　　157

受容型　　157,158

準公共財　　48

障碍児教育　　60,64

生涯所得　　47

奨学金　　48,74,76-78,80

奨学金政策　　74,76,109

奨学金制度　　74

小講座制　　136,138-140

職業型文化　　153,155

初任者研修　　49

初年度納付金　　74,78,80,81

私立六年制一貫校　　84,100,110

尋常小学校　　35,62

臣籍降下　　28

人的資本論　46,47

スーパー・イングリッシュ・ランゲージ・ハイスクール（SELHi）　66

スーパー・グローバル・ハイスクール（SGH）　66

スーパー・グローバル・ユニバーシティ（SGU）　67

スーパー・サイエンス・ハイスクール（SSH）　66

スクリーニング仮説　46,49-51,55

スズキ・メソード　63

スパルタ教育　58

スポーツ基本法　196

セーフティ・ネット　40,41

設備費　78

全共闘　138

全共闘運動　138

全国幼児教育同志会　63

早期教育　61-64,72

疎外　157

疎外型　158

属性主義　38,57

啐啄同時　20

第一次塾ブーム　49

●た　行

大学院重点化　117,118

大学院設置基準　117

大学院派遣（OFF-JT）　49

大学院部局化　118

大学審議会　117

大学設置基準　17,110,138

大学入試センター　22

大講座制　136

第14期中央教育審議会（中教審）　65

第16期中教審　65

大卒ブルーカラー化論　127,128

大日本育英会　74-76

大日本帝国陸海軍　28

多人数一斉授業方式　21

タレンテッド教育　56,63

段階型（単線型）　35-38,40,42,56,59

地域主権主義　162,166,169-173

血の連続性　39

千葉大学　65

中央教育審議会（中教審）　65,84,170

中央集権主義　162,165-166,168-173

ティーチング　14,19

ティーチング・スタイル　24

帝王学　33,58

帝国大学　35

ディプロマポリシー（DP）　23

寺子屋　35

東京外国語大学　114

東京工業大学　85

東京藝術大学　65

東京大学（東大）　58,84,85,92,98,
　99,101,108,138,154

統計的差別理論　46,51,52,55

同志社大学　102,105

東大生　102

東北大学　100,154

特進コース　66,67

特別支援教育　61,62

特別な教育ニーズ　20,21,24,41,56,
　60,61,66,67

飛び入学　65

共働き世帯　17

豊橋技術科学大学　127

トリックル・ダウン仮説　38

● な　行

内閣府　53

長岡技術科学大学　127

長崎大学　154

名古屋大学　84,94,100,104,107,
　112,154

ニート　135

日本育英会　74

日本学生支援機構　74

日本体育大学　65

入学金　78,80

人間力　54

農地改革　28

能力主義　38,39

能力主義的　64

ノブレス・オブリージュ　34,37,
　56,58,70

● は　行

ハイタレント・マンパワー政策　64

ハウプト・シューレ　36

発達障碍　23,61

パブリック・スクール　34,35

バブル崩壊　111,123,131,132

藩校　35

非一条校　17

非エリート教育　67

庇護移動　28,30,32-34,37,38

庇護移動社会　28-30,32,34,35,
　42-45

非順応型文化　153,156

非特権化　127-129,131-133

一橋大学　29,85

広島大学　84,96,100,108,111,
　115,120,143,154

ブラックバイト　105

フリーター　132

ブルーカラー化　128,129,132

分岐型（フォーク型）　35-38,40-
　42,46,56,59

分離型　34-38,40-42,46,59

ペアレントクラシー　28,34

偏差値　16

ポストドクター　110,150

北海道大学　100,154

● ま　行

マクロ教育学　47

マクロ教育論　15

マス教育　57,59,60

マス段階　152,153

松下政経塾　67

ミクロ教育学　47

ミクロ教育論　14

ミドルクラス　154

無定形教育　16

名城大学　65

メリトクラシー　28,29,32,34,43

もはや戦後ではない　29

モラトリアム　135

モラトリアム学生　111

文部科学省　54,61,74,117,122

● や　行

有利子政策　76

ユニバーサル化　156,158

ユニバーサル段階　111,152,153,
158

幼児教育　63

幼児保育教育　182

● ら　行

ラーニング・スタイル　21,23

理数コース　66

立命館大学　105

臨時教育会議　62

臨時教育審議会　117

レアル・シューレ　36

冷却　28,43

レッセ・フェール　36,41,57,59,60

労働生産性　47

六年制一貫校　84,100

ロワー・ミドル・クラス　33

● わ　行

ワーキングクラス　156

早稲田大学　102,120

● 著者プロフィール

山内乾史（やまのうち　けんし）（第 1 章〜第 10 章，補論）

佛教大学教育学部教授／神戸大学名誉教授

1963 年大阪府生まれ　大阪大学大学院人間科学研究科博士後期課程中途退学，博士（学術）（神戸大学）

広島大学助手，神戸大学講師，助教授，准教授，教授を経て現職

主要業績：

山内乾史『「学校教育と社会」ノート―教育社会学への誘い―』学文社，2015 年

山内乾史『「大学教育と社会」ノート―高等教育論への誘い―』学文社，2020 年

山内乾史・武寛子『「道徳教育と社会」ノート（第 2 版）』学文社，2023 年

武寛子（たけ　ひろこ）（第 9 章）

愛知東邦大学教育学部准教授

1981 年大阪府生まれ　神戸大学大学院国際協力研究科博士課程後期課程修了，博士（学術）（神戸大学）

愛知教育大学講師，神戸大学特命助教，日本学術振興会特別研究員（DC，PD，RPD），ウプサラ大学客員研究員等を経て現職

主要業績：

武寛子「スウェーデンの大学における新自由主義改革と学問の自由」『北ヨーロッパ研究』北ヨーロッパ学会，第 18 巻，pp.1-9，2022 年

田中正弘・武寛子「学生が作成する評価報告書は内部質保証にどのように影響を与えているか―スウェーデンとイギリスの「学生意見書」を参考に―」『教育学系論集』第 46 巻第 2 号，pp.1-16，2022 年

武寛子「自治体における人権教育基本方針に関する比較分析　―人権教育とシティズンシップ教育に焦点をあてて」『国際協力論集』第 29 号第 1 号，pp.149-164，2021 年

● 第4版「学校教育と社会」ノート─教育社会学への誘い

〈検印省略〉

2015年12月 1日　第1版第1刷発行
2017年12月10日　第2版第1刷発行
2019年12月25日　第3版第1刷発行
2024年 4月 1日　第4版第1刷発行

著　者　　山 内 乾 史・武　　寛 子

発行者　　田 中 千 津 子

発行所　　株式
　　　　　会社 学 文 社

　　　　　〒153-0064　東京都目黒区下目黒3-6-1
　　　　　電話03(3715)1501(代)振替00130-9-98842
　　　　　(落丁・乱丁の場合は，本社でお取替えします)
　　　　　定価はカバーに表示

ISBN978-4-7620-3293-6　　印刷／新灯印刷株式会社

山内乾史 編著　ISBN978-4-7620-2569-3　208頁　定価2,310円

◯ 学修支援と高等教育の質保証 Ⅰ

学生の学力と学修支援に関する比較研究。国内を中心とする学修支援の状況を検討する。
アクティブラーニング論、学修支援論・学力論、留学生への学修支援、スウェーデン、
中国の高等教育の評価と質保証についての論考を掲載。

山内乾史・武寛子 編著　ISBN978-4-7620-2654-6　234頁　定価2,530円

◯ 学修支援と高等教育の質保証 Ⅱ

学生の学力と学修支援そのもの，ないし学修支援に重点をおいた高等教育の質保証論につい
て行った研究をまとめた。海外の大学の学修支援の歴史と現状、学修支援の実践例について
の貴重な実践的研究等、海外の事例も含めた論考を掲載。

山内乾史 編著　ISBN978-4-7620-2307-1　228頁　定価2,310円

◯ 学生の学力と高等教育の質保証 Ⅰ

「学力」と「就労」というキーワードを軸に、主に大学生の学力および高等教育の質保
証に重点を置き検討。新たな大学生の学力をめぐる状況は、全体でどのようになって
いるのか、今後どうなっていくのかを考察する。

山内乾史・原清治 編著　ISBN978-4-7620-2411-5　208頁　定価2,310円

◯ 学生の学力と高等教育の質保証 Ⅱ

いかにして学生の学修時間、学習の質を確保するかなど「学力」を論点の中心にする。
学生の学力と高等教育の質保証のシステムを、日本国内諸大学の状況、世界各国との
比較を中心に展開していく。

山内乾史・武寛子 著　ISBN978-4-7620-3259-2　208頁　定価2,200円

◯ 「道徳教育と社会」ノート 〈第2版〉

道徳、道徳教育を教育社会学的な視点から分析した、これまでの道徳教育に関する研
究結果、さまざまな論文を掲載。いじめ問題や校則、小学校・大学の教科書の分析、ネッ
トいじめ、学力といじめの関係等。昨今の社会状況の変化を踏まえ、新たに改訂。